U0793073

为中华崛起传播智慧

To disseminate intelligence for the rise of China

机工传媒
China Machine Media

国家出版基金项目

中国战略性新兴产业研究与发展

R&D of China’s Strategic New Industries

智能制造

Smart Manufacturing

工业和信息化部装备工业发展中心 组编

左世全 主编

尹 峰 李方正 张彦莉 副主编

机械工业出版社
China Machine Press

本书系统研究了智能制造的内涵、特征，回顾了我国智能制造发展的历程，剖析了我国智能制造发展情况及存在的短板，同时充分研究了主要工业发达国家智能制造发展态势及趋势，对比提炼出推动我国智能制造向纵深发展的对策建议。通过分析新形势下我国在智能制造方面的发展机遇及面临的挑战，提出我国智能制造发展的总体思路、发展重点和政策措施等。

本书适合政府部门和行业决策机构在制定相关政策法规、规划研究方向时参考，也适合企业决策者、技术及管理人员，以及从事与智能制造相关工作的各界人士阅读。

图书在版编目（CIP）数据

中国战略性新兴产业研究与发展．智能制造／左世全主编．—北京：机械工业出版社，2021.7（2023.6 重印）
（国家出版基金项目）
ISBN 978-7-111-68693-4

Ⅰ．①中… Ⅱ．①左… Ⅲ．①新兴产业－产业发展－研究－中国②智能制造系统－制造工业－工业发展－研究－中国 Ⅳ．①F269.24 ②F426.4

中国版本图书馆 CIP 数据核字（2021）第 137620 号

机械工业出版社（北京市百万庄大街 22 号　邮政编码 100037）
策划编辑：李卫玲　责任编辑：李卫玲　张珂玲
责任校对：李　伟　责任印制：常天培
固安县铭成印刷有限公司印刷
2023 年 6 月第 1 版第 2 次印刷
170mm×242mm · 13.5 印张 · 242 千字
标准书号：ISBN 978-7-111-68693-4
定价：98.00 元

电话服务
服务咨询电话：(010)88361066
读者购书热线：(010)88379838
(010)68326294

网络服务
年 鉴 网：http://www.cmiy.com
机工官网：http://www.cmpbook.com
机工官博：http://weibo.com/cmp1952

中国战略性新兴产业研究与发展

编委会

《中国战略性新兴产业研究与发展·智能制造》

编撰人员

主　　编　左世全

副 主 编　尹　峰　李方正　张彦莉

撰 稿 人（排名不分先后）

左世全　尹　峰　李方正　张彦莉　陈中原　许　斌

中国战略性新兴产业研究与发展

编委会办公室

主　任　石　勇（兼）

副主任　刘成忠　田付新

成　员　赵　敏　刘世博　曹　军　任智惠　张珂玲

序言

全球金融危机和经济衰退发生以来，美欧日俄等为应对危机、复苏经济、抢占未来发展的先机和制高点，都在重新审视发展战略，不断加快推进“再工业化”，培育发展以新能源、节能环保低碳、生物医药、新材料与高端制造、新一代信息网络、智能电网、海洋空天等技术为支撑的战略性新兴产业，在全球范围内构建以战略性新兴产业为主导的新产业体系。力图通过新一轮技术革命的引领，重新回归实体经济，创造新的经济增长点。这已成为很多国家摆脱危机、实现增长、提升综合国力的根本出路。可以预计，未来的二三十年将是世界大创新、大变革、大调整的历史时期，人类将进入一个以绿色、智能、可持续发展为特征的知识文明时代。那些更多掌握绿色、智能技术，主导战略性新兴产业发展方向的国家和民族将在未来全球竞争合作中占据主导地位，赢得全球竞争合作，共享持续繁荣进程中的主动权和优势地位。

为应对金融危机和全球性经济衰退以及日趋强化的能源、资源和生态环境约束，以实现中国经济社会的科学发展、和谐发展、持续发展，党中央、国务院提出加快调整产业结构、转变经济发展方式，加快培育和促进战略性新兴产业发展的方针，出台了《国务院关于加快培育和发展战略性新兴产业的决定》以及相关政策举措。可以肯定，未来 5 ～ 10 年将是我国结构调整与改革创新发展的一个新的战略机遇期，将通过继续深化改革，扩大开放，提升自主创新能力，建设创新型国家，实现我国科技、产业、经济由大变强的历史性跨越，我国经济社会发展将走出一条依靠创新驱动，绿色智能，科学发展、和谐发展、持续发展之路，实现中华民族的伟大复兴。

展望未来，高端装备制造、新能源汽车、节能环保、新一代信息技术、生物医药、新能源、新材料、绿色运载工具、海洋空天、公共安全等全球战略性新兴产业将形成十几万亿美元规模的宏大产业，成为发展速度最快，采用高新技术最为密集，最具持续增长潜力的产业群落。战略性新兴产业的发展需求也将拉动技术的创新突破和产业的结构调整，为包括我国在内的全球经济发展注入新的强大动力。

在世界各国高度重视培育和发展战略性新兴产业的新形势下，编写一套“中国战略性新兴产业研究与发展”图书，借鉴国外相关产业发展的成功经验，对行业发展思路、发展目标、发展战略、发展重点、投资方向、政策建议等方面进行全面、系统研究，凝聚对战略性新兴产业内涵和发展重点的认识，为国家战略性新兴产业发展规划的顺利实施，以及政府和有关部门制定促进战略性新兴产业发展的相关政策和法规提供参考，具有十分重要的现实意义。

“中国战略性新兴产业研究与发展”系列图书对相应产业的阐述、分析均注重强调战略性新兴产业的六个主要特点：

一是**绿色**。战略性新兴产业属于能耗低、排放少、零部件可再生循环的“环保型”“绿色型”产业，无论从产品的设计、制造、使用，还是回收、再利用等整个生命周期的各个环节，对资源的利用效率与对环境的承载压力均要求达到最理想水平。

二是**智能**。新型工业化要求坚持以信息化带动工业化、以工业化促进信息化，即要实现“两化融合”。而“两化融合”决定了智能是未来产业尤其是战略性新兴产业的发展方向。所谓智能，是指制造过程的智能化、产品本身的智能化、服务方式的智能化。这些均是智能的最基本层次，它还具有其他更为丰富的内涵。例如：智能电网，通过先进的传感和测量技术、先进的设备技术、先进的控制方法以及先进的决策支持系统技术的应用，可实现电网的可靠、安全、经济、高效、环境友好和系统安全等方面的智能；智能汽车不只是安全智能，还包括节能、减排、故障预警等方面的智能。

三是**全球制造**。随着全球化趋势不断深化，战略性新兴产业的发展成果也必将是由全人类共创共享。新产品的研制开发，不再由一个企业独自完成，需要集成各方面优势资源共同解决。例如，iPhone 在中国完成装配，但它的设计、研发以及许多零部件的供应都是在美国、日本和欧洲实现的，其本身就是一个全球化的产品。因而，未来的制造必然是全球化制造、网络化制造。

四是**满足个性化需求与为更多人分享相结合**。目前中国有14亿人口，印度有13亿人口，还有巴西、印度尼西亚等新兴国家、发展中国家也都要实现现代化。在全球如此规模庞大的人群中，既存在富裕阶层、高消费阶层，他们的消费需求是个性化、多样化的；又有占比较大的中产阶层、贫困人口，他们的消费需求是基本层次的，但也不能被忽视。两种类型的消费需求必须同时被满足，这不仅是构建和谐社会的需要，而且是构建和谐世界的需要。因此，我国发展战略性新兴产业，应该既要满足中高端个性化的需求，同时又要满足我国与其他发展中国家广大普通消费者的需求。要把个性化的设计、个性化的产品生产，与规模化、工业化的传统生产结合起来，不能完全抛弃传统的规模化生产方式。

五是**可持续**。要使有限的自然资源得以有效、可持续利用，发展利用可再生资源、能源，强调发展再制造、循环经济。无论是原材料使用，还是零部件制造，从研发、设计之初就考虑到了生产中的废料、使用后的残骸的回收处置，使其能够重新得到循环利用。

六是**增值服务**。培育发展战略性新兴产业需要注意在设计制造过程中与产品售后、使用过程中提供相关增值服务。不应再局限于传统的观念，只注重制造本身，而不注重服务的价值。例如，发展电动汽车产业，必须首先解决好商业模式问题，包括充电桩建设、电池更换、废旧电池回收等服务，否则将无法广泛推广。

“中国战略性新兴产业研究与发展”系列图书内容丰富、资料翔实、观点鲜明、立意高远，并力求充分体现出“四性”，即科学性、前瞻性、指导性和基础性。

第一，体现**科学性**。所谓科学性，就是指以科学发展观为指导。科学发展观的核心是以人为本，基本要求是全面、协调、可持续，根本方法是统筹兼顾，符合客观规律。“中国战略性新兴产业研究与发展”系列图书既要能够为党中央、国务院提出的加快发展战略性新兴产业的总体战略服务，又不应受到行业、部门的局限，更不能写成规划或某些部门规划的解读材料，而应能够立足于事物客观规律、立足于全局。各分册编写组同志重视调查、研究，力求对国情、科技、产业及全球相关产业的发展态势有比较准确的把握，努力为我国战略性新兴产业的发展提供一本基于科学基础的好素材。这套图书立足基于我国国情，而不是简单地把发达国家的相关产业信息进行综合、编译，照搬照抄。当然，我国发展战略性新兴产业不能“闭门造车”，而是要坚持开放性，积极参与国际分工合作，充分利用全球优势资源，提高发展的起点和水平。因而，有必要参照国际成功经验与最新发展趋势，但一定要以我国国情和产业特点为根本出发点，加快培育和发展有中国特色的、竞争能力强的战略性新兴产业。

第二，体现**前瞻性**。一是能够前瞻战略性新兴产业的发展，因为这套图书是战略性新兴产业的发展指导书。二是能够前瞻战略性新兴产业技术的发展。为了做好这两个前瞻，必须要适当地前瞻全球经济、我国经济与战略性新兴产业发展的趋势。只讲发展现状是不够的，因为关于现状的资料很多，通过简单的网络搜索即可查到；也不能只罗列国外的某些规划和发展战略。“中国战略性新兴产业研究与发展”系列图书的编写注重有深度的科学分析与前瞻性的研究。

第三，体现**指导性**。“中国战略性新兴产业研究与发展”系列图书本身就是指导书，能够对产业、对技术、对国家制定政策，甚至在未来国家发展战略与规划的制定等方面发挥一定的引导作用与影响。虽然不能说这套图书可以指导国家战略与规划的制定，但是应该努力发挥其积极的引导作用。

第四，体现**基础性**。所谓基础性，就是指要能够提供战略性新兴产业的基础信息、基础知识，以及我国和有关国家在相关产业发展方面的基本战略，主要的法规、政策和举措，并尽可能提供一些基本的技术路线图。比如，在轴承分册，就描述了一个轴承产业发展的路线图。唯有如此，“中国战略性新兴产业研究与发展”系列图书才能满足原来立项的宗旨——不仅要为工程技术界、大学教师、大学生与研究生提供学习参考书，为产业界的技术人员、管理人员提供决策参照，而且要为政府部门的政策法规制定者提供参考。

机械工业出版社是具有60多年历史的专业性综合型出版机构，改革开放后，随着市场经济的发展，机械工业出版社不断改革转型，不但形成了完善的编辑出版工作流程和质量保证体系，而且编辑人员作风严谨，工作创新。

“中国战略性新兴产业研究与发展”系列图书不仅是一套科技普及书，更是一套产业发展参考书，必须既要介绍国内外战略性新兴产业的发展情况，又要阐述相关政策、法规、扶植措施等内容。因此，这套图书的组编单位、编写负责人和编写工作人员必须要有相关积累和优势。“中国战略性新兴产业研究与发展”系列图书所选的分册主编和作者主要是精力充沛的业内中青年专家，并由资深专家负责相应的编审、校审工作。现在看来大多数工作由中青年同志担当，是完全符合实际的。此外，这套图书的编著还充分发挥了有关科研院所、行业学会和协会的作用，他们的优势在于对行业比较熟悉，并掌握了较为丰富的资料。

最后，特别感谢国家出版基金对“中国战略性新兴产业研究与发展”系列图书的大力支持！感谢全体编写出版人员的辛勤劳动！

期望“中国战略性新兴产业研究与发展”为社会各界了解战略性新兴产业提供帮助，期待中国战略性新兴产业培育和发展尽快取得重大突破，祝愿我国在不久的将来实现由经济大国向经济强国的历史性跨越！

是为序。

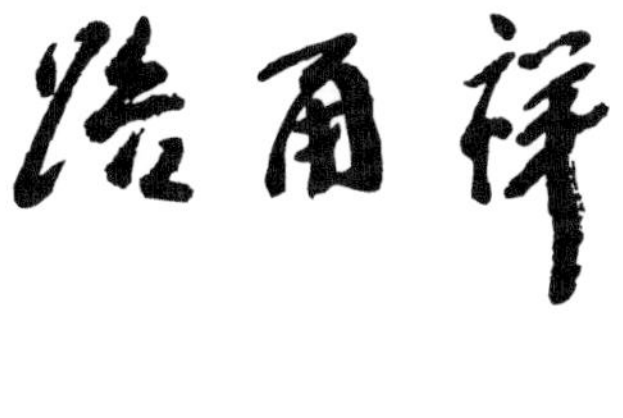

前言

智能制造是基于新一代信息技术与先进制造技术深度融合，贯穿于设计、生产、管理和服务等制造活动的各个环节，具有自感知、自学习、自决策和自适应等功能的新型生产方式。加快发展智能制造，是提升制造业产业链和供应链稳定性和企业竞争力的重要手段，对推动我国制造业高质量发展、加快培育经济发展新动能、加快制造强国建设等具有重要意义。

当前，以智能制造为代表的新一轮科技革命和产业变革在全球范围内蓬勃发展，与我国制造业高质量发展形成历史交汇。智能制造已成为全球制造业的重要发展方向，对全球制造业分工格局、企业形态和商业模式等都将带来颠覆性的变革。美国、德国和日本等工业发达国家也纷纷谋篇布局，不断推动智能制造快速发展，积极抢占全球制造业竞争制高点。

2015 年以来，我国智能制造业取得了显著成效：一是顶层设计基本完成，《智能制造发展规划（2016—2020 年）》《智能制造工程实施指南（2016—2020）》《国家智能制造标准体系建设指南》等政策文件相继发布；二是智能制造理念深入人心，各级政府不断出台政策措施，制造业企业积极推进智能制造建设，我国的智能制造应用市场是全球最大的；三是建成了海尔沈阳冰箱互联工厂、上汽大通南京 C2B 工厂等一批国际先进的数字化车间和智能工厂，为制造业智能转型树立了良好的典范；四是智能制造服务队伍初步建立，我国已有智能制造系统解决方案供应商 5 000 余家，其中主营业务收入超 10 亿元的达 43 家；五是智能制造成熟经验、模式等加速复制推广，形成了一批各具特色的推广服务模式。总体来看，通过政府、行业和企业等的共同努力，我国全面推进智能制造的条件已经基本成熟。但与工业发达国家相比，我国仍面临关键技术装备和软件受制于人、智能制造创新体系不健全、基础支撑能力不足、生态发展体系滞后等问题和短板，深入推进智能制造需要坚持不懈、久久为功。

2020年6月，习近平总书记主持召开中央全面深化改革委员会第十四次会议，审议通过了《关于深化新一代信息技术与制造业融合发展的指导意见》。会议强调，加快推进新一代信息技术和制造业融合发展，要顺应新一轮科技革命和产业变革趋势，以供给侧结构性改革为主线，以智能制造为主攻方向，加快工业互联网创新发展，加快制造业生产方式和企业形态根本性变革，夯实融合发展的基础支撑，健全法律法规，提升制造业数字化、网络化、智能化发展水平。

发展智能制造是一项必须长期坚持的战略任务。当前，我国发展智能制造既有机遇也有挑战，既需要充分发挥我国制造业基础雄厚的优势，也要正视存在的问题和不足，以百折不挠的意志和包容的心态智慧地推动制造业向智能转型。我们坚信，只要牢固树立创新、协调、绿色、开放、共享的发展理念，坚定信心，攻坚克难，开拓前进，就一定可以实现我国制造业的智能转型。

基于上述对智能制造相关重大问题的思考，工业和信息化部装备工业发展中心组织编撰了《中国战略性新兴产业研究与发展·智能制造》一书。本书在编撰过程中得到了江苏省、浙江省、广东省、山东省、上海市、天津市、湖南省、深圳市和重庆市等地方工业和信息化主管部门，石化盈科、中天科技、昆山沪光、恒顺醋业、树根互联、青岛红领、宁夏共享、江南化工和长安汽车等企业，中国智能制造系统解决方案供应商联盟、中国纺织机械协会、中国船舶工业综合技术经济研究院、中国兵器工业标准化研究所等行业组织和研究院所的支持和帮助，在此一并表示感谢。

2021年1月

编写说明

《国务院关于加快培育和发展战略性新兴产业的决定》确定了我国未来经济社会发展的战略重点和方向是战略性新兴产业，并且根据我国国情和科技、产业基础，又进一步明确为现阶段重点发展节能环保、新一代信息技术、生物、高端装备制造、新能源、新材料、新能源汽车、数字创意和相关服务业九大新兴产业。可见，九大战略性新兴产业将是国家重点支持、大力推广的产业。

为了使大家全面理解、准确把握、深刻领会国家这一战略决定的精神实质，了解其发展内涵，推动产业结构升级和经济发展方式转变，增强国际竞争优势，抢占新一轮经济和科技制高点，机械工业出版社在国家出版基金的支持下，组织各领域权威专家编写了一套“中国战略性新兴产业研究与发展”（以下简称“研究与发展”）图书。

“研究与发展”以国家相关发展政策和规划为基础，借鉴国外相关产业发展的成功经验，对产业发展思路、发展目标、发展战略、发展重点、投资方向、政策建议等方面进行了全面、系统的研究；对前瞻性、基础性和目前产业上有瓶颈限制的问题提出了有针对性的对策。

“研究与发展”采用分期分批的出版方式陆续出版发行，第一期 12 个分册、第二期 13 个分册分别于 2013 年 6 月和 2018 年 2 月完成出版，第一期的分册包括太阳能、风能、生物质能、智能电网、新能源汽车、轨道交通、工程机械、水电设备、农业机械、数控机床、轴承和齿轮，第二期的分册包括功能材料、物流仓储装备、紧固件、模具、内燃机、塑料机械、塑木复合材料、物联网、制冷空调、智能制造装备、非常规油气、中压开关和数据中心。本次出版的第三期 29 个分册图书包括：智慧工业、生物基材料、数据与企业治理、智慧经济、智能注塑机、数据赋能、高端轴承、冷链物流、智能汽车、通用航空、远程设备智能维护、智能供应链、智能化立体车库、气体分离设备、焊接材料与装备、高端液气密元件、高端链传动系统、风电齿轮箱、海洋油气装备、燃气轮机、变频调速设备、电子信息功能材料、智能制造、数控系统、工业机器人、核电、智慧交通、增材制造以及内燃机再制造产业发展与技术路线。今后根据国家产业政策要求及各行业的发展情况还将陆续推出其他分册。

为了出版好“研究与发展”，机械工业出版社成立了“中国战略性新兴产业研究与发展”编委会，全国人大常委会原副委员长路甬祥担任编委会主任。路甬祥副委员长对该套图书的编写高度重视，亲自参加编委研讨会，多次提出重要指导意见。他从图书的定位、内容选材、作者队伍建设和运作流程等方面都给予了全面和具体的指导，并提出了“六个特点”和“四性”的具体要求。

机械工业出版社还建立了完善的项目管理、编写组织、出版规范和网络支撑四个方面的工作体系来保证图书质量，投入了大量的精力组织行业权威专家规划内容结构、研讨内容特色。参与图书编写的主创人员自觉自愿地把自己的聪明才智和研究成果奉献给社会，奉献给国家。他们都担负着繁重的科研、教学、行业管理或生产任务，为了使此书能够早日与大家见面，他们不辞辛苦、加班加点，因为他们都有一个共同心愿——帮助企业快速成长，使中国由大变强。

在此，衷心地感谢为此项工作付出大量心血的组编单位、各位专家、各位撰稿人、编辑出版及工作人员！

尽管我们做了大量工作，付出了巨大努力，但仍难免有疏漏或不足之处，敬请读者批评指正！

中国战略性新兴产业研究与发展　编辑部

2021年1月

目录 CONTENTS

第1章

智能制造的内涵及关键技术

近年来，随着物联网、大数据和人工智能等新一代信息通信技术与制造业的加速融合，制造业正在开启最广泛、最具影响力的变革，生产方式、组织方式和价值链正在发生前所未有的变化，这都是智能制造给制造业带来的革命性变化。

1.1 智能制造概念

纵观智能制造的发展历史，学术界和业界对智能制造的认识是一个不断发展和逐步深化的过程，大致经历了三个阶段：

一是 20 世纪 80 年代末，智能制造概念由美国等发达国家提出。1988 年，美国麻省理工学院的赖特和博恩联合出版了《制造智能》一书，书中明确提出，智能制造是指“通过集成知识工程、制造软件系统、机器人视觉和机器人控制系统来对制造技工们的技能与专家知识进行建模，以使智能机器能够在没有人工干预的情况下进行小批量生产”。可以将此阶段理解为智能制造发展的初级阶段，该阶段的智能制造是建立在人工智能技术的创新应用基础上的。

二是 20 世纪 90 年代，智能制造的内涵进一步扩展。日本联合美国、欧盟委员会开展了智能制造研究，提出“智能制造系统是一种在整个制造过程中贯穿智能活动，并将这种智能活动与智能机器有机融合，将整个制造过程从订货、产品设计、生产到市场销售等环节以柔性方式集成起来的能发挥最大生产力的先进生产系统”。在这一理念指引下，相继开发了种类繁多的面向特定领域的专家系统和智能辅助系统，形成了一系列“智能孤岛”。然而，在研究和应用过程中，人们逐渐认识到，实现智能制造的关键是制造系统要具备自组织能力，而这取决于制造过程各环节的集成智能水平，但在当时的技术条件下，高度智能化的集成系统仍难以实现。

三是 21 世纪以来，智能制造的内涵进一步被深化。如美国国家标准与技术研究院提出：“智能制造指的是全集成的协同制造系统，该系统可以作出实时响应，以满足工厂、供应链网络和客户不断变化的需求和条件。”德国在“工业 4.0”战略中提出，智能制造是将物联网技术与服务联网技术广泛应用于制造业形成的以赛博物理系统（CPS）为核心的新型智能系统。此后，又修正为“‘工业 4.0’指的是第四次工业革命，描绘的是贯穿产品全生命周期的全价值链在组织管理方式上的一次巨大飞跃现象，是建立在实时获取全价值链网络的相关信息以及随时进行价值链优化的基础上，通过将人、物和系统网络连接，使得企业内部及企业之间形成动态的、自组织的和可实时优化的价值网络”。

从智能制造概念的内涵我们可以看出，智能制造本质是生产方式的变革，之所以经过了三个阶段的发展，是因为智能制造是在不同技术发展水平上发展起来的。可以将智能制造定义为，是基于新一代信息通信技术与先进制造技术深度融合，贯穿于设计、生产、管理和服务等制造活动的各个环节，具有自感知、自学习、自决策、自执行和自适应等功能的新型生产方式。智能制造具有以智能工厂为载体，以关键制造环节智能化为核心，以端到端数据流为基础，以网络互联为支撑等特征，可有效缩短产品研制周期、降低企业运营成本、提高生产效率、提升产品质量和降低资源能源消耗。

1.2 智能制造的主要内容

狭义而言，智能制造通常要实现三个方面的集成：

一是纵向集成：属于工厂和企业范围的集成。智能制造将生产过程中的各个阶段互连，从而能更好地协调生产过程中的各个阶段，提高工厂的生产效率。典型智能制造工厂的特征是：使用越来越多的不同信息技术（IT），在几乎所有的传感器和电动机或驱动器中植入微处理器芯片，实现计算机控制，用生产管理软件管理制造过程的特定阶段或制造工艺。智能制造在各个制造环节的“信息孤岛”间架起桥梁，并加以集成，从而使数据在整个工厂得以共享。机器收集的数据和人类智能的结合将推进工厂生产流程优化，改进企业管理绩效，大幅提高经济效益，提高工人的操作安全水平，并促进环境可持续发展。

二是横向集成：从工厂和企业内部到企业之间的集成。通过高性能计算平台将不同工厂和企业的数据进行联接，将工厂的特定信息联接到从客户订货、原材料供应到产品发货的供应链环节。通过利用智能电网，企业可以规划用电，在用电高峰期放缓生产，在用电低谷期加快生产。它将使更多的产品实现定制，新产品和工艺过程实现模拟。它将支持更安全、精确定义的产品生产，实现更快的产品跟踪。

三是端对端的集成：实现生产组织方式和商业模式的变革。通过贯穿整个价值链的数字化集成，实现基于价值链的不同企业之间的整合，从而最大限度地实现个性化定制，从根本上改变传统的商业模式和消费者的购物行为。如亚马逊公司在 2000 年前只是一个网上书店，通过捕捉大量的消费者购买图书习惯数据，亚马逊知悉了消费者生活方式，使其商业模式实现颠覆性转变。到 2015 年，亚马逊扩大了其产品销售领域，开发了许多新的产品，成为美国最大的在线零售商，书籍和其他传媒产品只占其 240 亿美元在线销售额的 52%。任何从亚马逊下订单的人都知道，网站会给你提供一些建议，比如给你提供你可能喜欢的产品，告诉你什么是消费者购买产品时需要考虑的。

1.3 智能制造的主要特征

智能制造的主要特征是，其具有快速感知、自我学习、计算预测、分析决策和优化调整的能力。从技术角度来看，智能制造是应用先进的信息化与智能化技术，构建覆盖产品全生命周期的、柔性的、敏捷的和知识丰富的制造环境，使得制造企业可以快速地制造优质的产品，以便在动态响应市场需求的同时，实现成本、能源及其他资源消耗的最小化，环境的可持续、健康与安全水平、服务质量的最大化提高，从而使企业获得最强的竞争力。

1）快速感知。智能制造需要大量的数据做支撑，利用高效、标准的方法进行数据采集、存储、分析和传输，实现制造工作环境的自动识别和判断、现实工况的自动感知和快速反应。

2）自我学习。智能制造需要不同类型的知识，利用各种知识表示技术、机器学习、数据挖掘与知识发现技术，实现面向产品全生命周期的海量异构信息的自动提炼并将其转化为知识，进而将知识升华为智能策略。

3）计算预测。智能制造需要建模与计算平台的支持，利用基于智能计算的推理和预测方法，实现制造环节的故障诊断、生产调度、设备与过程控制等。

4）分析决策。智能制造需要分析、判断和决策等智能活动的支持，利用基于智能机器和人的行为的决策工具和自动化系统，实现对加工制造、实时调度和机器人控制等制造环节的决策与控制。

5）优化调整。智能制造需要对生产过程不断进行优化调整，利用信息的交互性和制造系统的柔性，实现对外界需求、产品自身环境、不可预见的故障等的及时优化调整。

1.4 智能制造与两化融合、工业互联网的关系

1. 智能制造与两化融合的关系

从范围来看，“两化融合”涵盖的内容较为宽泛，涵盖经济社会发展的多个方面，既具有经济发展的多个层面的微观含义，又具有宏观社会含义。我国提出“两化融合”时的背景是，发达国家实现了工业化，正向信息化发展，而我国经

济社会发展既要完成工业化的任务，又要实现信息化，要解决是先实现工业化再推进信息化，还是两个一起抓的难题。在此背景下，我国选择信息化和工业化同时发展、融合发展的道路，即“两化融合”发展之路，指出了我国经济社会发展的宏观路径。“两化融合”不仅涵盖工业领域，也涵盖服务领域。就工业领域而言，包括技术、产品、业务、产业等多个方面的融合，体现在行业层、区域层和企业层三个层次。业内有些专家认为，“两化融合”在制造行业企业层面的应用较为抽象，易引起制造业行业专家、企业管理者的误解。“智能制造”主题明确，重点聚焦制造行业企业转型升级，是新时期推进工业领域“两化融合”的主攻方向和重要抓手。换言之，新时期工业领域的“两化融合”主要体现在新一代信息技术与制造业的深度融合，即智能制造方面。

2. 智能制造与工业互联网的关系

实现智能制造主要应具备两方面的能力，一是工业制造技术，包括先进装备、先进材料和先进工艺等，这是决定制造边界与制造能力的根本；另一个就是工业互联网，可以描述为，通过系统构建网络、平台和安全三大功能体系，打造人、机和物全面互联的新型网络基础设施，形成智能化发展的新兴业态和应用模式。具体而言，工业互联网是基于物联网、互联网、云计算与大数据、人工智能等新一代信息技术，充分发挥工业装备、工艺和材料的潜能，提高生产效率、优化资源配置效率、创造差异化产品和实现服务增值。因此，工业互联网是实现智能制造的必要条件而非充分条件。

1.5 智能制造的关键技术

智能制造技术是指以自动化、数字化和网络化为基础的技术，其关键技术如下：

1. 传感与测量技术

传感与测量技术包括：高灵敏度、精度、可靠性和环境适应性的传感技术，采用新原理、新材料和新工艺的传感技术（如量子测量技术、纳米聚合物传感技术、光纤传感技术等），微弱传感信号提取与处理技术。

2. 模块化、嵌入式控制系统设计技术

模块化、嵌入式控制系统设计技术包括：不同结构的模块化硬件设计技术，微内核操作系统和开放式系统软件技术、组态语言和人机界面技术，以及能实现统一数据格式、统一编程环境的工程软件平台技术。

3. 控制与优化技术

控制与优化技术包括：工业过程的多层次性能评估技术、基于海量数据的建模技术、大规模高性能多目标优化技术、大型复杂装备系统仿真技术，以及高阶导数连续运动规划、电子传动等精密运动控制技术。

4. 系统协同技术

系统协同技术包括：大型制造工程项目的复杂自动化系统整体方案设计技术以及安装调试技术、统一操作界面和工程工具的设计技术、统一事件序列和报警处理技术及一体化资产管理技术。

5. 故障诊断与健康维护技术

故障诊断与健康维护技术包括：在线或远程状态监测与故障诊断、自愈合调控与损伤智能识别以及健康维护技术，重大装备的寿命测试和剩余寿命预测技术，可靠性与寿命评估技术。

6. 高可靠实时通信网络技术

高可靠实时通信网络技术包括：嵌入式互联网技术、高可靠无线通信网络构建技术、工业通信网络信息安全技术和异构通信网络间信息无缝交换技术。

7. 功能安全技术

功能安全技术包括：智能装备硬件和软件的功能安全分析、设计、验证技术及方法，功能安全验证的测试平台，自动化控制系统的整体功能安全评估技术。

8. 特种工艺与精密制造技术

特种工艺与精密制造技术包括：多维精密加工工艺，精密成型工艺，焊接、粘接和烧结等特殊连接工艺，微机电系统（MEMS）技术，精确可控热处理技术，以及精密锻造技术等。

9. 识别技术

识别技术包括：低成本、低功耗的 RFID 芯片设计制造技术，超高频和微波天线设计技术，低温热压封装技术，超高频 RFID 核心模块设计制造技术，基于深度三位图像的三维目标识别技术，物体缺陷识别技术。

10. 先进机器人技术

先进机器人技术主要指协作机器人技术，包括人机交互、适应性、学习能力、可操作性、自主性、运动性、敏捷性、灵活性和感知能力，通过促进新技术和标准的开发，在先进的制造环境中更广泛地采用机器人技术，并促进安全和有效的人机交互。

第2章

智能制造生态系统

智能制造涵盖以智能互联为特征的智能产品、以智能工厂为载体的智能生产以及以实时在线为特征的智能服务。智能制造生态系统是一个新型生态系统。

2.1 智能产品

智能产品是智能制造发展的前提和基础，由物理部件、智能部件和连接部件构成。智能部件由传感器、微处理器、数据存储装置、控制装置和软件以及内置操作和用户界面等构成；连接部件由接口、有线或无线连接协议等构成；物理部件由机械和电子零件构成。智能部件能增强物理部件的功能和提升其价值，而连接部件则进一步强化智能部件的功能，使信息可以在产品、运行系统、制造商和用户之间流通，并让部分价值和功能脱离物理产品本身而存在。

智能产品具有监测、控制、优化和自主四个方面的功能。监测是指通过传感器对产品的状态、运行状况和外部环境进行全面监测；在数据的帮助下，一旦环境和运行状况发生变化，智能产品的监测系统就会向用户或相关方发出警告。控制是指可以通过智能产品内置或智能产品云中的命令和算法对生产过程或运行系统进行远程控制。算法可以让智能产品对条件和环境的特定变化做出反应。优化是指对实时数据或历史信息进行分析，植入算法，从而大幅度提高产品的产出比、利用率和生产效率。自主是指将检测、控制和优化功能融合到一起，产品就能实现前所未有的自动化。

2.2 智能生产

智能生产是指以智能制造系统为核心，以智能工厂为载体，通过在工厂和企业内部、企业之间以及产品全生命周期形成以数据互联互通为特征的制造网络，实现生产过程的实时管理和优化。智能制造系统可分为五个层次。

1）基础自动化系统层。主要包括生产现场设备及其控制系统。其中生产现场设备主要包括传感器、智能仪表、可编程序控制器（PLC）、机器人、机床、检测设备和物流设备等。控制系统主要包括适用于流程制造的过程控制系统、适用于离散制造的单元控制系统和适用于远动控制的数据采集与监控系统。

2）制造执行系统层。制造执行系统包括不同的子系统功能模块，典型的子系统功能模块有制造数据管理系统、计划排程管理系统、生产调度管理系统、库存管理系统、质量管理系统、人力资源管理系统、设备管理系统、工具工装管理系统、采购管理系统、成本管理系统、项目看板管理系统、生产过程控制系统、底层数据集成分析系统和上层数据集成分解系统等。

3）产品全生命周期管理系统层。从横向来看，产品全生命周期管理系统层主要划分为研发设计、生产和服务三个环节。研发设计环节主要包括产品设计、工艺仿真和生产仿真功能模块，仿真和现场应用能够给产品设计提供反馈信息，优化设计方案，在研发设计环节产生的数字化产品是生产环节的输入要素之一。生产环节涵盖了基础自动化系统层和制造执行系统层的内容，在生产环节完成生产后，产品进入服务环节。服务环节通过网络实现的功能主要有实时监测、远程诊断和远程维护，应用大数据对监测数据进行分析，形成和服务有关的决策，指导诊断和维护工作，新的服务记录将被采集到数据系统。

4）企业管控与支撑系统层。企业管控与支撑系统包括不同的子系统功能模块，典型的子系统功能模块有：战略管理、投资管理、财务管理、人力资源管理、资产管理、物资管理、销售管理、健康安全与环保管理等。

5）企业计算与数据中心层。企业计算与数据中心主要包括网络、数据中心设备、数据存储和管理系统、应用软件，为企业实现智能制造提供计算资源、数据服务以及具体的应用功能，并能够提供可视化的应用界面。如电子商务平台、产品研发设计平台、制造执行系统运行平台和服务平台等都需要以企业计算与数据中心为基础，以使各类型的应用软件实现交互和有序工作，各子系统实现全系统信息共享。

2.3 智能服务

智能服务作为智能制造系统的末端组成部分，起到了连接消费者与生产企业的作用。制造服务包含产品服务和生产性服务。产品服务指在产品售前、售中及售后进行的安装调试、维护、维修、回收、再制造、客户沟通维护服务，强调产品与服务相融合；生产性服务指与企业生产相关的技术服务、信息服务、物流服务、管理咨询、商务服务、金融保险服务、人力资源与人才培训服务等，以及企业非核心业务的外包服务。智能服务强调知识性、系统性和集成性，强调以人为本，为客户提供主动、在线和全球化服务。智能服务采用智能技术提高服务状态/环境感知、服务规划/决策/控制水平，提升服务质量，扩展服务内容，促进现代制造服务业这一新业态不断发展和壮大。

1）服务状态/环境感知与控制系统的互联。服务状态/环境感知与控制系统的智能互联是整个智能制造服务的基础。描述制造服务状态的标准技术，为制造服务状态智能感知与控制提供基础支持。其突破了数据智能过滤、状态演变和多传感器融合技术难题，提高了传感网络的鲁棒性，制定了环境感知（传感）装置与运动控制系统之间的智能互联、集成方面的通信协议。目前已建立了用于数控机床工业的产品服务系统、制造物流服务等领域的典型制造服务状态/环境的智能感知（传感）装置与控制系统的智能互联模型。

2）产品智能服务。产品智能服务是指运用产品服务系统的相关标准、工业产品服务系统的智能配置与运作控制技术及相应的系统，实现产品服务与工程应用的智能化。用于机械产品全生命周期的性能监控 RFID 设备与传感器，通过工业产品服务系统的智能接口，实现工业产品服务系统在用户车间/工厂的“即插即用”，确保服务流程与制造流程的融合运行。许多重大装备使用工业产品服务系统的智能运行、诊断与维护方法，以及自主智能服务平台，提升工业产品服务系统在用户车间/工厂的智能运行、诊断与维护水平。

3）生产性服务过程的智能运行与控制。生产性服务的智能匹配与交付模型的建立，使生产性服务交易像网上购物一样高效快捷，并为设计/制造服务资源的高效聚集提供软件平台的支持。车间制造过程的信息采集与传感技术，加工装备性能的在线监测与故障预诊断技术，产品制造的能耗测量、评估与优化技术的研究，为智能生产提供支撑。生产性服务的跟踪与再现技术及相应的平台，实现了多服务商的协同、多种生产性服务并存情形下的生产性服务跟踪与监控。生产性服务活动的智能调度优化技术及相应软件系统的研究，实现了多种生产性服务并存情形下整个生产性服务过程的调度优化。

4）制造物联网与智能物流服务。制造资源物联网标准和模型的建设，构建了基于公共外库/第三方物流的物流智能服务平台，为库存服务的定制、智能化接入与运行控制提供支持。开发低成本、高效的跨企业物流服务的智能定位、跟踪与反溯源系统平台；开发云计算服务管理技术及在不确定性因素下制造物流的智能优化与调度控制技术、调度优化系统；开发智能物流成套设备、超高频低功耗 RFID 设备、制造资源物联网、公共外库/第三方库存物流平台和制造物流调度优化系统等。

5）制造与服务的智能集成共享与协同。制定企业智能制造服务的体系结构、关键技术与术语的相关标准，依托云计算、普适计算等思想，开发制造服务系统的智能配置与运行控制系统平台，实现智能制造服务功能的“即插即用”。开发物联网和电子商务系统的数据挖掘与知识管理技术，实现对制造商与客户行为的自动分析，构建基于云计算的互联网主动营销与服务系统。基于M2M（Machine-to-Machine/Man），实现设计服务、加工服务、装配服务、操作服务、维修服务和再循环服务的集成和平台共享。

举例来讲，丹麦维斯塔斯（Vestas）风电公司通过在风机的机舱、轮毂、叶片、塔筒及地面控制箱内安装传感器、存储器、处理器以及数据采集与监视控制（SCADA）系统，实现对风机运行的实时监控。通过在风力发电涡轮中内置微型控制器，以便在涡轮每一次旋转时控制扇叶的角度，从而最大限度地捕捉风能。同时，还可以控制每一台涡轮，使其在能效实现最大化的同时减少对邻近涡轮的影响。维斯塔斯通过对实时数据进行处理，预测风机部件可能发生的故障，以减少风机不稳定现象发生，并使用不同的工具优化这些数据，实现风机性能的最优化。

第 3 章

全球智能制造发展趋势

3.1 智能制造已成为全球主要国家制造业竞争的焦点

当前，智能制造在全球范围内快速发展，已成为全球制造业的重要发展方向，对产业发展和分工带来深刻影响，推动制造业形成新的生产方式、产业形态和商业模式。世界主要经济体纷纷作出战略布局，以抢占未来制造业国际竞争制高点。其中，美国发布了《先进制造业美国领导力战略》报告，重点关注人工智能、先进制造技术、量子信息科学和5G技术等，力争确保美国在全球制造业的领导地位；德国深入实施“工业4.0”战略，发布《国家工业战略2030》报告，将汽车工业、钢铁和铜铝等非铁金属工业、化工医药业、机械设备及3D打印、电子科技和计算机通信、光学和医学科技、环保和能源科技、航空航天、海洋经济和国防安全十大领域列为重点高新技术行业，旨在持续维护德国制造业的高度繁荣局面；日本提出以互联互通为核心的“互联工业”战略，即以采集的海量数据为基础，将人、设备、系统和技术等相互连接起来，从而创造新的附加值和解决相关的社会问题；英国推出以“工业数字化”为核心的工业战略白皮书《产业战略：建设适应未来的英国》，全力推进工业数字化，从加快工业数字技术创新应用、加强人才教育培训、加强组织领导、破除技术采用障碍等方面提出推进工业数字化的路径和政策措施。我国也以智能制造作为制造业高质量发展的主攻方向，着力推进制造业智能转型。

3.2 智能制造仍处于初级阶段

无论是德国的“工业4.0”、日本的“互联工业”、英国的“工业数字化”，还是美国通用电气公司倡导的“工业互联网”，其内容仍主要侧重于数字化、网络化集成，以机器、人、系统的互联互通，过程的可视化，数据分析和决策支持等为主，人工智能的应用还主要聚焦于在线检测、故障诊断等关键环节，尚未实现制造系统的智能化。因此，智能制造仍处于数字化、网络化，即“Smart”的发展阶段。只有当人类突破强人工智能、超人工智能等技术后，智能制造才有望真正实现自感知、自学习、自决策、自执行和自适应等功能，进入“Intelligent”的发展阶段。

3.3 智能制造推动全球制造业格局发生巨大变化

为了追逐更低的制造成本，全球制造业发生过三次大规模转移，而每一次转移都将形成一个或一批“世界工厂”。无论是20世纪初的美国、20世纪50年代的日本，还是20世纪80—90年代的中国，都因承接了全球制造业产能转移而迅速崛起。但是，智能制造正在推动这一趋势发生重大变革。为了满足不断变化的消费需求，制造业将更加敏捷和智能，小批量、定制化生产将是企业的必然选择。制造业竞争的焦点正发生变化，低成本的劳动力等要素资源将不再是重要的资源，如何实现新一代信息技术和先进制造技术的深度融合将成为关键。

3.4 全球智能制造的三大发展路径

当前，全球智能制造初步形成了硬件进化、软件整合和融合发展三大发展路径。其中，“硬件进化”路径以德国推出的“工业4.0”战略为代表，该战略的宗旨是：充分发挥德国装备制造业的专业优势，依靠其制造业深厚的历史积淀，将物联网、大数据、云计算和嵌入式系统等技术与制造装备、制造系统深度融合，推动制造装备、制造系统的持续改进和演化，最终实现“硬件进化”；“软件整合”路径以美国通用电气公司提出的“工业互联网”为代表，通过整合美国强大的互联网、工业软件和信息通信等技术，并将这些技术向产品、装备和工厂渗透，最终实现“软件整合”；“融合发展”路径以我国推出的“智能制造”为代表，利用互联网、大数据和人工智能等先进技术，根据企业自身发展的实际需要，解决传统制造难以解决的问题，不断向更高的智能制造水平迈进。

3.5 智能制造支撑产业快速发展

在智能制造需求市场的带动下，工业机器人、数控机床、工业传感器和工业软件等智能制造技术支撑产业快速发展，产业规模快速扩大。有关研究显示，2017年全球智能制造的市场规模已达到4 300亿美元，预计到2025年将突破10 000亿美元。

3.6 智能制造加速企业商业模式变革

通过发展智能制造，制造业企业不仅可以提高生产效率、降低生产成本、提高资源和能源的利用率、缩短研发周期和降低产品不良品率，而且由于生产流程数据、产品数据以及供应链数据的高度集成，企业运营模式还将发生根本性变革，形成离散型制造、流程型制造、网络协同制造、大规模个性化定制和远程运维服务等运营模式。以汽车制造业为例，通过在传统汽车中集成传感、通信和控制等新一代信息通信技术，将传统汽车变为具有复杂环境感知、智能决策、协同控制和执行等功能，可实现安全、舒适、节能和高效驾驶甚至完全自动驾驶的智能汽车，汽车行业的利润重心也将由汽车的制造和销售端转移至出行服务端。再比如服装和家居等消费品制造企业，在改造制造系统的基础上，通过基于互联网的个性化定制服务平台，充分采集和挖掘消费者的个性化需求，实现小批量甚至单批量的定制化生产，极大地降低了库存和资金占用率。

第 4 章

主要工业发达国家智能制造的推进情况

4.1 美国“三位一体”推进智能制造

4.1.1 美国在技术、平台、体系方面领跑全球智能制造业

为了重塑美国制造业的全球竞争优势，美国政府、企业及社会各层面高度重视以人工智能、先进制造技术、先进传感器、工业机器人等为代表的智能制造，其智能制造整体呈高水平发展态势，主要体现在以下几个方面：①智能制造技术居世界领先地位，美国长期在人工智能、控制系统和物联网等关键技术领域处于领先地位；②智能平台融合日益加深，大数据、物联网等新一代信息技术与制造业深度融合的智能系统平台相继在美国推出；③智能制造体系逐步完善，已形成覆盖基础元件供应商、智能制造整体装备、工业软件系统的智能制造完整体系。

4.1.2 美国的政府、行业和市场齐力驱动智能制造业创新发展

1. 政府推动关键技术创新

为加速实现“再工业化”和“重振美国制造业”，美国于 2015 年和 2016 年相继发布了《美国创新新战略》和《智能制造系统现行标准体系》，2017 年 10 月又发布了《智能制造路线图（2017—2018）》，从顶层设计上为美国的智能制造发展创造了良好环境，并为在短期实现技术突破和中长期战略发展指明了方向。此外，美国整合政府、学术界和企业界的资源，构建国家制造业创新网络和合作机构，致力于智能制造领域关键共性技术的创新研发。美国自 2012 年 8 月成立第一家制造业创新研究所——增材制造业创新研究所（现已更名为美国制造，America Makes）以来，目前已有数字制造与设计创新研究中心、智能制造创新研究中心等机构致力于智能制造领域的研究和产业化，极大地加强了对智能制造领域技术装备的研发支持，完善了人才专家培养体系，构建了智能制造生态体系。2019 年 2 月 7 日，美国发布了名为《美国将主宰未来工业》的未来工业发展规划，重点关注了人工智能、先进的制造业技术、量子信息科学和 5G 技术。为了确保美国的领导地位，推动美国繁荣和保护国家安全，美国提出三项措施：①对基础设施和美国人民进行投资；②利用美国包括联邦政府、私营企业、大专院校、研究机构和科学慈善机构在内的技术研发生态体系，确保美国在人工智能、先进的制造技术、量子信息科学和 5G 技术领域的领导地位；③通过有针对性的投资，

给研发生态体系更多的授权。

2. 搭建行业组织系统合作平台

在相关政策推进下，美国进一步加强了行业间跨单位合作平台的建设。例如，智能制造领导力联盟（Smart Manufacturing Leadership Coalition，SMLC）是由美国政府、工业界、学术界、研究机构和协会组建的智能制造研发促进机构，致力于构建开放共享的智能制造平台，在智能制造系统开发与部署方面实现突破。智能制造系统可将制造的智能数据集成到整个工厂和供应链，贯穿设计、工程、计划和生产等环节，能够在全生产周期跟踪资本资产、工艺和资源，以得到柔性、敏捷和创新的制造环境，最优的绩效和产出，以及高效协同的智能制造产业链。SMLC 提出了五个智能制造的实施路径：一是将数据转化为知识，关注建模标准、数字化环境与信息基础设施；二是将知识转化为模型，关注智能化的工艺建模、仿真、分析与优化；三是将模型转化为关键工厂资产，关注工厂级的智能工艺实施与智能制造管理；四是关键工厂资产的全球化，关注企业（联盟）级的智能制造；五是建立关键绩效指标，关注面向智能制造的教育与技能培训。SMLC 成员包括通用动力、通用电气、通用汽车、美国铝业公司、美国能源部、美国国家标准与技术研究院、国家科学基金、美国制造技术协会和机械工程协会等。

3. 在市场方面推行配套资金政策

为了给智能制造业创造良好的投资及发展环境，美国推行了一系列配套优惠政策。一是实施税收优惠。通过改革美国公司税制，促进制造业向美国国内转移。二是吸引商业投资。通过改革在美国投资的审批制度（简化审批手续并加快审批流程），吸引外资及美国的海外企业资金回流本土。三是设立专项扶持性基金。例如，设立了“先进技术汽车制造贷款”“国家制造业创新网络基金”和“先进制造技术基金”等专项基金。

4.2 德国深入实施“工业 4.0”战略

“工业 4.0”的概念诞生于 2005 年德国人工智能研究中心的 Smart Factory 成功开发之际，其最终目的是实现人工智能技术及网络技术在工业生产过程中的广泛应用。2011 年，德国政府推出《高技术战略 2020》，“工业 4.0”战略成为该战略的重要组成部分，该战略旨在支持新一代革命性技术在工业领域的研发与创新。2013 年 4 月，德国发布《保障德国制造业的未来：关于实施“工业 4.0”战略的建议》的报告，核心内容是建设一个信息物理系统（Cyber Physical System，CPS）网络，进行智能生产和智能工厂两大主题研究，实现横向、纵向、端到端的三大集成。2019 年 6 月，为塑造全球数字化生态系统，德国联邦经济和能源部发布了《工业 4.0 愿景 2030》，提出数字主权、互操作性和可持续性三大行动领域。2019 年 11 月 29 日，德国联邦经济和能源部正式发布《国家工业战略 2030》，内容涉及完善德国作为工业强国的法律框架、加强新技术研发和促进私有资本在新技术研发方面的投入、在全球范围内维护德国工业的技术主权等，并将汽车工业、钢铁和铜铝等非铁金属工业、化工医药业、机械设备及 3D 打印、电子科技和计算机通信、光学和医学科技、环保和能源科技、航空航天、海洋经济和国防安全十大领域列为重点高新技术行业，以稳固并重振德国经济和提升其科技水平，保持德国工业在欧洲和全球竞争中的领先地位。

1. “工业 4.0”平台成为实施主体

自“工业 4.0”平台建立以来，成功吸纳了包括德国联邦经济和能源部、德国联邦教育和科研部、学术界、产业界和相关协会在内的 6 000 多家成员单位。平台成员分工有序，政府负责搭建政策框架与促进政府间合作；科研机构则为“工业 4.0”的推进提供举措和方向，并提供基础理论；企业则是“工业 4.0”的具体实践者。“工业 4.0”平台下设六个工作组，分别为参考架构、标准和规范，技术与应用场景，互联系统的安全性，法律框架，就业、教育与培训以及“工业 4.0”的数字化商业模型，通过各领域专家的协同、中小企业的支持，以及国际合作的开展，社会各界勠力同心，使德国“工业 4.0”可以深入实施。目前，该平台已经发展成为成功推进制造业企业数字化转型的平台之一，成为连接德国政府决策层、商界、学界和工会等的桥梁。

2. “工业 4.0”从概念走向实际应用

在 2015 年 11 月 19 日举办的德国全国信息技术峰会上，德国推出了“工业 4.0 地图”，旨在借助实践案例、具体操作建议和试验点，推动德国企业特别是中小企业早日进入“工业 4.0”时代。“工业 4.0 地图”集中展示了德国各类型企业应用“工业 4.0”解决方案的实例，且应用案例每年以 80% 的速度增长。截至 2019 年 12 月底，投入实际应用的“工业 4.0”案例已经超过 350 个，主要集中在生产制造、物流、教育培训、基础设施建设四个领域，其中生产制造领域的应用案例占比最高，达到 101 个。试验点则主要针对“工业 4.0”应用开展研发和测试工作，中小企业可借助试验点尝试开展“工业 4.0”改造，而不必自行进行昂贵的研究设备方面的投资。例如，在德国中部的黑森州，一家海绵垫生产商将设计环节交给了客户，客户可通过手机应用软件，设计自己想要的海绵垫，然后直接将设计图传送到工厂进行生产，实现了廉价、快速的个性化定制。

3.“工业 4.0”的国际影响力不断加大

为抓住“工业 4.0”的发展机遇，中国、美国、日本、法国和意大利等国家与德国在参考架构、标准、教育等方面建立了双边或多边合作机制。汉诺威工博会助推“工业 4.0”快速发展。从 2013 年起，汉诺威工博会就与“工业 4.0”紧密结合，每年都会吸引不同国家和地区的企业展示其先进的工业技术，成为世界上规模最大的工业盛会。2019 年 4 月，吸引了来自全球 75 个国家和地区的约 6 500 家参展商以及约 215 000 名观众（40% 来自境外）参加本次展会，展商重点展示了未来制造业和能源供给方面的解决方案，涉及工业制造中的人工智能部署、5G 应用、能源和动力传输解决方案等 500 多个案例。同时，汉诺威工博会首次搭建了大型 5G 测试平台，成为全球首个全方位使用 5G 技术的展会。

4.3 英国推进工业数字化战略

2017 年 11 月，英国政府发布了《工业战略：建设适应未来的英国》白皮书，将“数字化”作为英国工业转型的核心内容。为贯彻落实该战略，同年 12 月，英国制造技术中心（Manufacturing Technology Center）受政府委托发布了“让制造更智能 2017 评论”报告。该报告在分析英国工业发展机遇与面临的挑战基础上，从加快工业数字技术创新应用、加强人才教育培训、加强组织领导和破除技术应用障碍等方面提出了英国推进工业数字化的路径和政策措施。

1. 工业数字化为英国带来巨大机遇

工业数字化是指数字工具和技术（可统称为工业数字化技术，Industrial Digital Technologies，IDTs）在工业企业价值链中的应用。IDTs 涵盖人工智能、物联网、机器人和数据分析等颠覆性技术，将推动企业形成新的商业模式、加速产品推向市场、整合和强化供应链、显著提高生产效率。在制造业应用数字化技术，可在未来十年内使生产效率提高 25% 以上，累计创造最高达 4 550 亿英镑的收益，拉动制造业增长（每年增长 1.5% ～ 3%），带动高薪、高技能、高附加值职位增长。另外，IDTs 的应用可为英国工业创造全新的充满活力的技术投资市场，能够不断吸引外资。同时，有利于提高资源利用率、强化供应链一体化管理，灵活解决全球资源供应紧张等问题，构建弹性、绿色和可持续的工业生态体系。

2. 英国实现工业数字化的三大障碍

一是工业数字化技术应用水平低。英国的制造业企业对应用 IDTs 的潜在价值普遍缺乏认识，仅有 8% 的企业能够及时跟踪工业数字化最新动态。特别是中小企业，缺乏相关咨询信息、专业知识、技能培训和战略规划等，在网络安全风险防范、技术标准及互联互通等方面也存在明显短板。此外，英国的数字人才短缺，且尚未制定有针对性的财税政策。因此，英国制造业的 IDTs 应用水平较低，其数字强度指数（DII）仅位列欧盟第 14 位、数字转型指数仅位列欧盟第 11 位。

二是创新资源利用率低。英国虽然具有世界顶尖的高校和研究机构，在 IDTs 领域具有很强的研发能力，已初步建立起对研发和商业化提供支持的基础设施。然而，由于制造企业、研究机构、行业协会、地方政府之间缺乏有效协同，现有的创新资源的利用率很低，不足以集中支持 IDTs 的初创公司，目前英国在成立初创公司和 IDTs 产业化方面已经落后于发达国家。

三是缺乏组织领导。英国至今没有清晰地阐述 IDTs 的发展应用将为其带来什么样的机遇，尚未制定并实施诸如德国"工业 4.0"、美国"工业互联网"、中国《中国制造 2025》类的国家战略。此外，英国还没有建立国家层面的跨部门 IDTs 组织领导机构，在战略选择、方向把控和政策制定等方面缺乏统筹协调机制。虽然拥有世界级研究中心和"弹射中心"网络，但仍没有做到技术扩散方面的有效协作。

3. 推动英国实现工业数字化的四大举措

一是推动英国成为全球工业数字化的领导者。由政府和业界共同组织开展 IDTs 方面的全国性宣传活动，消除人们认为 IDTs 成本和风险双高的偏见，提高人们对 IDTs 推动工业转型的认识。成立英国"让制造更智能"咨询委员会，成员来自政府、企业、高校及相关科研院所，负责构建和管理高效的数字化生态系统，推动 IDTs 更快地创新、应用和推广。在"让制造更智能"咨询委员会的领导下，由政府、产业界和学术界共同成立若干执行小组，负责措施的落实。

二是加速数字化技术的创新和应用。实施 IDTs 应用计划，加大对中小企业的资金支持，提高咨询服务能力，加快 IDTs 的发展和应用。实施 IDTs 创新计划，整合相关的创新资源，提高创新中心的支撑能力。实施大规模的数字转型示范计划，围绕提高生产效率、促进可持续发展等关键环节开展应用示范。推动英国成为 IDTs 研发的全球领导者，在人工智能、机器学习和数据分析，增材制造，机器人和自动化，虚拟现实 / 增强现实（VR/AR）技术，工业物联网和 5G、低功耗广域网等通信技术五大领域建设一批创新中心，推进最先进的 IDTs 研究和创新。

三是推动百万工人技能升级，促进 IDTs 应用推广。在英国“让制造更智能”咨询委员会的领导下，成立了技能战略执行小组，培养各行各业的人才，并通过跟踪评估确保现有的相关技能培训计划与未来需求相符合。建立现代化的数字培训平台，提供可扩展的、及时的和易学习的内容，用于提高工人的技能。由政府和企业共同资助，帮助如下三类工人提高数字技能：工作岗位被自动化设备取代的人，需要使用增材制造、人工智能等新兴技术的人，数字工程师等所有 IDTs 需要的人。

四是破除数字技术的主要应用障碍。由产业界、学术界、政府和监管机构共同实施新兴数字产业标准研发计划，开展 IDTs 通用标准和行业应用标准的研究。采取数字化投资补贴、将数字技术投入纳入研发税收信用体系、与英国商业银行合作提供融资服务等措施，促进 IDTs 的发展和应用。开发数字信用（保障数据安全的相关框架和协议）信息平台，破除制造业应用 IDTs 的最大障碍之一——不愿分享数据。

4.4 日本推进“互联工业”战略

2017 年 3 月，在德国汉诺威举办的信息通信博览会（CeBIT）上，日本首相安倍晋三首次提出“互联工业”的概念，并将“互联工业“作为日本制造业的战略目标。2018 年 6 月，日本经产省发布了《日本制造业白皮书（2018）》，明确提出要“推动互联工业，创造价值”。“互联工业”就是以采集海量数据为基础，将人、设备、系统和技术等相互连接起来，以创造新的附加值和解决相关的社会问题。它具有三大核心理念：一是人与设备、系统之间并不是对立关系，而是合力实现新型数字社会；二是通过企业之间、产业之间以及国与国之间的紧密协作解决复杂问题；三是贯彻以人为本的理念，积极推进与数字化技术相结合的人才培养模式。互联工业主要包括智能生产、智能交通、智能医疗和智能家居四个领域。

在智能生产领域，主要任务是应对劳动力短缺、满足多样化的市场需求。面对日益增长的多样化市场需求，通过广泛应用数字化技术，将设备、人、部门、工厂和企业等连接起来，增强各个环节之间的数据联系、企业内外部之间的协作水平，以迅速应对高标准、多样化的市场需求。对于由于人口老龄化导致的劳动力短缺问题，通过数字化技术将生产工艺、技术诀窍等知识固化到软件中，作为可以灵活运用的公共知识，解决劳动力尤其是技术人才短缺的问题。

在智能交通领域，主要任务是提升服务能力、降低交通成本。在公共交通中，消费者需要使用不同的交通工具，通过发展互联工业，把各企业之间的数据连接起来，为消费者提供无缝衔接的服务体验，并将用户出行的成本降至最低。当个人驾驶汽车时，面临事故多、维修费用高、驾驶耗时长的问题，通过自动驾驶技术实现从“自我驾驶”到“享受车内环境”的转变，由“拥有汽车”向“共享汽车”转变。

在智能医疗领域，主要任务是提供个性化、高效的医疗保健服务。为了应对即将到来的老龄化问题，通过应用物联网、大数据等技术，采集患者发病前、治疗后的相关数据并对其进行分析，为患者提供个性化、高效的医疗服务。医药制造企业和医疗器械制造企业也开始向包括预防、监测在内的医疗保健业发展，并积极引入人工智能等技术进行辅助诊断。

在智能家居领域，主要任务是提高生活质量、增进人们之间的联系。发展互联工业，提高数据利用率，可提高生活质量、减轻生活压力，降低家务劳动强度，加强老龄化社会中人员之间的联系。通过从用户的各种设备中采集日常数据，并以此为基础为客户提供新的服务，构建能够解决各种社会难题的智能社会。

为了落实“互联工业”战略，在日本经产省政府的支持下，日本机械工程学会等成立了日本工业价值链促进会（IVI）。截至 2019 年，IVI 共有成员 738 家，包括三菱、东芝、富士通、日立和丰田等主要制造业企业，其目标是解决不同制造业企业之间的“互联制造”问题，让不同的企业通过基于“宽松标准”的接口实现互联互通，形成“互联工厂”的生态格局。其中，“互联工厂”是指通过连接电子数据，消除跨企业业务协作中的超负荷、不均衡和浪费，通过自动化技术并灵活运用人的能力来创建智能价值链。“宽松标准”是指企业之间的互联互通不需要共享关乎其核心竞争力的数据，只需从局部逐步更改互联互通规则，在实现企业间互联互通的同时保证各家企业的竞争优势不受影响。此外，IVI 还提出了“制造业数据交易”的概念，即制造业企业将产出的数据提供给可信赖的第三方，以吸收对方的知识和加深业务协作，并可以根据事先定好的合约，分享因相互连接而新产生的附加价值。为实现“制造业数据交易”，IVI 开发了工业数据词典，并组织东芝、DMG 森精机、富士通、发那科、NEC 和三菱电机 6 家企业进行数据交易试验。

第 5 章

我国智能制造发展概况

5.1 发展成效

5.1.1 智能制造顶层设计基本完成

为贯彻落实制造强国战略，牢牢把握智能制造这一主攻方向。2016—2018年，工业和信息化部联合相关部门先后发布了《智能制造发展规划（2016—2020年）》《智能制造工程实施指南（2016—2020）》《国家智能制造标准体系建设指南》（2015年版、2018年版）等政策文件，明确了我国智能制造发展的“五三五十”重点任务，即突破高档数控机床和工业机器人、增材制造装备、智能传感与控制装备、智能检测与装配装备、智能物流与仓储装备五类智能制造关键技术装备，夯实智能制造标准体系、核心工业软件、工业互联网与信息安全三大基础，培育发展离散型智能制造、流程型智能制造、网络协同制造、大规模个性化定制和远程运维服务五种新模式，推进智能制造在制造业十大重点领域的集成应用，为智能制造发展提供了有力的制度支持，基本完成了国家推进智能制造的顶层设计。同时，工业和信息化部联合相关部门组织实施了智能制造试点示范专项行动、智能制造综合标准化与新模式应用项目等专项工作，加速推动数字化车间/智能工厂建设、智能制造新模式应用推广、智能制造标准研究与试验验证等重点工作。

5.1.2 我国已成为全球最大的智能制造需求市场

近年来，我国制造业总量连续多年稳居世界第一。随着智能制造相关技术的快速发展，并在消费升级、要素成本上升、环境约束加剧等因素的影响下，我国企业对智能制造的需求日益增强，加快向智能转型已成为产业界的共识。中国智能制造系统解决方案供应商联盟的研究报告显示，2018年我国智能制造系统解决方案市场规模达到1 560亿元，同比增长20.8%，预计2020年达到2 380亿元。2015—2020年我国智能制造系统解决方案市场规模如图5-1所示。

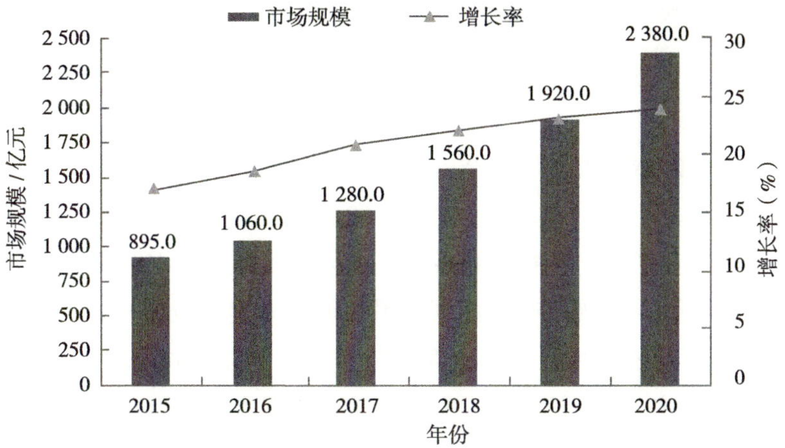

图 5-1　2015—2020 年我国智能制造系统解决方案市场规模

数据来源：中国智能制造系统解决方案供应商联盟。

5.1.3　建成了一批国际先进的数字化车间/智能工厂

根据对 6 624 家企业智能制造能力成熟度的评估，我国已初步建成了 676 个数字化车间/智能工厂，成熟度等级达到 3 级以上，基本实现了产品和工艺的数字化设计与仿真、自动化生产、企业内部纵向集成、设计制造一体化和跨业务间的数据共享，具备了数字化车间/智能工厂的典型特征。同时，根据对近几年的智能制造试点示范项目和新模式应用项目的调查统计，这些项目提质增效的成效十分明显，生产效率平均提高了 44.9%，能源利用率提升了 19.8%，运营成本降低了 25.2%，产品研制周期缩短了 35%，产品不良品率降低了 35.5%。

5.1.4　初步建立起与国际同步的智能制造标准体系

工业和信息化部先后发布了 2015 年版和 2018 年版的《国家智能制造标准体系建设指南》，支持了 163 个智能制造综合标准化与新模式应用项目，建设了 191 个标准试验验证平台，发布了 GB/T 37695—2019《智能制造　对象标识要求》等 241 项国家标准，另有 132 项标准（草案）已获得国家标准立项，全面覆盖了《国家智能制造标准体系建设指南》中的基础共性标准和关键技术标准。部分标准有效指导了企业实践，如《石化行业智能工厂通用技术要求和评估规范》已应用于中国石化茂名石化公司（简称茂名石化）、中国石化九江分公司（简称九江石化）和中国石化镇海炼化公司等的智能工厂建设中。同时，在智能制造标准化国际合作方面成果丰硕，与德国在系统架构、信息安全和无线通信等方面达成 36 项标准互认共识；积极参加 ISO、IEC 等国际标准化组织的工作，牵头发布无线通信技术 WIA-FA 标准等 28 项国际标准。

5.1.5　培育壮大了一批智能制造系统解决方案供应商

在庞大智能制造需求市场的牵引下，一批装备企业、工业自动化供应商、软件开发商及用户企业等加速向智能制造系统解决方案供应商转型。我国已初步建立了一支了解行业需求、具有较强系统集成能力、行业推广经验丰富的智能制造服务队伍。据统计，我国已有智能制造系统解决方案供应商 5 000 余家，其中，符合《智能制造系统解决方案供应商规范条件》的有 140 家，主营业务收入 10 亿元以上的有 43 家。如新松机器人的自主工业机器人已应用在一汽、华晨、海信、创维和临工等数十个行业龙头企业的生产线上，覆盖汽车、家电和工程机械等十多个行业；石化盈科信息技术有限责任公司（简称石化盈科）的智能制造解决方案已成功应用于中国石油化工集团有限公司（简称中国石化）、中国中煤能源集团有限公司（简称中煤集团）、国家能源投资集团有限责任公司（简称国家能源集团）等近 90 家企业。这些系统解决方案供应商长期深入企业智能化改造一线，有效推动了我国制造业转型升级。

5.1.6　关键软硬件供给能力进一步提升

智能制造的快速发展有效带动了我国工业机器人、增材制造装备等智能制造装备、工业软件的发展。2019 年，我国工业机器人产量达到 18.69 万台（套），比 2015 年增长了 4.6 倍；增材制造行业总规模从 2015 年的 55 亿元增加到 2019 年的 180 亿元，年均增速近 35%。同时，依托智能制造工程，一批短板装备、核心软件和系统解决方案实现创新应用。据不完全统计，2015—2018 年智能制造关键技术装备的应用数量已突破了 8 396 台（套），申请的专利数量达 3 234 项。如北京机械工业自动化研究所有限公司（简称北自所）研发的化纤长丝智能卷装成套装备已成为行业新建工厂的必备装备，占据国内近 90% 的市场份额，并出口至韩国、东南亚等国际市场；济南二机床自主研发的大型快速高效数控全自动汽车冲压生产线达到国际先进水平并出口美国；和利时研制了精准辨药、精确称量的智能中药饮片调剂成套装备，已应用于 100 多家制药企业，占据国内 80% 以上的市场份额。同时，一批核心工业软件实现突破。如浙江中控技术股份有限公司研发的分布式控制系统（DCS）在核电、轨道交通和石油化工等领域广泛应用；上海宝信软件股份有限公司开发的制造执行系统（MES）占据了国内钢铁行业 50% 以上的市场份额；北京数码大方科技股份有限公司开发了具有完全自主知识产权的 CAD、CAPP、CAM、DNC 和 PLM 系列研发设计软件，广泛应用于航空航天、装备制造、汽车及零部件和电子信息等行业。

5.1.7 智能制造成熟经验、模式等被加速复制推广

在遴选智能制造试点示范项目、标杆企业的基础上，各级政府、行业组织等通过宣传报告、出版案例集、召开现场交流会、组织专家诊断、推动供需对接等方式，大力推动智能制造成熟经验、模式和系统解决方案的复制推广，引导社会各界力量积极参与到智能制造中来，形成了良好的社会氛围，具体表现如下：

第一，许多制造企业在自身实践的基础上，努力向外推广成熟的经验和模式。据不完全统计，截至 2019 年年底，已经有 265 家制造业企业向外复制推广了 1 332 个项目，有效带动了相关行业的转型升级。如山东康平纳集团有限公司在研发筒子纱数字化自动染色成套技术与装备的基础上，建立了智能染色工厂，实现染色一次性合格率达 98% 以上、生产效率提高 28%、用工减少 80%、吨纱节水 70% 及污水排放降低 68%，创造出国际领先的筒子纱智能染色解决方案，目前已将该解决方案推广到鲁泰纺织、孚日集团等 45 家同行业企业，在山东、江苏和新疆等地新建了 4 个标准化筒子纱染色智能工厂。

第二，各地方结合当地产业特点，积极引导社会资源向智能制造领域集聚。据统计，各省份（含计划单列市）共出台了智能制造支持政策 206 项，投入地方财政资金 151.6 亿元，形成了一批各具特色的区域推进模式。如浙江省构建了“财政资金支持 + 金融机构助推 + 智库组织服务”服务体系，引导社会各界力量一道参与、共同推进智能制造发展；山东省实施智能制造“1+*N*”带动提升行动，引导标杆企业向产业链上下游或相近行业企业推广自身成熟的经验和模式。

第三，重点行业加速转型升级。如棉纺行业的设备国产化率达 85% 以上，万锭高支纱用工已从 55 人减少到 15 人左右；化纤行业节约人工 65% ～ 80%，生产效率提高约 30%，卷装外观质量在线智能检测系统正确检出率达 99.2% 以上，运营成本降低了 22% 左右；建材行业重点企业的数据自动采集率接近 70%，以温度、物位、流量和质量等为代表的传感装置、智能仪表的应用率超过 80%，窑磨控制系统自动化率接近 100%，生产效率提高了 20%，资源综合利用率提升了 5%。

5.2 存在的问题

尽管我国智能制造起步很好，但由于我国制造业基础薄弱，区域之间、行业

之间和企业之间发展不平衡，我国智能制造的发展总体上仍处于初级阶段，与国际先进水平相比差距依然很大。主要问题如下：

一是认识和理解需进一步加深。少数地方存在盲目发展智能制造的倾向，有的地方甚至采取“一刀切”的方式推进智能制造项目建设。一些企业对智能制造缺乏科学的认识和系统的规划，存在要么消极应付，要么盲目引进设备和技术的现象。目前，大数据、人工智能等新技术大多应用在产品销售、民生等服务领域，在制造环节的应用深度不够。

二是供给支撑能力明显不足。国内企业主要侧重技术追踪和引进，核心技术掌控不足。关键技术装备自主化程度不高，许多高档数控机床、高端专用生产设备和核心零部件（如控制器上的 CPU、机器人用的减速机）等还依赖进口。核心工业软件受制于人，绝大部分底层操作系统、工业软件（如 70% 以上的 CAX、50% 以上的 MES）由国外企业提供。各种智能化器件、网络端口连接和系统软件集成等所需的标准尚不能满足需求。

三是应用推广的深度和广度不够。尽管已经初步形成了一些智能制造新模式，但目前这些新模式尚未完全成熟，从参评项目的建设情况看，总体还处于自动化向数字化过渡阶段，平均水平不太高。一些龙头企业在智能制造方面虽然具有了一些经验，形成了一些行业应用标准，但未能在大范围推广。

四是企业要素资源存在一定的制约因素。智能制造发展需要有高素质的跨界人才和大量资金作为支撑。尽管多数企业有意愿，但碍于高端人才缺乏、融资难、融资贵，加上自身效益不好等因素，无力或无法实施智能制造。

五是协同推进机制尚需进一步完善。目前，“智能制造与机器人”重大科技专项和智能制造工程在重点任务上有重叠，智能制造、绿色制造、工业互联网项目在主体和载体上也存在较大关联性，需要加强部门之间的协同配合，以做好衔接，形成合力。

5.3 发展趋势

5.3.1 由“点上突破”向“线面推广”转变

经过三年多的持续推进，我国智能制造取得了显著成效：发展智能制造已成为制造业界的共识，且初步形成了全球规模最大的智能制造需求市场；初步建成了一批数字化车间、智能工厂，这些车间、工厂部分已达到或接近国际先进水平；培育了一批能够为行业、企业提供解决方案的智能制造系统集成商等。展望

“十四五”，我国智能制造将由“点上突破”向“线面推广”转变。一是在开展单个项目、单个企业应用示范的基础上，探索智能制造区域性发展的有效模式，以智能制造的推进带动区域制造业转型升级，加速转换增长动力；二是向基础条件好、需求迫切的制造业所有领域推广，通过智能制造实现行业竞争力的整体提升；三是由龙头企业向产业链上下游企业拓展，通过智能制造实现整条产业链的跃升。

5.3.2 智能制造供给能力将稳步提升

近年来，在庞大的市场需求牵引下，在国家重大科技专项、重点研发计划、智能制造专项等产业政策的支持下，高档数控机床、工业机器人、增材制造装备和工业控制系统等智能制造关键技术装备和核心工业软件取得了一系列重要突破。例如，大族激光科技产业集团股份有限公司研制出三维五轴联动光纤激光切割机床，秦川机床工具集团股份有限公司、苏州绿的谐波传动科技股份有限公司研制出高精密 RV 减速器、谐波减速器等机器人关键零部件，宁夏共享集团股份有限公司研制出大尺寸高效砂型 3D 打印机，和利时集团、浙江中控技术股份有限公司研发的分布式控制系统（DCS）在核电、轨道交通和石油化工等领域广泛应用。同时，我国还培育了石化盈科信息技术有限责任公司、沈阳新松机器人自动化股份有限公司、上海宝信软件股份有限公司和北京机械工业自动化研究所有限公司等一批能够为行业企业提供智能制造系统解决方案的供应商，在一定程度上满足了国内智能制造的发展需求。未来，随着我国智能制造的全面推进，制造业企业尤其是更加注重性价比的制造业中小企业将加速向智能转型，我国的智能制造关键技术装备、核心工业软件以及系统解决方案等将更具竞争优势，智能制造供给能力将稳步提升。

5.3.3 中小企业将加快智能化改造

中小企业是国民经济的重要组成部分，创造了我国 60% 以上的 GDP，是我国制造业的主力军，占制造业企业总数的 90% 以上。同时，大多数中小企业主要为大型企业、主机厂提供配套零部件，其产品质量、交付能力和供应链协作水平等直接着影响我国制造业的竞争力，因此中小企业也是我国发展智能制造的重要组成部分。但受技术储备不足、专业人才缺乏、资金实力有限和解决方案缺乏等因素的影响，我国中小企业的智能化进程相对缓慢。随着劳动力等要素成本的上升、资源环境约束的加剧、整机整车企业要求的逐步提高，以及智能制造解决方案的日益成熟，未来中小企业将加速推进智能制造。与大型企业注重建设数字化车间、智能工厂不同，中小微企业发展智能制造将以关键环节的自动化、数字化和网络化改造为主，更加注重便宜且适用的智能制造解决方案。

5.3.4 智能制造标准体系加快构建

标准化是发展智能制造的重要技术基础。因此，自 2015 年以来，工业和信息化部以智能制造综合标准化与新模式应用为抓手，优先实施智能制造基础共性标准与关键技术标准的研制与试验验证等工作，基本建立起政府引导与市场自主制定的协同发展、协调配套、动态完善的智能制造标准研发体系。随着《国家智能制造标准体系建设指南》（2018 版）的发布，在智能制造综合标准化与新模式应用项目的支持下，智能制造标准的研究与立项工作将进一步加快，智能制造标准试验验证平台将达到 100 个以上，制修订的智能制造国家标准数量将超过 200 项，智能制造标准体系将进一步完善。

5.3.5 大型企业将以智能制造作为竞争焦点

通过工业互联网平台，可以实现跨部门、跨企业和跨区域的互联互通，以采集、汇聚和挖掘海量数据为基础，实现资源的优化配置，为智能决策提供支持，实现商业模式创新等。工业互联网平台在智能制造中扮演着类似“神经中枢”的角色。为构建智能制造领域的竞争优势，相关大型企业纷纷加快工业互联网平台的布局建设。例如，阿里云构建了 ET 工业大脑，帮助企业实现关键工序智能化、生产过程优化控制等；三一集团有限公司成立树根互联技术有限公司，搭建“根云”平台，为能源装备、工程机械和纺织装备等装备产品提供全生命周期管理服务；海尔集团搭建了 COSMOPlat 平台，为企业提供大规模定制解决方案；中国航天科工集团有限公司构建了航天云网 INDICS 平台，大力推进网络协同制造。未来，为了占据智能制造领域的竞争制高点，相关大型企业必将加大在工业互联网平台方面的投入力度，市场竞争将更加激烈。

5.3.6 中美贸易摩擦带来不确定性

随着中美贸易摩擦的日益激烈、不断升级，我国制造业出口形势将越来越严峻，部分企业的营业收入和利润也将受到一定程度的影响，进而降低企业投资智能制造的意愿，减缓我国智能制造的发展进程。更为严重的是，美国挑起贸易摩擦的目的不仅仅是为了维持贸易收支平衡，而是要打压或迟滞我国制造业的转型升级，作为我国主攻方向的智能制造必将首先受到相应的威胁和挑战。美国智库甚至已经向政府提出“要从安全角度考虑，像对待中兴、华为一样限制中国智能制造企业发展”的建议。为此，我国相关政府部门、研究机构以及相关企业等应未雨绸缪，密切跟踪相关时态进展，提前研究制定相应的解决方案。

5.3.7 我国智能制造整体还处于起步阶段

智能制造是一项复杂的系统工程，涵盖领域众多，涉及环节复杂，实施难度较大，工业发达国家的专家认为，即使工业发达国家，也需要 10 ～ 15 年的时间才能真正实现智能制造。同时，我国制造业企业的数字化、网络化、智能化基础相对薄弱，技术和管理经验不足，基础工艺、技术诀窍等储备较少，精益管理和生产实践水平较低，高水平的一线技术工人缺乏。即使是经过地方工业和信息化主管部门推荐、专家评审后遴选出的智能制造试点示范项目和新模式应用项目，大部分也聚焦在自动化、数字化改造方面，只有少数项目开展了智能化应用探索。从总体上看，我国智能制造仍处于起步阶段，需要坚持不懈、久久为功。

第 6 章

我国推进智能制造的政策措施

6.1 我国智能制造政策体系

党中央、国务院高度重视智能制造发展。2018 年，习近平总书记在两院院士大会上指出，要以智能制造为主攻方向推动产业技术变革和优化升级，推动制造业产业模式和企业形态根本性转变，以“鼎新”带动“革故”，以增量带动存量，促进我国产业迈向全球价值链中高端。李克强总理在 2018 年的政府工作报告中提出，要加快制造强国建设，推进智能制造，发展工业互联网平台，运用新技术、新业态、新模式，大力改造提升传统产业。近年来，在党中央、国务院的决策部署下，各部门、各地区共同努力制定了一系列有助于我国智能制造发展的相关政策，基本形成了我国智能制造政策体系。

6.1.1 智能制造的顶层设计政策体系

智能制造是我国推进制造强国战略的主攻方向，是加速我国工业化和信息化深度融合、推动制造业供给侧结构性改革的重要着力点，对重塑我国制造业竞争新优势具有重要意义。2015 年以来，我国已经形成了较为完善的智能制造政策体系，相关政策见表 6-1。2016 年 5 月，为解决平台支撑不足、核心技术薄弱、应用水平不高、安全保障有待加强和体制机制不完善等问题，进一步深化制造业与互联网融合发展，国务院印发了《国务院关于深化制造业与互联网融合发展的指导意见》。2016 年下半年，为深入贯彻制造强国战略，工业和信息化部联合相关部门相继发布了《智能制造工程实施指南（2016—2020）》和《智能制造发展规划（2016—2020 年）》，明确了实施目标、重点任务和实施手段，以推动形成新的生产方式、产业形态和商业模式。2017 年 11 月，国务院又印发了《关于深化“互联网 + 先进制造业”发展工业互联网的指导意见》，聚焦发展智能、绿色的先进制造业，构建网络、平台和安全三大功能体系，增强智能制造供给能力，持续提升我国智能制造发展水平。

表 6-1 智能制造相关政策

序号	政策名称	发布部门	发布时间
1	《国务院关于深化制造业与互联网融合发展的指导意见》	国务院	2016 年 5 月

（续）

序号	政策名称	发布部门	发布时间
2	《智能制造工程实施指南（2016—2020）》	工业和信息化部	2016 年 8 月
3	《智能制造发展规划（2016—2020 年）》	工业和信息化部	2016 年 12 月
4	《关于深化“互联网 + 先进制造业”发展工业互联网的指导意见》	国务院	2017 年 11 月

6.1.2 支持技术创新的政策

2015 年 7 月，聚焦国家重大战略产品和产业化目标，针对事关国计民生的重大社会公益性研究，以及事关产业核心竞争力、整体自主创新能力和国家安全的重大科学技术问题，科技部分别发布了《国家重点研发计划》和《国家科技重大专项》，以突破国民经济和社会发展主要领域的技术瓶颈。2016 年 4 月，为深入落实创新驱动发展战略，贯彻落实《中国制造 2025》，加快完善制造业创新体系，工业和信息化部牵头制定并印发了《制造业创新中心建设工程实施指南（2016—2020 年）》，以全面提升制造业创新能力。支持技术创新的政策见表 6-2。

表 6-2 支持技术创新的政策

序号	政策名称	发布部门	发布时间
1	《国家重点研发计划》	科技部	2015 年 7 月
2	《国家科技重大专项》	科技部	2015 年 7 月
3	《制造业创新中心建设工程实施指南（2016—2020 年）》	工业和信息化部	2016 年 4 月

6.1.3 提升供给能力的政策

在装备方面，2009 年 3 月，工业和信息化部组织申报“高档数控机床与基础制造装备”科技重大专项，重点支持高档数控机床、基础制造装备、数控系统、功能部件、工具、关键部件和共性技术等方面的研究和开发，提高我国高档数控机床与基础制造装备的自主开发能力，满足我国主要行业对制造装备的基本需求。2009 年 8 月，财政部牵头制定了《关于调整重大技术装备进口税收政策的通知》，对我国企业为生产国家支持发展的重大技术装备和产品而确有必要进口的关键零部件及原材料，免征进口关税和进口环节增值税。同时，取消相应整机和成套设备的进口免税政策。对国产装备尚不能完全满足需求，仍需进口的，以逐步降低优惠幅度、缩小免税范围的方式，在一定期限内继续给予进口优惠政策。2013 年 2 月，为增强传感器及智能化仪器仪表产业的创新能力和国际竞争力，推动传感器及智能化仪器仪表产业的持续、协调发展，工业和信息化部牵头制定并印发了《加快推进传感器及智能化仪器仪表产业发展行动计划》。2015 年 2 月，为推动重大技术装备创新应用，发挥市场机制的决定性作用，降低用户订购和使用首台（套）装备的风险，财政部牵头制定了《关于开展首台（套）重大技术装备保险补偿机制试点工作的通知》。2016 年 8 月，围绕实现重大工程和重点领域急需的关键基础材料、核心基础零部件（元器件）、先进基础工艺和产业技术基础（以下简称“四基”）的工程化、产业化突破，夯实工业发展基础，提升工业发展的质量和效益，工业和信息化部牵头制定并发布了《工业强基工程实施指南（2016—2020 年）》。2017 年 11 月，为加快发展先进制造业，推动互联网、大数据、人工智能和实体经济深度融合，突破制造业重点领域关键技术并实现产业化，国家发展改革委制定了《增强制造业核心竞争力三年行动计划（2018—2020 年）》。为贯彻落实《国家集成电路产业发展推进纲要》，提升智能传感器产业的核心竞争力，工业和信息化部制定了《智能传感器产业三年行动指南（2017—2019 年）》。2018 年 3 月，为贯彻落实 2018 年政府工作报告关于“实施重大短板装备专项工程”的决策部署，工业和信息化部组织开展了“重大短板装备专项工程”。

在软件方面，2016 年 12 月，工业和信息化部制定并印发了《软件和信息技术服务业发展规划（2016—2020 年）》（简称《规划》），《规划》提出：着力研发云计算、大数据、移动互联网和物联网等新兴领域关键软件产品和解决方案，发展关键应用软件、行业解决方案和集成应用平台。2018 年 4 月，为推动工业互联网应用生态加快发展，工业和信息化部印发《工业互联网 APP 培育工程实施方案（2018—2020 年）》，指出：以发展和繁荣工业互联网平台应用生态为目标，推动软件技术与工业技术深度融合，工业 APP 培育与工业互联网平台建设协同推进，着力突破共性关键技术，夯实工业 APP 发展基础，着力提高工业 APP 发展质量，推动工业 APP 向工业互联网平台汇聚，形成建平台和用平台双向迭代、互促共进的制造业新生态。

在系统解决方案方面，2017 年 10 月，为加大力度培育具有行业领先优势的智能制造系统解决方案供应商，有效支撑制造业转型升级，工业和信息化部组织开展了智能制造系统解决方案供应商遴选工作。2018 年 7 月，为加强智能制造系统解决方案供应商的管理，规范智能制造系统集成服务活动，工业和信息化部组织开展了符合《智能制造系统解决方案供应商规范条件》的企业申报工作。2019 年 5 月，工业和信息化部组织开展了“基于工业互联网平台的模式创新解决方案供应商”和“基于工业互联网平台的工业设备上云解决方案供应商”的招标工作。

在基础设施方面，2018 年上半年，工业和信息化部组织实施了工业互联网创新发展工程，并组织了跨行业、跨领域工业互联网平台的申报工作，推动跨行业、跨领域的工业互联网平台建设，支撑制造业转型升级。提升供给能力的政策 / 举措见表 6-3。

表 6-3　提升供给能力的政策 / 举措

类别	财政政策 / 举措	税收政策 / 举措	金融政策 / 举措	其他政策 / 举措
装备	“高档数控机床与基础制造装备”科技重大专项 重大短板装备专项工程 《工业强基工程实施指南（2016—2020 年）》 《增强制造业核心竞争力三年行动计划（2018—2020 年）》	《关于调整重大技术装备进口税收政策的通知》	《关于开展首台（套）重大技术装备保险补偿机制试点工作的通知》	《智能传感器产业三年行动指南（2017—2019 年）》 《加快推进传感器及智能化仪器仪表产业发展行动计划》
软件		《关于软件和集成电路产业企业所得税优惠政策有关问题的通知》		《软件和信息技术服务业发展规划（2016—2020 年）》 《工业互联网 APP 培育工程实施方案（2018—2020 年）》
系统解决方案	系统解决方案供应商 基于工业互联网平台的模式创新解决方案供应商 基于工业互联网平台的工业设备上云解决方案供应商			公开征求对《智能制造系统解决方案供应商规范条件（征求意见稿）》的意见
基础设施	工业互联网创新发展工程			《工业和信息化部办公厅关于组织申报 2018 年跨行业跨领域工业互联网平台的通知》

6.1.4 促进应用推广的政策

在企业层面，2015—2018 年，工业和信息化部组织实施智能制造新模式应用和智能制造试点示范项目，在全国范围内遴选出优势且具有代表性的项目。除此之外，指导中国智能制造系统解决方案供应商联盟对智能制造标杆企业（第一批）进行了公示。为推动中小企业公共服务平台建设，支持中小企业健康发展，工业和信息化部组织开展了国家中小企业公共服务示范平台建设工作，为中小企业提供信息、技术、创业、培训和融资等公共服务。为了推动制造业发展，由财政部等共同发起成立了国家制造业转型升级基金股份有限公司。该公司的成立是创新制造业投融资机制、运用市场机制推动国家战略落地见效，发挥中央地方两个积极性的重大创新实践。

在行业层面，2018 年 12 月，为加快建设制造强国、海洋强国和交通强国，加快产业布局，加强跨界融合，促进我国船舶工业高质量发展，工业和信息化部牵头制定了《智能船舶发展行动计划（2019—2021 年）》。

在区域层面，工业和信息化部组织开展了 2019 年先进制造业集群招标工作，招标方向包括新一代信息通信、人工智能、软件和信息服务等，并结合国家级示范区建设，使各地产业形成差异化定位。另外，各个省市开展省级、市级智能制造专项和试点示范工作，为培育当地智能制造标杆企业奠定了基础。促进应用推广的政策 / 举措见表 6-4。

表 6-4 促进应用推广的政策 / 举措

类别	财政政策 / 举措	金融政策 / 举措	示范政策 / 举措	其他政策 / 举措
企业	《财政部、工业和信息化部关于组织开展智能制造综合标准化与新模式应用工作的通知》 国家中小企业公共服务示范平台	国家制造业转型升级基金	《关于开展智能制造试点示范项目推荐工作的通知》	《关于智能制造标杆企业（第一批）的公示》
行业	《智能船舶发展行动计划（2019—2021 年）》			
区域	先进制造业集群 各省市的专项资金			

6.1.5 营造良好环境的政策

在公共服务方面，为加快完善产业技术基础体系，提升工业基础能力，保障产业创新发展和行业质量提升，工业和信息化部组织开展了产业技术基础公共服务平台构建工作，搭建面向高端基础装备、制造业重点领域创新成果产业化、新兴技术等方面的公共服务平台。2017 年 10 月，科技部牵头制定了《“十三五”国家科技创新基地与条件保障能力建设专项规划》，提出：国家工程研究中心是面向国家重大战略任务和重点工程建设需求，开展关键技术攻关和试验研究、重大装备研制、重大科技成果工程化实验验证，突破关键技术和核心装备制约，支撑我国重点产业发展的国家科技创新基地。

在人才方面，2005 年 9 月，为进一步加强专业技术人才队伍建设，推进专业技术人才继续教育工作，推动经济社会发展和科技创新，人社部牵头制定了《专业技术人才知识更新工程实施方案》，以实现人才强国、创新驱动发展的目标。2016 年 12 月，为贯彻落实《中国制造 2025》，健全人才培养体系，创新人才发展体制机制，进一步提高制造业人才队伍素质，为实现制造强国的战略目标提供人才保证，教育部牵头制定了《制造业人才发展规划指南》，提出：到 2020 年，形成与制造业发展需求相适应的人力资源建设格局，培养和造就一支数量充足、结构合理、素质优良、充满活力的制造业人才队伍，基本确立建设制造强国的人才优势，为实现中国制造“三步走”战略目标奠定坚实的人才基础。

在标准方面，为解决标准缺失、滞后、交叉重复等问题，落实“加快制造强国建设”战略，工业和信息化部、国家标准化管理委员会分别于 2015 年和 2018 年共同组织制定了《国家智能制造标准体系建设指南》（2015 年版和 2018 年版），以构建满足产业发展需求的先进适用智能制造标准体系。2015—2018 年，工业和信息化部组织实施了智能制造综合标准化项目，通过搭建智能制造试验验证平台，对所制定的标准进行全流程试验验证，打造由政府引导和市场主导的协同发展、协调配套和动态完善的智能制造标准体系。国家标准化管理委员会目前正在抓紧制定和实施标准化战略，会同中国工程院等单位的国家高级智库专家，开展标准化战略研究，制定推进标准化战略的行动纲领——《中国标准 2035》。为聚焦产业升级等国家重大需求，科技部牵头制定了国家重点研发计划“国家质量基础的共性技术研究与应用”重点专项实施方案，提出：到 2020 年，研制国际标准 200 项以上，产业共性等国家标准 1 000 余项，形成 5 项以上全链条的“计量 - 标准 - 检验检测 - 认证认可”整体技术解决方案。

为落实国务院总理李克强与德国总理默克尔于 2014 年在国际合作方面共同发表的《中德合作行动纲要：共塑创新》，工业和信息化部、科技部、德国联邦经济能源部以及德国联邦教育与研究部建立了中德智能制造及生产过程网络化合作机制，即中德智能制造及生产过程网络化合作副部长级会议，深化产业和科研方面的合作。为推进《中国制造2025》与德国“工业4.0”战略深入对接，围绕产业、标准化、人才培养和示范园区等重点合作方向，工业和信息化部组织开展了中德智能制造及生产过程网络化合作试点示范工作，遴选了若干个产业中应用基础好、发展前景广阔和示范带动作用强的项目，促进中德双方互学互鉴与技术创新，推进中德智能制造合作向纵深发展。为加快建设新工业革命伙伴关系，促进工业数字化转型，共同提升金砖国家竞争力，工业和信息化部搭建“金砖国家智能制造暨新工业革命伙伴关系论坛”合作机制。营造良好环境的政策/举措见表6-5。

表6-5 营造良好环境的政策/举措

类别	财政政策/举措	示范政策/举措	其他政策/举措
公共服务	《工业和信息化部办公厅关于做好2018年产业技术基础公共服务平台申报工作的通知》	专业技术人才知识更新工程 《“十三五”国家科技创新基地与条件保障能力建设专项规划》	
人才	人社部：专业技术人才知识更新工程2018年高级研修项目计划		《制造业人才发展规划指南》
标准	《财政部、工业和信息化部关于组织开展智能制造综合标准化与新模式应用工作的通知》 国标委：《中国标准2035》 科技部：国家质量基础的共性技术研究与应用		《国家智能制造标准体系建设指南》（2015年版和2018年版）
国际合作		关于组织开展中德智能制造合作试点示范工作的通知	中德智能制造及生产过程网络化合作副部长级会议 金砖国家智能制造暨新工业革命伙伴关系论坛

6.2 智能制造发展规划（2016—2020年）

6.2.1 政策背景

智能制造是基于新一代信息通信技术与先进制造技术深度融合，贯穿于设计、生产、管理和服务等制造活动的各个环节，具有自感知、自学习、自决策、自执行和自适应等功能的新型生产方式。在全球新一轮科技革命与产业变革孕育、兴起的背景下，智能制造在全球范围内快速发展，已经成为制造业的重要发展方向，对产业发展和分工格局带来深刻影响，并将推动生产方式、产业形态和商业模式等发生根本性变化。美国、德国和日本等工业发达国家纷纷实施“再工业化战略”，不约而同地将智能制造作为主攻方向，通过政府、行业组织和企业等的协同推进，积极培育制造业竞争新优势。

为了指导我国“十三五”期间的智能制造发展，2016年9月，工业和信息化部、财政部联合发布了《智能制造发展规划（2016—2020年）》（以下简称《规划》），明确了我国发展智能制造的指导思想、发展目标、重点任务和保障措施，成为推动我国智能制造发展的纲领性文件。

6.2.2 政策要点

1. 关于发展现状和形势

发展现状和形势主要包括三方面的内容：一是智能制造成为重构全球制造业格局的重要力量，发达国家不断推出发展智能制造的新举措，主要跨国公司加速抢占智能制造需求市场，我国必须积极应对挑战；二是我国制造业发展环境发生了重大变化，调整结构、转型升级、提质增效，加快推进供给侧结构性改革刻不容缓；三是我国发展智能制造的基础和条件已基本具备，但我国机械化、电气化、自动化及信息化并存，区域之间、行业之间和企业之间发展不平衡，关键技术和核心装备受制于人等问题突出，必须紧抓机遇，走出一条具有中国特色的智能制造发展道路。

2. 关于总体要求

《规划》提出的指导思想是：以构建新型制造体系为目标，以实施智能制造工程为重要抓手，着力提升关键技术装备安全可控能力，着力增强基础支撑能力，着力提升集成应用水平，着力探索培育新模式，着力营造良好发展环境，为培育经济增长新动能、打造我国制造业竞争新优势、建设制造强国奠定扎实的基础。

《规划》提出了四条基本原则：一是坚持市场主导、政府引导；二是坚持创新驱动、开放合作；三是坚持统筹规划、系统推进；四是坚持遵循规律、分类施策。

在发展目标方面，突出“两步走”战略：第一步，到2020年，智能制造发展基础和支撑能力明显增强，传统制造业重点领域基本实现数字化制造，有条件、有基础的重点产业智能转型取得明显进展；第二步，到2025年，智能制造支撑体系基本建立，重点产业初步实现智能转型。《规划》提出到2020年的具体目标：一是智能制造技术与装备实现突破，二是发展基础明显增强，三是智能制造生态体系初步形成，四是重点领域发展成效显著。

3. 关于重点任务

《规划》提出重点聚焦“十大任务”，落实到“八项具体工作中”。十大任务分别为：

一是加快智能制造装备发展。推进产学研用联合创新，攻克关键技术装备，提高质量和可靠性。推进智能制造关键技术装备、核心支撑软件、工业互联网等系统集成应用，集成开发一批重大成套装备，推进工程应用和产业化。

二是加强关键共性技术创新。突破先进感知与测量、高精度运动控制、高可靠智能控制、建模与仿真、工业互联网安全等一批关键共性技术，研发智能制造相关的核心支撑软件，为实现制造装备和制造过程的智能化提供技术支撑。

三是建设智能制造标准体系。开展基础共性标准、关键技术标准、行业应用标准研究，搭建标准试验验证平台（系统），开展全过程试验验证。加快标准制修订，在制造业各个领域全面推广。成立国家智能制造标准化协调推进组、总体组和专家咨询组，形成协同推进的工作机制。

四是构筑工业互联网基础。研发新型工业网络设备与系统，构建工业互联网试验验证平台和标识解析系统。推动制造企业开展工厂内网络升级改造，鼓励电信运营商改良工厂外网络，开展工业云和大数据平台建设。

五是加大智能制造试点示范推广力度。在基础条件好和需求迫切的重点地区、行业，选择骨干企业，开展智能制造新模式试点示范，形成有效的经验和模式。围绕设计、研发、生产、物流和服务等产品全生命周期，遴选智能制造标杆企业，在相关行业进行移植、推广。

六是推动重点领域智能转型。试点建设数字化车间、智能工厂，加快智能制造关键技术装备的集成应用，促进制造工艺仿真优化、数字化控制、状态信息实时监测和自适应控制。加快产品全生命周期管理、客户关系管理、供应链管理系统的推广应用，促进集团管控、设计与制造、产供销一体、业务和财务衔接等关键环节集成。

七是促进中小企业智能化改造。引导有基础、有条件的中小企业推进生产线自动化改造，开展管理信息化和数字化升级试点应用。建立龙头企业引领带动中小企业推进自动化、信息化的发展机制，建设云制造平台和服务平台，在线提供关键工业软件及各类模型库和制造能力外包服务。

八是培育智能制造生态体系。推动装备、自动化、软件、信息技术等不同领域企业紧密合作、协同创新，逐步形成以智能制造系统集成商为核心、各领域领先企业联合推进、一大批定位于细分领域的“专精特”企业深度参与的智能制造发展生态体系。

九是推进区域智能制造协同发展。积极推动以产业链为纽带、资源要素集聚的智能制造装备产业集群建设。紧密依靠本区域智能制造发展基础，促进区域智能制造差异化发展。搭建基于互联网的制造资源协同平台，实现区域优势资源互补和资源优化配置。

十是打造智能制造人才队伍。加强智能制造人才培训，培养一批能够突破智能制造关键技术、带动制造业智能转型的高层次领军人才，一批既擅长制造企业管理又熟悉信息技术的复合型人才，一批能够开展智能制造技术开发、技术改进、业务指导的专业技术人才，一批门类齐全、技艺精湛、爱岗敬业的高技能人才。

为落实十大重点任务，《规划》提出了八项具体工作，分别为：智能制造装备创新发展重点、智能制造关键共性技术创新方向、智能制造标准提升专项行动、工业互联网建设重点、智能制造试点示范及推广应用专项行动、重点领域智能转型重点、中小企业智能化改造专项行动、智能制造系统解决方案供应商培育专项行动。分别明确了每项具体工作的主要内容和目标。

4. 关于保障措施

《规划》提出六个方面的保障措施：一是加强统筹协调，二是完善创新体系，三是加大财税支持力度，四是创新金融扶持方式，五是发挥行业组织作用，六是深化国际合作交流。

6.3 智能制造工程实施指南（2016—2020）

6.3.1 政策背景

随着新一轮科技革命和产业变革在全球范围内孕育兴起，新一代信息通信技术与先进制造技术不断深度融合，数字化、网络化和智能化逐步成为全球制造业的重要发展趋势。美国、德国和日本等主要工业发达国家加紧谋篇布局，纷纷推出重振制造业的发展战略，加快推动智能制造发展，重构产业国际竞争新优势。为推动制造强国建设，加快制造业转型升级，国务院于2015年发布了《中国制造 2025》，明确将智能制造作为主攻方向，加速构筑我国制造的国际竞争新优势。

《中国制造 2025》明确将智能制造工程作为政府引导推动的五个工程之一，目的是更好地整合全社会资源，统筹兼顾智能制造各个关键环节，突破发展瓶颈，系统推进技术与装备开发、标准制定、新模式培育和集成应用。加快组织实施智能制造工程，对于推动《中国制造 2025》十大重点领域率先突破、促进传统制造业转型升级、实现制造强国目标具有重大意义。为此，工业和信息化部联合相关部门发布了《智能制造工程实施指南（2016—2020）》（以下简称《指南》），提出了我国智能制造发展的“五三五十”重点任务。

6.3.2 政策要点

1. 关于总体要求

《指南》的总体要求是，加快贯彻落实《中国制造 2025》总体战略部署，将制造业智能转型作为必须长期坚持的战略任务，分步骤持续推进。“十三五”期间同步实施数字化制造普及、智能化制造示范，重点聚焦“五三五十”重点任务，即：攻克五类关键技术装备，夯实智能制造三大基础，培育推广五种智能制造新模式，推进十大重点领域智能制造成套装备集成应用，持续推动传统制造业智能转型。

《指南》提出的四条基本原则：一是坚持统筹规划、分类施策，二是坚持需求牵引、问题导向，三是坚持企业主体、协同创新，四是坚持远近结合、重点突破。

《指南》提出的“两步走”发展目标为：“十三五”期间，通过数字化制造的普及、智能化制造的试点示范，推动传统制造业重点领域基本实现数字化制造，有条件、有基础的重点产业全面启动并逐步实现智能转型；“十四五”期间，加大智能制造实施力度，关键技术装备、智能制造标准/工业互联网/信息安全、核心软件支撑能力显著增强，构建新型制造体系，重点产业逐步实现智能转型。其中，“十三五”期间工程具体目标是：

一是关键技术装备实现突破。高档数控机床与工业机器人、增材制造装备性能稳定性和质量可靠性达到国际同类产品水平，智能传感与控制装备、智能检测与装配装备、智能物流与仓储装备基本满足国内需求，具备较强竞争力，关键技术装备国内市场满足率超过 50%。

二是智能制造基础能力明显提升。初步建立基本完善的智能制造标准体系，完成一批急需的国家和行业重点标准；具有知识产权的智能制造核心支撑软件国内市场满足率超过30%；初步建成IPv6和4G、5G等新一代通信技术与工业融合的试验网络、标识解析体系、工业云计算和大数据平台及信息安全保障系统。

三是智能制造新模式不断成熟。离散型智能制造、流程型智能制造、网络协同制造、大规模个性化定制、远程运维服务等五种智能制造新模式不断丰富完善，有条件、有基础的行业实现试点示范并推广应用，建成一批智能车间、智能工厂。试点示范项目运营成本降低30%、产品生产周期缩短30%、不良品率降低30%。

四是重点产业智能转型成效显著。有条件、有基础的传统制造业基本普及数字化，全面启动并逐步实现智能转型，数字化研发设计工具普及率达到72%，关键工序数控化率达到50%；十大重点领域智能化水平显著提升，完成60类以上智能制造成套装备集成创新。

2. 关于重点任务

《指南》提出“五三五十”重点任务，具体内容如下：

一是攻克关键技术装备。针对实施智能制造所需关键技术装备受制于人的问题，聚焦感知、控制、决策、执行等核心关键环节，依托重点领域智能工厂、数字化车间的建设以及传统制造业智能转型，突破高档数控机床与工业机器人、增材制造装备、智能传感与控制装备、智能检测与装配装备、智能物流与仓储装备五类关键技术装备，开展首台首套装备研制，提高质量和可靠性，实现工程应用和产业化。

二是夯实智能制造基础。重点围绕智能制造标准滞后、核心软件缺失、工业互联网基础和信息安全系统薄弱等瓶颈问题，构建基本完善的智能制造标准体系，开发智能制造核心支撑软件，建立高效可靠的工业互联网基础和信息安全系统，形成智能制造发展坚实的基础支撑。

三是培育推广智能制造新模式。针对原材料工业、装备工业、消费品工业等传统制造业环境恶劣、危险、连续重复等工序的智能化升级需要，持续推进智能化改造，在基础条件好和需求迫切的重点地区、行业中选择骨干企业，推广数字化技术、系统集成技术、关键技术装备、智能制造成套装备，开展新模式试点示范，建设智能车间、智能工厂，重点培育离散型智能制造、流程型智能制造、网络协同制造、大规模个性化定制、远程运维服务，不断丰富成熟后实现全面推广，持续不断培育、完善和推广智能制造新模式，提高传统制造业设计、制造、工艺和管理水平，推动生产方式向柔性、智能和精细化转变。

四是推进重点领域集成应用。聚焦《中国制造 2025》十大重点领域，开展基于智能制造标准、核心支撑软件、工业互联网基础与信息安全系统的关键技术装备和先进制造工艺的集成应用，以系统解决方案供应商、装备制造商与用户联合的模式，开发重点领域所需智能制造成套装备，实现推广应用与产业化，支撑重点领域率先突破和传统制造业智能化改造。

3. 关于组织实施

《指南》提出：一是充分发挥市场主体作用，突出企业开展集成创新、工程应用、产业化、试点示范的主体地位，支持产学研用合作和组建产业创新联盟；二是充分调动多方积极性，鼓励各地方出台支持企业实施智能制造的相关政策。充分发挥行业协会、产业创新联盟等社会组织的积极作用，搭建行业协同创新平台、产业供需对接平台及信息服务平台；三是创新资金支持方式，鼓励产业投资基金、创业投资基金和其他社会资本投入；四是分类遴选项目承担单位。

4. 关于保障措施

一是加强统筹协调。建立由工业和信息化部牵头，国家发展改革委、科技部、财政部、国防科工局、中国工程院、商务部参加的部门联席会议制度。设立智能制造工程专家咨询组，为把握技术发展方向提供咨询建议。滚动制定年度传统制造业智能转型推进指南，指导企业实施智能制造。

二是健全技术创新体系。支持现有国家工程（技术）研究中心、国家重点实验室、国家认定企业技术中心，加大智能制造研究力度。建立智能制造知识产权运用保护体系，实施重大关键技术、工艺和关键零部件专利布局。强化企业质量主体责任，加强质量技术攻关、品牌培育。

三是加大财税金融支持力度。加大中央财政资金对智能制造的支持力度，完善和落实支持创新的政府采购政策。加强政府、企业信息与金融机构的共享，研究建立产融对接新模式。

四是大力推进国际合作。在智能制造标准制定、知识产权等方面广泛开展国际交流与合作，鼓励跨国公司、国外机构等在华设立智能制造研发机构、人才培训中心，建设智能制造示范工厂。

五是注重人才培养。组织实施智能制造人才培养推进行动，鼓励有条件的高校、院所、企业建设智能制造实训基地，支持高校开展智能制造学科体系和人才培养体系建设。

6.4 制造业智能化关键技术产业化实施方案

6.4.1 政策背景

1. 发达国家围绕制造业智能化发展进行战略部署

当前，制造业的生产方式、产业形态和发展模式正在孕育颠覆式的变革，智能化、服务化和绿色化成为制造业的新趋势。国际金融危机以来，发达国家重新认识到实体经济的重要性，纷纷提出了“再工业化”和“制造业回归”战略，强调充分利用信息技术提升工业水平，提出通过采用智能化技术来重振制造业，发展新兴产业，巩固其在技术和产业方面的领先优势。并通过加快制造业智能化，推动能源供给、交通运输、建筑家居和教育卫生等领域的智能化，进而实现整个社会的智能化。美国先后启动了“先进制造伙伴计划”“先进制造业国家战略计划”，制定实施了《复兴美国制造业创新法案》（RAMI），提出通过加强研究和试验税收减免、扩大和优化政府投资、建设制造业智能技术创新平台，加快制造业的智能化技术迭代升级，自 2012 年设立美国制造业创新网络以来，已先后设立了包括增材制造创新中心、智能制造创新中心、数字化制造与设计创新中心等在内的 15 家先进制造创新中心。德国于 2013 年正式实施“工业 4.0”战略，重点实现产品全生命周期的智能化，巩固其在制造业的领先地位。

2. 实现制造业的智能化是我国制造业自身发展的需要

当前，我国正面临来自发达国家加速重振制造业、发展中国家以更低生产成本承接国际产业转移的“双向挤压”，制造业转型升级难度日益加大，实现制造业的智能化是我国制造业从低端制造向高端制造转变，重塑我国制造业全球竞争优势的重要途径和突破口。同时，我国还迎来了新一轮产业变革的历史机遇。尽管理论界和业界对新一轮产业变革的认识还不尽相同，但都有一个普遍的共识，就是新一轮产业变革的核心是信息技术尤其是互联网技术的应用，制造业智能化是以信息技术与制造业深度融合为基础的。制造业的智能化发展不但能进一步提高劳动生产率，提高产品质量和降低综合成本，还可以更好地发展制造服务业，提高其对市场的快速反应能力，这将大大提高我国制造业的竞争力，并最终使我国制造业实现由大变强，为国民经济的持续发展做出贡献。由于历史原因，我国未能及时跟上前两次工业革命的步伐，但第三次工业革命，我国与国外几乎处于同一起跑线上，绝不能再次错过这一历史机遇。因此，提升制造业智能化水平，提升我国制造业的整体素质，是当前十分重要和迫切的任务。

6.4.2 政策要点

《制造业智能化关键技术产业化实施方案》（以下简称《实施方案》）提出的阶段性目标是：通过 3 年的努力，制造业智能化的新技术、新产品、新模式、新业态不断涌现，高端智能化系统研制应用取得突破，标准化、检验检测、认证服务体系基本健全，智能产业体系基本形成。为实现这一目标，《实施方案》提出“四个着力”：一是着力加强高端智能化系统研制应用，包括智能化关键装备研制应用、核心部件研制应用、新型智能终端开发及公共服务平台建设。二是着力提升产业基础支撑能力，包括制造业智能化系统集成标准研制、数字化系统（软件）开发及应用、网络信息安全保障能力建设与提升。三是着力推动新一代信息技术与制造技术深度融合，包括工业互联网平台建设及示范应用、工业大数据平台建设及示范应用、工业云服务平台建设及示范应用。四是着力推进“互联网 +”协同制造集成应用，包括系统集成应用体验验证能力建设、重点行业智能化示范工厂建设、产业集聚区智能化试点示范。

作为《增强制造业核心竞争力三年行动计划（2018—2020 年）》的落实举措，《实施方案》围绕制造业智能化所需支撑的各个环节，明确所需突破并加快产业化的关键技术，提出了要实现的目标，以及需要采取的行动，重点突出，目标明确。为保障落实，《实施方案》还提出：“充分发挥国家先进制造产业投资基金、新兴产业创业投资引导基金等的投资引领作用，加大对制造业智能化相关创新型企业的投资力度”“构建动态监管机制，由各地方发展改革部门对本地区项目的建设情况进行动态监管”等具体举措，为我国制造业智能化推进注入了新的动力，今后，制造业界还需要加强与工业和信息化部等部门的协调配合，形成制造业智能化的推进合力。

6.5 智能制造综合标准化与新模式应用

6.5.1 政策背景

为贯彻落实制造强国战略，深入实施《智能制造工程实施指南（2016—2020）》的总体部署，助推制造业转型升级、提质增效。2015—2018 年，工业和信息化部与财政部联合开展了智能制造综合标准化与新模式应用项目工作，支持企业和标准化组织搭建智能制造标准试验验证平台，建立健全国家智能制造标准体系；支持企业按照市场机制组建产学研用一体化的联合体，培育、推广智能制造新模式。

6.5.2 政策要点

我国主要围绕两类智能制造综合标准化与新模式应用项目开展工作：一类是智能制造综合标准化试验验证类项目，另一类是智能制造新模式应用类项目。

围绕智能制造综合标准化试验验证类项目开展的工作包括：①智能制造基础共性技术、关键技术、行业应用基础性标准制定，重点开展试验验证，包括标准试验验证所需的设施和设备（含软、硬件），以及试验验证的方法和结论等内容。②建设试验验证平台，使其成为本行业或其他制造业推进智能制造标准贯彻实施的公共服务平台。

围绕智能制造新模式应用类项目建设开展的工作包括：①在离散型智能制造方面，对车间总体设计、工艺流程及布局进行数字化建模；基于产品三维模型的设计与仿真技术，建立产品数据管理（PDM）系统，关键制造工艺的数值模拟以及加工、装配的可视化仿真；先进传感、控制、检测、装配、物流及智能化工艺装备与生产管理软件的高度集成；现场数据采集与分析系统、车间制造执行系统（MES）与产品全生命周期管理（PLM）系统、企业资源计划（ERP）管理系统的高效协同与集成。②在流程型智能制造方面，对工厂总体设计、工艺流程及布局进行数字化建模；实现生产流程的可视化、生产工艺的可预测优化；智能传感及仪器仪表、网络化控制与分析、在线检测、远程监控与故障诊断系统在生产管控中实现高度集成；实时数据采集与工艺数据库平台、车间制造执行系统（MES）与企业资源计划（ERP）管理系统实现协同与集成。③在网络协同制造方面，建立网络化制造资源协同平台或工业大数据服务平台，信息数据资源在企业内外可交互共享；企业间、企业部门间的创新资源、生产能力、市场需求实现集聚与对接，实现基于云的设计、供应、制造和服务环节并行组织和协同优化。④在大规模个性化定制方面，产品可进行模块化设计和个性化组合；建立用户个性化需求信息平台和各层级的个性化定制服务平台，能根据用户需求特征提供数据挖掘和分析服务；产品设计、计划排产、柔性制造、物流配送和售后服务实现集成和协同优化。⑤在远程运维服务方面，建立标准化的信息采集与控制系统、自动诊断系统，建立基于专家系统的故障预测模型和故障索引知识库；可实现装备（产品）远程无人操控、工作环境预警、运行状态监测、故障诊断与自修复；建立产品全生命周期分析平台、核心配件全生命周期分析平台、用户使用习惯信息模型；可对智能装备（产品）提供健康状况监测、虚拟设备维护方案制定与执行、最优使用方案推送、创新应用开放等服务。

完善智能制造标准体系。根据《国家智能制造标准体系建设指南》，支持企业和标准化组织搭建智能制造标准试验验证平台，开展智能制造基础共性技术标准、关键技术标准和重点领域应用标准的研制和试验验证，建立健全国家智能制造标准体系。

引导形成以满足用户个性化需求为主的大规模个性化定制模式。主要集中在服装、纺织、家居和家电等消费品领域实施。主要做法是：产品实现模块化设计，建设个性化定制服务平台，建设个性化产品数据库，实现个性化定制服务平台与企业研发设计、计划排程、供应链管理、售后服务等数字化制造系统的协同与集成。

引导形成以缩短产品研制周期为核心的产品全生命周期数字一体化模式。主要集中在航空装备制造、汽车制造、船舶制造和工程机械等离散制造业实施。主要做法是：应用基于模型定义（MBD）的技术进行产品研发，建设产品全生命周期管理（PLM）系统等。

引导形成基于工业互联网的远程运维服务模式。集中在动力装备、电力装备、工程机械、汽车制造和家用电器等领域实施。主要做法是：让智能装备/产品具备数据采集和通信等功能，建设智能装备/产品远程运维服务平台，建设相应的专家库和专家系统以及实现智能装备/产品远程运维服务平台与产品全生命周期管理（PLM）系统、客户关系管理（CRM）系统、产品研发管理系统的协同与集成等。

引导形成以供应链优化为核心的网络协同制造模式。主要集中在航空装备制造、汽车制造和家用电器等领域实施。主要做法是：建设跨企业的制造资源协同平台，实现企业间研发、管理和服务系统的集成和对接。

引导形成以打通企业运营“信息孤岛”为核心的智能工厂。主要集中在石化、钢铁、电子信息和家用电器等领域实施。主要做法是：应用物联网技术实现产品、物料等的唯一身份标识，生产和物流装备具备数据采集和通信等功能，构建生产数据采集系统、制造执行系统（MES）和企业资源计划（ERP）管理系统，实现生产数据采集系统、制造执行系统（MES）和企业资源计划（ERP）管理系统的高效协同与集成等。

引导形成以质量管控为核心的产品全生命周期可追溯体系。主要集中在食品和制药等行业实施。主要做法是：让产品在全生命周期具有唯一标识，应用传感器、智能仪器仪表和工控系统等自动采集质量管理所需的数据，应用制造执行系统（MES）开展质量判异和过程判稳等在线质量检测和预警等。

引导形成以提高能源利用率为核心的全生产过程能源优化管理体系。主要集中在石化化工、非铁金属和钢铁等行业实施。主要做法是：利用制造执行系统（MES）采集关键装备、生产过程、能源供给等环节的能效数据，构建能源管理系统（EMS）或 MES 中的能源管理模块，基于实时采集的能源数据对生产过程、设备、能源供给及人员等进行优化。

引导形成基于云平台的社会化协同制造机制。主要集中在航天装备和非铁金属等领域实施。主要做法是：构建面向全社会的制造云平台，为接入企业提供研发设计、运营管理、数据分析、知识管理和信息安全等服务，开展制造服务和资源的动态分析和柔性配置等。

引导形成快速响应多样化市场需求的柔性制造体系。主要集中在铸造和服装等领域实施。主要做法是：生产线可实现同时加工多种产品/零部件，车间物流配送系统实现自动化，构建并实现高级排产系统（APS）及工控系统、制造执行系统（MES）、企业资源计划（ERP）管理系统的高效协同与集成等。

第 7 章

典型区域智能制造发展情况

7.1 江苏省

1. 构建全省智能制造推进体系

江苏省省委、省政府制定并发布了《中国制造 2025 江苏行动纲要》，将智能制造作为工业化和信息化深度融合的主攻方向。此外，江苏省省政府还组织编写了《江苏省“十三五”智能制造发展规划》，制定了智能制造工程三年实施方案和年度推进工作计划，从长期、中期和近期多个视角构建了推进智能制造的工作体系和架构，明确了装备制造、电子信息、化工和冶金等重点行业的智能制造发展方向，提出了发展智能制造装备、提高系统集成能力等重点任务，统筹推进全省智能制造发展。

2. 大力开展智能制造试点示范

江苏省经济和信息化委员会持续组织开展省级示范智能车间创建活动，制修订智能车间的评价标准，侧重于车间网络信息安全、国产软件装备应用、车间智能化改造效益提升、车间与外部联动协同，进一步增强了建设智能制造车间的科学性和导向性，截至 2018 年，江苏省已创建了 536 个省级示范智能车间。同时，加大行业典型经验推广力度，先后举办了江苏省智能制造现场推进会、江苏省专精特新企业智能制造现场推进会，邀请重点企业介绍经验，现场参观试点示范项目和示范车间。

3. 突破智能制造关键短板

江苏省经济和信息化委员会先后组织实施了 12 个数控装备质量技术攻关项目，重点突破金属切削机床主机的高速加工（HSM）技术瓶颈，大幅度提高了高速加工中心、高精度高速数控轧辊磨床等的整机质量和可靠性水平。组织实施了食品安全快速检测、工业控制系统信息安全等共性技术攻关项目，聚焦突破高选择性样品吸附介质的制备、工业网络安全态势感知等关键核心技术。开展高端装备研制赶超活动，实施了包括高档数控机床、工业机器人和智能成套装备在内的 29 个高端装备研制赶超项目。

4. 夯实工业互联网基础

一是推进工业互联网平台建设和推广应用。召开江苏省工业互联网云平台建设工作座谈会，组织阿里巴巴等服务商与南京维拓科技股份有限公司等企业对接，优化平台建设方案，培育本地工业互联网平台。举办江苏省工业互联网高峰论坛，组织江苏省工业互联网专题展，集中展示江苏省工业互联网典型案例。二是构建“企业上云”服务生态。重点实施工业云平台、星级“上云”企业、云服务体系、工业互联网标杆工厂、“互联网 + 先进制造”特色基地建设五大工程。组织认定中国电信股份有限公司云计算分公司（简称天翼云）等 8 家机构为 2016—2020 年江苏省优秀企业互联网化服务云服务类机构。

5. 加强智能制造资金支持

落实《江苏省政府关于加快发展先进制造业振兴实体经济若干政策措施的意见》，加大对智能制造的资金支持力度。2017 年，共为示范智能车间奖补、专精特新小巨人企业智能化升级项目、大中型企业互联网化提升类项目等 452 个项目提供了 3.14 亿元的资金支持。各地将智能制造作为市级财政资金的重点支持方向，2017 年，各区市本级财政安排了 3 亿元左右的资金，其中无锡市、常州市、苏州市、南通市和淮安市对获得省级示范智能车间授牌的企业给予奖补。

6. 分类分层指导行业推进智能转型

在原材料领域，组织江苏省原材料行业两化融合创新应用推广活动，现场观摩南京南钢钢铁联合有限公司等示范企业，推广优秀解决方案。在消费品领域，组织骨干企业赴山东、广东考察学习，实地参观魏桥纺织股份有限公司、九阳股份有限公司、珠海格力电器股份有限公司和佛山维尚家具制造有限公司等企业的国家智能制造示范项目。在煤矿安全改造方面，获得中央预算内投资的煤矿安全改造项目有 2 项，消除了煤矿企业的通风系统、瓦斯抽采系统和地温热害等安全隐患，进一步提高了煤矿的安全生产水平。在民爆领域，大力推广民爆物品装卸机器人及智能成套装备、自动化物流装备，工业炸药制药、装药等危险岗位实现少（无）人操作，工业雷管装压药等主要危险岗位实现人机隔离操作。在中小企业方面，制定推进中小企业智能制造工作方案，搭建中小企业智能制造公共技术服务平台，认定了 2 家服务平台供应商，为中小微企业提供机器人与智能装备研发、智能制造技术咨询和培训等服务。

7. 深化智能制造国际交流

一是搭建合作交流平台。举办了“2017 世界智能制造大会”“世界物联网博览会”“中国（南京）国际软件产品和信息服务交易博览会”，共建开放、多元和包容的合作交流平台。举办了“‘i 创杯’江苏省互联网创新创业大赛”“江苏省‘智造创新’大赛”，推动云计算与大数据、智能硬件等领域人才的创新创业。二是组织对外交流活动。与德国弗劳恩霍夫生产设备与结构技术研究所、上海美国商会、中欧商会、日本富士通株式会社、英国 ARM 公司等开展对接，组织荷兰北布拉邦省与江苏省的智能制造企业开展对接交流。组织江苏省的智能制造企业赴罗马尼亚、捷克和白俄罗斯考察。

7.2 浙江省

近年来，在工业和信息化部的支持指导下，浙江省以智能制造为主攻方向，以“互联网 + 制造业”为新手段，深入推进“两化”融合，智能制造呈现增长快、效益好和动力强的态势，成为引领浙江省经济增长的新动能，日益成为制造强省建设的主战场。目前，浙江省重点制造行业典型企业的装备数控化率、机联网率分别达到 57% 和 36%，在役工业机器人数量达 5.5 万台，处于全国领先水平；两化融合发展指数已跃居全国第 2 位，上云企业有 18 万多家，成为国家信息经济示范区和“两化”深度融合国家示范区，智能制造水平不断提升。

浙江省在推进智能制造建设的过程中，强化规划引领、试点示范、平台服务及政策激励等方面的有机结合，形成了“四个强化”推进体系，取得了一定成效。

1. 强化规划引领

《中国制造 2025》及《中国制造 2025 浙江行动纲要》（简称《纲要》）均把智能制造作为制造强国建设的重中之重。为切实践行《纲要》工作部署，浙江省及有关市均制定了推进智能制造建设的行动计划，明确了工作目标、任务和方向。2018 年，浙江省经济和信息化委员会又制定了《浙江省智能制造行动计划（2018—2020 年）》，进一步明确了浙江省智能制造产业的发展目标、任务、重点领域和工作举措。宁波市将推进智能制造工程作为《中国制造 2025》试点示范城市建设的主攻方向，发布了《智能制造三年攻坚行动计划》，提出了智能技术和装备创新等五大重点任务。

2. 加强试点示范

浙江省积极组织实施国家智能制造试点示范项目。2015—2018 年，全省共入选并实施了 36 项国家智能制造新模式及综合标准化项目，25 项国家智能制造试点示范项目，累计获得国家扶持资金 6.2 亿元，在全国位居前列。同时还开展省级智能制造试点示范，共确定 22 个省级智能制造示范区（平台），累计安排省级资金 2.5 亿元，推动了区域和行业智能制造水平的提升。

3. 推进平台建设

浙江省在全国领先建立了健全的智能制造指导服务工作机制。2017 年，成立了浙江省智能制造专家委员会和浙江省推进智能制造指导服务工作组，聚焦浙江省传统优势产业集聚的重点县（市、区），开展指导服务工作。目前，已有多个专家团队的 110 余名专家，对 12 个重点县（市、区）开展了“面对面、个性化”的指导，取得了一定成效。智能制造专家委员会培育指导的新昌轴承行业“数字化改造平台化服务”模式正在向浙江省各产业集群推广，工业和信息化部也拟在全国范围推广这种模式。浙江省各地也创建了一批智能制造服务平台，如杭州市依托阿里巴巴、浙江中控技术股份有限公司等企业推动信息工程服务机构成立技术服务、专家指导、推广协调工作小组，目前杭州市的各类信息服务机构有 200 多家，为全省提供了 70% 以上的智能化服务。

4. 加大政策激励

浙江省各地都出台了鼓励企业实施智能制造和智能工厂建设的激励政策。如温州市对列入国家、省级智能制造试点的示范项目，分别给予项目投资额的 30%、25% 奖励，国家级试点项目最高奖励 1 000 万元、省级试点项目最高奖励 500 万元；对列入市级智能制造试点的项目，给予 100 万元奖励。

通过几年的努力，浙江省的智能制造推进工作取得了一定成效，但还存在关键核心技术受制于人，产业基础支撑薄弱，创新体系不健全，智能制造领域的高端人才匮乏等问题，需要进一步谋划并有效解决。

7.3 广东省

近年来，广东省深入贯彻落实《智能制造发展规划（2016—2020 年）》，出台了一系列专项政策，组织实施智能制造试点示范项目及专项，培育智能制造骨干企业，建设智能制造集聚区，促进广东省制造业实现了“三降低两提升”，即研制周期的大幅缩短，运营成本的大幅下降，产品不良率的大幅下降，生产效率的大幅提升，资源综合利用率的大幅提升。

1. 围绕智能制造出台系列规划政策

2015 年 3 月，广东省人民政府印发《广东省工业转型升级攻坚战三年行动计划（2015—2017 年）》，将推动制造业智能化作为五项重点攻坚行动之一。2015 年 7 月，广东省抓住智能制造这一主攻方向，在全国率先出台智能制造中长期规划《广东省智能制造发展规划（2015—2025 年）》，落实《中国制造

2025》提出的创新驱动、质量为先、绿色发展和结构优化等制造业发展总体要求，对未来十年广东省智能制造发展进行谋篇布局，并在此基础上制定了《广东省智能制造发展规划（2015—2025 年）重点任务分工》。2015 年 12 月，广东省出台了《广东省机器人产业发展专项行动计划（2015—2017 年）》，从机器人骨干企业的培育、机器人应用、创新平台建设等方面推动广东省机器人产业发展。将智能化改造列为工业企业技术改造的主要内容，2014 年、2018 年先后出台了《广东省人民政府办公厅关于推动新一轮技术改造促进产业转型升级的意见》《广东省工业企业技术改造三年行动计划（2018—2020 年）》等促进工业企业技术改造投资的政策，推进企业的智能化改造。

2. 大力培育智能制造示范项目及专项

广东省组织实施国家智能制造试点示范项目，从 2015 年起，共有 25 个项目入选国家试点示范项目，34 个项目获得智能制造新模式与综合标准化项目支持。2016 年，广东省开始开展省级智能制造试点示范活动，目前已在流程制造、离散制造、智能装备制造、智能产品制造、智能服务和管理、智能制造新业态六大领域遴选培育了 233 个省级智能制造试点示范项目，并分行业进行了示范应用推广。2016—2018 年累计安排了 1.22 亿元资金支持省级智能制造试点示范项目建设。

3. 宣传推广示范项目成功经验

2016 年 7 月，“全国智能制造试点示范经验交流会暨智能制造装备应用现场经验交流会”在东莞召开，吸引了人民日报、新华社、经济日报、中央电视台和南方日报等多家中央级和省级媒体前来采访报道。劲胜示范车间作为现场参观点向全国宣传推广其智能制造经验及智能化改造成效，引导行业企业对标示范项目实施智能制造。

4. 培育智能制造骨干企业和系统解决方案供应商

广东省制定战略性新兴产业骨干（培育）企业实施方案，以骨干企业的引领带动作用，促进中小企业的协作配套发展，先后培育认定的智能制造骨干企业有 61 家，培育企业 74 家。为培育建设支撑智能制造发展、具有公益性与开发性的公共技术支撑平台，广东省制定了《广东省智能制造公共技术支撑平台培育建设实施方案》，将培育平台分为综合性平台和专业性平台两类，遴选出 36 个单位作为广东省智能制造公共技术支撑平台，培育出产业特色明显、创新能力突出、掌握核心关键技术、辐射带动作用强的平台，为有智能化改造需求的广大中小企业服务。

5. 举办产需对接活动

2017年，举办了“广东省智能制造公共技术支撑平台推介会暨智能制造解决方案供应商对接活动”，组织多家智能制造公共技术支撑平台进行智能制造服务案例推介，近200家中小企业代表参加了宣传推广活动。举办了“3C行业‘机器换人’及‘智能制造’推广应用经验交流会”，3C及相关行业企业约300人参加了会议。会上宣讲了示范线推广的相关政策措施，由武汉华中数控股份有限公司、东莞劲胜精密组件股份有限公司等分别介绍了智能制造试点示范线项目建设技术方案及相关应用服务情况等，并与参会企业开展对接，其中已有部分对接项目取得了实质性进展。

6. 省市联手培育建设智能制造基地

为推动智能制造集聚发展，从“点上突破”向“线面推广”转变，广东省分两批认定广州、深圳、珠海、佛山、东莞、中山、肇庆、江门、揭阳、顺德10个市（区）规划建设的智能制造集聚发展区为广东省智能制造示范基地。通过项目建设、骨干企业培育及公共服务平台打造等方式，建设高端企业集聚、产业链条健全和服务功能完善的智能制造产业集群。其中，广东省财政专项资金以股权投资的方式“切块”至基地，支持基地培育智能制造骨干企业、推进产业化重大项目建设等。顺德和东莞两个基地先后被工业和信息化部授予“国家‘两化融合’暨智能制造试点示范”称号。

7.4 山东省

近年来，智能制造逐步成为新一轮工业革命的核心。在此背景下，山东省顺势而为，紧抓历史机遇，建立了示范培育、标杆带动、平台支撑、能力评估、人才培养“五位一体”智能制造推进体系，推动山东省制造业不断向智能化升级，增强企业的核心竞争力，加快新旧动能转化，取得了显著成绩。2015年以来，山东省获得工业和信息化部认定的智能制造试点示范项目的总数量居全国第一位，拥有17个行业领域的智能化新模式应用典范项目，山东省的智能制造工作走在了全国前列。

1. 树典范，重引导，营造实施智能制造的氛围

2015年以来，山东省争取到的国家智能制造试点示范项目有34个，总数居全国首位，其中，2018年有11个项目列入名单，入选数量再创新高。山东省加强与新闻媒体的沟通交流，加大对国家智能制造试点示范企业的宣传报道，推广企业典型经验，营造智能制造发展氛围。在量大面广、危险程度高、环保压力大、劳动强度高等亟须加快智能化升级的行业，组织现场会，推进智能制造加快实施，先后在纺织印染、化工和机械零部件加工领域进行经验交流和新模式应用推广。同时，自 2016 年以来，山东省每年培育 50 家左右的省级试点示范企业，截至 2018 年年底，山东省累计培育了 115 家试点示范企业，为各市推进智能制造实施打造样板，营造实施智能制造的良好氛围。

2. 立标杆，重推广，推进智能制造项目的实施

2018 年，山东省启动了智能制造“1+N”带动提升行动，即树立智能制造标杆企业，由标杆企业复制推广自身成熟的智能制造新模式，辅导产业链上下游或相近行业领域的企业开展对标提升行动，加快推进重点行业领域实施智能制造，并给予标杆企业最高 200 万元的奖励。截至 2019 年，山东省已培育了 2 批 12 家智能制造标杆企业，带动了 33 家企业开展智能制造对标提升行动。2020 年，山东省工业和信息化厅公布了新认定的 10 家企业名单，分别是济南二机床集团有限公司、青岛前丰国际帽艺股份有限公司、青岛雷霆重工股份有限公司、枣庄鑫金山智能装备有限公司、烟台路通精密科技股份有限公司、康跃科技股份有限公司、山东金英利新材料科技股份有限公司、山东路德新材料股份有限公司、东阿阿胶股份有限公司、滨州盟威戴卡轮毂有限公司。根据《山东省智能制造“1+N”带动提升行动实施方案（2018—2020 年）》要求，到 2020 年在重点行业领域培育 30 个左右智能制造标杆企业，带动 100 个左右企业实现高水平智能化升级，加快高质量发展。

3. 搭平台，重开放，增强开展智能制造的能力

加强与国际智能制造知名企业的交流合作，推动德国西门子智能制造创新中心落户青岛中德生态园。积极吸引阿里云计算有限公司、华为云计算技术有限公司、京东云计算有限公司、沈阳新松机器人自动化股份有限公司等国内智能制造企业到山东投资开展业务，创造开放包容的环境，激发智能制造市场活力。创建山东省智能制造创新中心，建立山东省联合智能制造研究院，引导产学研用单位成立智能制造产业技术创新联盟，搭建公共服务平台，开展智能制造技术咨询、系统解决方案、工程总承包方面的人员培训，为企业实施智能制造提供全方位的服务。

4. 明方向，补短板，提升智能制造实施的质量效益

山东省工业和信息化厅与中国电子技术标准化研究院开展合作，借助网络服务平台，组织企业开展智能制造能力水平自评工作，查找自身发展短板，结合全国本行业平均水平找差距，明确改造升级方向，截至 2019 年 9 月已有 2 000 多家企业进行了智能制造能力成熟度自评；启动智能制造诊断活动，组织全国智能制造系统供应商联盟的专家为重点行业龙头企业提供免费诊断服务，解决企业实施智能制造时出现的盲点多、实施路径不明确、实施效果无把握等问题，推进企业实施精准的智能化升级，提升智能制造实施的质量效益。

5. 育人才，抓关键，强化企业实施智能制造的内生动力

借助山东省企业家培训机制，组织国内外专家对山东省企业家进行专题培训。同时，积极开展产学研合作。2019 年 4 月，依托山东省机械设计研究院引进李培根院士，成立院士工作站，支持山东科技职业学院、山东劳动职业技术学院设置智能制造有关学科，推进智能制造公共实训基地的建立，加快培养高技能产业人才。

7.5 上海市

1. 发布核心政策，打造全国智能制造应用高地

上海市经济和信息化委员会于 2019 年 4 月发布了《上海市智能制造行动计划（2019—2021 年）》。该计划聚焦智能制造应用端，加大力度推进汽车、电子信息、民用航空、生物医药、高端装备、绿色化工及新材料等重点行业的智能化转型和新模式应用；着力攻克一批卡脖子的核心零部件和关键技术装备，着力培育一批具有较强市场竞争力的智能制造独角兽、隐形冠军企业。目标是到 2021 年，将上海市打造成为全国智能制造应用高地、核心技术策源地和系统解决方案输出地，推动“长三角”智能制造协同发展。

2. 主抓重点工程，全面推进智能制造发展

上海市以智能制造“十百千”工程为抓手，按照“以示范带动应用，以应用带动集成，以集成带动装备，以装备带动强基”的思路不断推进智能制造建设。2019 年前三季度，上海市的 15 家智能制造系统集成重点企业实现工业总产值 165 亿元，已经完成了 20 家智能车间、智能工厂的试点建设；上海市的智能制造系统解决方案供应商不断集聚，据初步统计，成长性良好的集成商有 500 多家；3 家智能制造系统解决方案供应商入选第一批国家推荐目录，第一批 18 家、第二批 12 家智能制造系统解决方案供应商入选上海市推荐目录。在赛迪顾问智能装备与智能制造产业研究中心发布的《2019 年先进制造业城市发展指数报告》中，上海市名列中国先进制造业城市发展综合指数首位。

3. 依托两大平台，构建智能制造及机器人创新集群

一是依托上海市智能制造研发与转化功能型平台，以智能制造系统解决方案为牵引，带动智能制造在不同行业、企业的应用；加强共性技术研发，将研究成果转化成应用产品和系统；通过公开课、定向专题培训和实训体验等形式，加强智能制造规划和应用人才的培训；以智造平台研发的技术产品、系统方案成果为依托，加强成果孵化和落地，不断推进上海市智能制造发展。

二是依托上海市机器人功能型平台，加强机器人智能化和可靠性两大核心技术研发，整合机器人产业资源，构建机器人产业创新集群，打造国内一流、国际知名的机器人技术研发、服务和成果转化基地。与金融投资机构合作，举办各类活动，培育和孵化优质项目；和日本、法国、德国及以色列等国家筹建国际加速器。

4. 举办两场大会，加强智能制造的推广和普及

2019 年 6 月 24 日，举办了“2019 年上海市智能制造推进大会”。该大会以“拓展‘智能 +’、打响上海制造品牌”为主题，为 12 家入选《上海市第二批智能制造系统解决方案供应商推荐目录》的企业进行授牌，见证了 6 个金融机构与企业、企业与企业合作项目的成功签约。

2019 年 9 月 16 日，举办了“第 21 届中国国际工业博览会——2019 智能制造大会”。智能制造业内专家、美国、日本及德国的领军智能制造企业到场共话智能制造未来，见证“长三角”智能制造协同创新发展联盟与“长三角”城市经济协调会品牌专委会的战略合作签约仪式。

5. 召开专项交流会，提升专项管理水平

2019 年年初召开了上海市智能制造专项汇报交流会，对 2018 年的智能制造专项管理工作进行了总结，对专项管理办法进行了解读和宣讲，并遴选了 4 家优秀企业分享其专项管理经验，进一步提升了本地智能制造的专项管理水平。截至 2019 年 10 月，上海市已完成 7 个智能制造项目的验收工作。对尚未验收的项目，定期考察其进展情况，确保项目按计划有序推进。

6. 培育标杆工厂，聚焦六大重点行业的转型发展

上海市围绕汽车、电子信息、民用航空、生物医药、高端装备、绿色化工及新材料等上海市重点行业，实施智能制造推广行动，支持打造智能制造标杆工厂，形成示范引领效应，扶优做强上海市优势产业，推动优势产业向集群化、新兴产业向规模化、特色产业向高端化发展。

7. 打造产业集群，构建“一核一带”智能制造生态圈

“一核”是临港世界级智能制造产业中心，“一带”是由浦东、闵行、嘉定、宝山和松江等区域形成的智能制造近郊产业带。引进和培育一批具备国际竞争力的智能制造装备供应商、系统解决方案供应商，搭建若干个智能制造公共服务平台，树立若干个智能制造标杆工厂、示范工厂。综合考虑资源禀赋、产业基础和区域定位等因素，在全市形成“一核一带”智能制造发展空间布局。

7.6 天津市

1. 实施精准产业调研

天津市通过对 400 余家企业的精细化调研，归纳出实施智能制造的痛点和难点，梳理出了智能制造赋能产业的相关规律。特别是，探索出了企业规模、水平与所需政策之间的一一对应关系，便于对企业进行分类施策、精准培育；梳理出了汽车、机械装备、生物医药和新一代信息技术等产业在生产效率提高、产品升级周期缩短、产品不良率降低等方面的实施方案，成效显著。

2. 建立智能制造标准体系

为建立智能制造标准体系，强化装备领域的标准体系，推动重点领域标准化，天津市工业和信息化局对标国家标准、结合天津智能制造发展现状，建立了五大模式、十大重点领域的数字车间及智能工厂认定标准。同时，为了遴选 60 家数字车间及智能工厂，建立了完善的智能制造标准体系。

3. 充分利用国家政策

截至 2019 年，天津市已获得 19 个国家智能制造项目，形成了“13+2+2+2”的示范带动格局，共计获得国家支持资金 1.4 亿元。同时，天津市推荐的 9 家企业共有 13 个项目获得国家首台（套）重大技术装备保险补偿，补贴资金约 6 000 万元。共有 7 家天津市企业得到了国家高档数控机床专项支持，获得 1.7 亿元资金补贴。

4. 充分利用市级政策

利用市级智能制造的相关政策，建立了以首台（套）装备应用、机器换人、智能制造新模式、智能制造试点示范为代表的政策体系，指导企业形成梯次进阶的智能化改造路径。截至 2019 年，累计遴选出 114 个机器换人项目、44 个首台（套）项目、51 个新模式项目、28 个试点示范项目，累计给予支持资金 6.2 亿元。

5. 提升天津市服务商的能力

在工业和信息化部开展的高质量发展专项活动中，天津市工业和信息化局指导推荐的中汽工程、天锻、电气院三家企业被工业和信息化部认定为国家智能制造系统解决方案供应商。为进一步提升天津市的智能制造服务能力，天津市制定了市级数字车间、智能工厂系统解决方案提供商目录，启动了系统解决方案提供商提升计划，旨在持续定向培养和提升天津市系统解决方案提供商的整体水平。

6. 发挥标杆企业的示范作用

在国家层面，丹佛斯被国家相关机构认定为机械行业离散型智能制造模式标杆示范企业，成为全国机械领域的智能制造排头兵。在市级层面，在智能制造五大模式、十大领域，天津市认定了首批标杆企业。这些标杆企业包括：以曙光公司为代表的新一代信息技术产业智能工厂示范企业、以天津红日药业股份有限公司为代表的医药行业流程型智能制造模式示范企业、以天津长荣印刷设备股份有限公司为代表的印刷装备制造行业智能工厂示范企业、以诺和诺德（中国）制药有限公司为代表的生物医药行业智能工厂示范企业、以长城汽车股份有限公司为代表的汽车行业离散型制造智能工厂示范企业、以海尔智家为代表的家居行业智能工厂示范企业等，这些企业均在其所在的行业中起到了引领和示范作用，带动着同类型企业的发展，形成了“做强一个，跟进一批，带动一片”的态势，推动产业高质量发展。

7. 编制相关产业图谱

开展了战略性新兴产业图谱绘制工作，通过对汽车、新能源及高端装备产业链上下游的调研和分析，以“建链强链补链”为目标，补齐产业链短板，对重点产业链进行精准靶向招商。同时，根据相关产业图谱，摸清了天津市产业底数和相关情况，形成了行业报告并已上报国家相关部门，得到了国家相关部门的肯定。

8. 建立协同联动机制

在汽车、新能源、高端装备及智能制造领域，与国家大型研究院、研究所开展合作，形成相关产业情况报告。同时，围绕天津市“60 家数字车间、智能工厂”的发展目标，天津市积极借鉴其他省市的先进经验，天津市发展改革委、科技局、市场监管局等单位多次就智能制造工作进行探讨，协同各区开展了智能制造政策宣传贯彻、诊断咨询等工作，统筹推动天津市智能制造产业的协同发展。

9. 建设智能制造平台

在工业和信息化部的指导下，2018 年 11 月，天津市成立了天津智能制造系统解决方案供应商联盟，开展了国家和市级“专家诊断行”活动，并邀请工业和信息化部领导参加了活动。同时，2019 年建立了汽车分联盟，使天津市成为继北京之后第二个同时拥有地区分联盟和行业分联盟的省市，增强了天津市智能制造在行业和区域的影响力。

10. 建立企业和项目库

以梳理天津市智能制造发展情况为目标，以提供咨询诊断服务为抓手，截至 2019 年，天津市已对全市 400 家左右的企业进行了深入调研，同时构建以 118 个重点项目为基础的数字车间、智能工厂储备库，并建立了智能制造项目种子库、孵化库和重点库。

7.7 湖南省

1. 出台系列政策措施激发企业的智能制造改造热情

制定《湖南省智能制造工程专项行动计划》等并组织实施，将智能制造作为制造强省专项资金重点支持的方向，新兴产业发展基金重点支持智能制造、高端装备制造等新兴产业发展，不断完善政策体系。2017 年以来，在湖南省委经济工作会议期间，组织会议代表参观了智能制造试点示范项目，极大地调动了广大制造业企业对接互联网、发展“智能 +”制造的积极性。2019 年，湖南省持续推动传统产业的智能化改造，企业申报省级智能制造示范企业和示范车间项目的数量达 153 个，同比增长 72%，呈现出“井喷”增长态势。长沙市、株洲市等市分别结合各自情况出台了相关政策，对企业给予积极支持和奖励。

2. 创建认定一批试点示范企业，形成带动效应

2015—2019 年，湖南省累计评选出省级智能制造示范企业 53 家、示范车间 74 个。到 2018 年年底，湖南省有 16 家企业列入国家智能制造试点示范目录，27 个项目列入国家智能制造专项目录，试点示范和专项项目数量居全国前列，长沙市的国家智能制造项目数量居全国省会城市第一。2019 年，10 家企业的国家智能制造专项已通过专家组验收，中车株机的“轨道交通车辆转向架智能制造车间项目”被专家组高度肯定，成为智能制造示范应用的典型项目。湖南省在汽车、工程机械、电工电器、电子信息、轨道交通、食品医药及新材料等重点产业领域形成了一批可复制、可推广的样板工程。同时，智能制造在产业发展基础较好的长沙市、株洲市和湘潭市已经形成集聚发展之势，长沙市、株洲市和湘潭市已有省级智能制造示范企业/示范车间 80 个，约占全省总数的 63%；获得国家智能制造试点示范和专项的项目有 36 个，约占全省总数的 88%。三一集团的 18 号厂房、博世长沙公司的“工业 4.0”项目等智能制造样板工程多批次接待省内外的参观者参观学习。2019 年 1 月，株洲国创轨道科技有限公司的创新中心获评为国家先进轨道交通装备制造业创新中心，成为全国第十个制造业创新中心。

3. 举办一系列展会活动扩大湖南省智能制造的影响力

近年来，湖南省举办了中德智能制造合作高峰论坛暨中德智能制造合作企业对话、网络安全和智能制造大会、互联网岳麓峰会、“中国航天日”主场活动、长沙国际工程机械展等重大活动，不仅宣传推介了湖南省的智能制造相关产业，而且吸引了一大批国际国内知名企业和客商关注湖南省，在湖南省签约落地了一大批重大产业项目。“2018 中国（长沙）网络安全 · 智能制造大会”吸引了中国电子信息产业集团有限公司、中国电子科技集团有限公司、西门子股份公司、华为技术有限公司、IBM 公司等国内外 527 家知名企业参展。在大会期间，湖南省与央企签订了多个智能制造方面的重大项目。“2019 长沙国际工程机械展览会”以“智能化新一代工程机械”为主题，吸引了 1 150 家全球同行业企业参展，展示了近万种产品，其中包括 24 家全球排名前 50 名的企业、14 家世界 500 强配套件企业，现场订单金额和采购金额总计超过了 200 亿元。同时，通过举办智能制造合作对接会、智能制造高峰论坛、机器人大赛等活动，搭建智能制造的信息交流与推进合作平台。

4. 大力培养系统集成解决方案供应商

长沙智能制造研究总院有限公司、树根互联技术有限公司（简称树根互联）、湖南中南智能装备有限公司等一批智能制造系统集成解决方案供应商稳步发展。比如，“树根互联”工业互联网已覆盖 61 个细分行业，连接着 56 万台高端设备，成功打造了包括铸造、流体机械、柴油机等在内的 15 个垂直行业云平台，能支持 45 个国家的设备接入，连接的资产价值上千亿元。长沙市与中国电子信息产业集团有限公司联合成立的长沙智能制造研究总院作为长沙市的智能制造推进机构，通过产业研究和孵化、提供行业解决方案、工业云平台建设运营等核心业务为企业提供支撑。2019 年，湖南省评审认定了首批 30 个智能制造系统解决方案供应商，并广泛收集解决方案案例，以推荐目录的形式印发给市州和企业。

7.8 深圳市

1. 聚焦智能装备，制定专项规划和政策

深圳市于 2014 年出台了机器人、可穿戴设备和智能装备产业发展专项规划和政策，2018 年底出台了《深圳市关于进一步加快发展战略性新兴产业实施方案》，指出："以创新引领为核心，围绕新一代信息技术、高端装备制造、绿色低碳、生物医药、数字经济、新材料、海洋经济等七大战略性新兴产业，实施创新驱动发展战略，大幅提升产业科技含量，加快形成具有国际竞争力的万亿元级和千亿元级产业集群，促进更多优势领域发展壮大并成为支柱产业，持续引领产业升级和经济社会高质量发展。"深圳市支持基础研究、技术研发、创新载体建设、智能工厂/数字化车间建设等。在产业链关键环节提升扶持计划方面，设置了资助资金不超过项目总投资的 30%，最高不超过 1 000 万元的项目资助计划，支持智能装备研发和智能工厂/数字化车间建设。在产业服务体系扶持计划方面，设置了资助资金不超过项目总投资的 50%，最高不超过 300 万元的项目资助计划，支持智能装备和智能制造领域的检验检测、成熟度诊断评价等公共服务平台建设。

2. 推动企业上云，发展工业互联网

2018 年出台了《深圳市工业互联网发展行动计划（2018—2020 年）》和《深圳市关于加快工业互联网发展的若干措施》。2019 年组织实施了工业互联网专项扶持计划，支持工业互联网平台建设、测试验证环境建设、服务商培育、应用和示范项目建设等。召开了深圳市工业互联网大会，推动成立工业互联网联盟、工业互联网专家委员会，组织编写了《深圳市工业互联网发展白皮书（2019）》，设立工业互联网体验中心，大力推动工业互联网发展。

3. 扩大覆盖范围，支持智能改造

深圳市较早设立了技术改造专项资金，积极引导企业开展技术改造，实施"机器换人"，提高企业的生产技术水平和效率。2017 年 12 月，深圳市出台了《深圳市关于实施技术改造倍增计划扩大工业有效投资的行动方案（2017—2020 年）》，首次实施"零门槛"申报该计划项目的普惠政策，并对技术改造投资额中的智能化部分给予不超过 20% 的资助，且年度最高不超过 2 000 万元。2018 年支持的智能化改造项目有 255 个，资助资金达 9.3 亿元。2019 年支持的智能化改造项目有 278 个，资助资金达 10.7 亿元。

4. 加大推广力度，发挥示范带动作用

积极推动企业申报国家和广东省智能制造专项和智能制造试点示范项目，实施智能化技术改造典型案例推广计划。依托行业协会或研究所，围绕装备制造、电子信息及优势传统产业等领域，通过调研挖掘典型案例，择优筛选出了 26 个典型案例，将其编制成《深圳智能化改造典型案例集》（2018 版）。通过案例分享，引导和启发广大制造业企业对原有落后设备和生产环境进行数字化、网络化和智能化改造，促使智能制造应用发挥更广泛的示范和推广效应，推进深圳市企业生产过程的智能化。

5. 加强市区联动，打造智能制造示范基地

依托深圳市的电子信息产业基础，通过统筹规划、城市更新、产业置换和专业管理等手段，加快建设了一批产业适度集中、分工协作、特色鲜明的机器人及智能装备产业专业园区，如：已入选广东省智能制造示范基地的宝安空港新城、龙岗坂雪岗科技城和坪山聚龙智谷等。在产业集聚区规划建设了智能制造研究院、机器人产业综合服务平台等产业服务载体。

6. 举办专题展会论坛，加强国际交流合作

连续五年成功举办了深圳国际智能装备产业博览会，2019 年第五届深圳国际智能装备产业博览会的展出面积达 40 000m^2，展出内容涵盖智能机器人、工业自动化、系统集成及核心零部件、SMT 及周边设备、激光、工业互联网、人工智能及其他智能装备等高新技术领域，吸引了 KUKA、ABB、发那科和爱普生等 381 家国际一流企业参展，有力地促进了智能装备领域的国际经济贸易交流和技术合作。展会期间举办了第五届全球智能制造高峰论坛，智能制造试点示范企业德富莱智能科技股份有限公司等分享了本公司的智能制造做法及成果等，170 家智能制造相关企业参加了交流活动。

7.9 重庆市

1. 营造智能制造浓厚氛围

一是强化顶层设计。认真贯彻落实《国务院关于深化“互联网 + 先进制造业”发展工业互联网的指导意见》《重庆市以大数据智能化为引领的创新驱动发展战略行动计划（2018—2020 年）》等，积极推动数字产业化、产业数字化，加速改造传统产业，着力培育智能产业，大力驱动经济转型升级。先后出台了《重庆市发展智能制造工程实施方案（2019—2022 年）》《重庆市人民政府办公厅关于加快发展工业互联网平台企业赋能制造业转型升级的指导意见》《重庆市深化“互联网 + 先进制造业”发展工业互联网实施方案》《重庆市数字化车间和智能工厂认定管理办法》等配套政策文件，进一步明确加快推动企业数字化、网络化和智能化改造的“任务书”“时间表”和“路线图”。计划到 2022 年，累计推动 5 000 家重点企业实施智能化改造，建设 10 个具有国内较强竞争力的工业互联网平台、50 个智能工厂及 500 个数字化车间，创建 25 个行业级智能制造标杆企业，建设 12 个智能制造示范园区。

二是加强宣传引导。2019 年年初，组织召开全市智能制造经验交流会，开展智能制造标准体系宣传贯彻及专题培训活动，讲政策、送方案，遴选标杆企业介绍典型做法和成功经验。重庆市的相关领导赴区县开展“工业互联网重庆在行动”巡回活动，目前已服务的企业近 1 000 家。同时，依托资源池内的服务商，组建了 10 多个公益专家团队，开展“进企业、下现场”咨询服务活动。在 2019 年中国国际智能产业博览会期间，举办了第二届智能制造高峰论坛和第二届工业互联网高峰论坛，中国工程院院士、同济大学教授等专家学者以及川崎重工业株式会社、甲骨文（Oracle）股份有限公司、施耐德电气有限公司、美国高通公司、海尔集团、和利时集团等企业的高层领导参加了此次会议，并分享了智能制造先进技术和系统解决方案。同时，组织重庆主流媒体进行标杆企业、典型案例的专题报道，从而带动全社会关注智能制造。

三是深入企业开展诊断评估工作。2019 年上半年，遴选了 100 家制造业重点企业，通过公开招投标购买服务的方式，组织专家深入企业开展智能制造诊断评估工作。通过诊断评估，免费为企业出具诊断评估报告，切实解决企业面临的“智能制造是什么、怎么做、效果怎么样”等问题。经过第一批诊断评估后，有 60% 的企业已开展或正在规划实施智能化改造。2019 年，重庆市重点瞄准电子、汽车等九大细分行业的龙头企业，推动第二批 300 家制造业重点企业的诊断评估工作。通过摸底调查和诊断评估，为企业实施智能化改造提供切实可行的解决方案。

2. 发挥智能制造示范项目的引领作用

一是打造试点示范项目。积极引导重点企业普及数字化装备，积极推动信息管理系统集成应用。聚焦研发设计、生产制造、物流仓储、经营管理和售后服务等关键环节，大力实施一批智能化改造示范项目，着力打造一批数字化车间和智能工厂。截至 2019 年 11 月底，重庆市累计实施智能化改造的项目有 1 280 个，推动建设了 115 个数字化车间和 25 个智能工厂。截至 2020 年年底，累计认定了

177 个数字化车间和 39 个智能工厂。同时，积极对接国家智能制造工程，42 个项目被工业和信息化部认定为国家智能制造试点示范或综合标准化和新模式应用专项支持项目。

二是推动行业典型项目实施。针对汽车、电子、装备和消费品等行业的特点和痛点，积极实施智能化改造。重点推动重庆长安汽车股份有限公司、重庆金康新能源汽车有限公司等汽车行业龙头企业建设集设计研发、供应链管理、企业资源计划管理、生产执行管理、物流仓储管理等于一体的智能工厂；推动英业达股份有限公司、重庆盟讯电子科技有限公司等电子行业龙头企业建设自动化流水生产线和人机协同柔性化生产线；推动华数机器人有限公司、重庆川仪自动化股份有限公司等装备行业龙头企业发展集成了自动感知、自动数据提取和利用、自动执行等功能模块的智能装备，开展服务型制造；推动重庆光大集团乳业股份有限公司、重庆玛格家居有限公司等消费品行业龙头企业建设生产数据全流程追溯系统和大规模柔性化生产系统；推动重庆希尔安药业有限公司、重庆华邦制药有限公司等医药行业龙头企业建设信息管理、智能控制和供应调度系统，大幅提升企业的信息化水平。

三是探索智能制造新模式。积极培育智能制造新模式，推动企业逐步从价值链低端向中高端迈进。重点推动重庆段氏服饰实业有限公司等企业面向用户个性化需求，开展个性化的产品设计、生产、服务和商业模式创新，发展大规模个性化定制服务新模式。推动重庆宗申动力机械股份有限公司等行业龙头企业与配套企业进行供应链信息系统对接，加强供应链协同管理、控制能力和资源优化配置能力建设，发展供应链协同服务新模式。推动重庆水泵厂有限责任公司等制造企业整合产业链上下游企业的生产与服务资源，由提供产品向提供“产品 + 服务”转变，发展产品全生命周期管理新模式。推动重庆通用工业（集团）有限责任公司等企业研发基于大数据的装备故障预测和剩余寿命分析技术，提升产品的监控和维护水平，大力发展远程运维新模式。

3. 激发企业发展智能制造的内生动力

一是加大财政资金的支持力度。围绕数字化装备普及、信息管理系统集成应用、智能制造新模式、数字化车间和智能工厂、工业互联网平台、企业上云上平台等发展目标，出台多项财政扶持政策，积极推动制造业企业实施智能化改造。2019 年 1—9 月，累计安排专项资金 3.1 亿元，占工业和信息化专项资金的近 1/3，支持 287 个智能化改造项目。

二是积极探索融资服务模式。积极开展科技创新型企业的知识价值信用贷款试点，成功建立起“知识价值信用 + 商业价值信用”的联合授信机制，以及“央行资金撬动 + 信贷资金跟进 + 财政风险分担”联动的科技型小微企业金融服务模式，有效盘活了科技型企业的知识产权等无形资产，形成了科技创新型小微企业的金融服务新模式。商业价值信用贷款运行平台的注册企业数量超过了 3 500 家，成功为 800 余家实施智能化改造的企业提供授信贷款近 13 亿元，贷款发放率近六成。

三是切实增强普惠政策的服务力度。将国家和重庆市的智能制造相关政策汇编成册向企业免费发放，共计发放了 3 000 余册；依托“渝企之家”“渝企金服”等平台向企业推送优惠政策和典型案例；通过“三服务”（服务区县、服务园区、服务企业）专项行动送政策入企业，现场为企业答疑解惑，增强企业的获得感。

4. 增强智能制造的服务能力

一是大力发展智能装备产业。近年来，重庆市引进广州数控设备有限公司、武汉华中数控股份有限公司等公司的机器人和埃马克集团、利勃海尔集团等公司的中高档数控机床项目，吸引日本川崎重工业株式会社的六轴工业机器人制造项目成功落户重庆，初步构建起零部件配套 - 整机制造 - 系统集成全产业链条。

二是积极培育智能制造服务商。建立重庆市智能制造服务商资源池，资源池中有数字化装备或系统集成服务商 64 家。法国的施耐德电气有限公司，德国的西门子股份公司、博世集团、思爱普（SAP）公司，日本的三菱电机集团等智能制造整体解决方案提供商纷纷来渝开展智能制造领域的合作。在 2019 年中国国际智能产业博览会期间，成立了智能制造系统解决方案供应商联盟重庆分盟。定期组织召开智能制造服务商对接会，培育壮大智能制造系统解决方案供应商。组织服务商在渝开展服务，主动优惠制造业企业，平均降费达 20% 以上。

三是加快推动工业互联网发展。重庆市成功获批为五个工业互联网标识解析国家顶级节点之一。目前，国家工业互联网标识解析国家顶级节点（重庆）已开始运行并已连接至贵阳等地的二级节点，宗申产业集团有限公司与重庆忽米网络科技有限公司合作的小型通用机械二级行业节点已开始建设，航天云网联合中国海洋石油集团有限公司（简称中国海油）建设的石化行业二级节点项目即将落地。中国工业互联网研究院重庆分院、国家工业大数据中心重庆分中心、国家级工业互联网平台应用创新体验中心（西南）和国家级工业互联网安全态势感知平台（重庆）等一批国家级重点项目启动建设。工业和信息化部评选的十个跨行业跨领域工业互联网平台有8个落户重庆，并且这些平台所属的企业都在重庆市设立了西部总部。落户重庆市的8个平台分别是：华为、阿里、紫光、用友、金蝶、航天云网、树根互联、海尔，这些是在国内外具有影响力的知名平台。经初步统计，重庆市的云平台服务商数量达74家，研发人员约5 200人。重庆正逐渐成为工业互联网平台数量多、龙头企业多、总部基地多、国家支持力度大的西部地区工业互联网平台集聚高地。

四是搭建智能制造信息管理平台。建设重庆市智能制造信息管理平台，为企业提供咨询服务、评估诊断、资源匹配、项目管理、效益跟踪、试点申报和案例分享等一站式服务，为管理部门提供大数据分析、可视化管理等数据支撑。重庆市已完成了诊断评估、智能化改造项目认定、重点项目管理、数字化车间及智能工厂申报等系统，实现了智能制造项目网上申报和数字化管理。

第 8 章

典型行业的智能制造发展情况

8.1 石化行业

8.1.1 现状与趋势

1. 石化行业的智能制造发展历程

我国石化行业的自动化和信息化建设经历了“起步和技术引进”“分散建设”“统一规划、统一应用”和“深化应用、集中集成”“集成共享、协同创新”五个阶段，正逐步向工业与信息化深度融合发展。

（1）起步和技术引进阶段（20 世纪 90 年代前） 进入 20 世纪 80 年代中后期，国际上已基本实现了流程工业的综合自动化控制，而我国流程工业智能制造才刚刚起步。第一批应用的自动化技术多为直接引进国外的软件，主要是装置的控制系统以及与生产过程相关的管理控制系统。这个阶段的建设特点是：以生产为中心，着眼于提高生产的组织效率，追求产量和产值，强调生产稳定与顺行。

20 世纪 80 年代末，中国石油兰州石化公司、大庆石油化工总厂和齐鲁石油化工公司等企业引进国外信息技术（IT）厂商的自动化技术率先进行了控制和管理应用系统的建设，自动化技术在部分应用领域实现了突破。如大庆石油化工总厂化肥厂的生产综合信息系统、中国石油兰州石化公司的生产调度排产系统以及齐鲁石化炼油厂的生产过程控制与管理一体化系统。

（2）分散建设阶段（20 世纪 90 年代至 2000 年前） 20 世纪 90 年代，MRPII/ERP 在我国的应用与推广取得了较好的成效，涉及的领域也逐渐扩大。特别是“九五”期间，流程工业智能制造工作取得了较好的成效，跨越了从点到面、从单项到系统、从单机到网络、从分散到局部集成、从生产到经营、从提高经济效益到提高管理效能的阶段，在装备水平、应用广度和深度以及队伍素质等方面，都有明显的提高，对提高企业的生产经营管理水平发挥了重要作用。这个阶段的特点是：以财务为中心，强调财务管理在市场竞争中的保障功能，重视生产过程的数字化。

中国石化行业的企业在自动化建设初期以引进生产过程控制及工程计算、计算机辅助设计（CAD）、流程模拟技术为主，一些居行业领先地位的炼化企业也建设了计算机辅助管理系统即计算机/现代集成制造系统（CIMS）。福建炼油化工有限公司、中国石化上海高桥石油化工有限公司、中国石油化工股份有限公司金陵分公司、中国石油化工股份有限公司长岭分公司等多家企业的项目被列为国家“863”CIMS应用示范工程项目，其中，福建炼油化工有限公司获得1997年度CIMS应用示范工程“工业领先奖”。这一阶段的重点工作是：

一是在经营管理方面的应用和优化。办公自动化、人力资源、物料管理及财务管理等软件广泛应用于企业管理中，建立了以ERP为核心的信息化建设集成框架，部门之间初步实现了数据和资源的整合与优化。

二是在生产制造方面的应用和优化。在车间排产、生产调度、物料与在制品管理、设备管理和质量管理等方面得到了广泛应用，提高了业务处理的便捷性和准确性。单个软件应用于生产制造中，对业务的处理模式产生了巨大影响，优化了业务流程，生产过程中的相关软件初步实现了集成，实现了局部数据共享和业务协同。企业逐渐重视通过智能制造系统对生产过程中的各种要素、相关软件进行集成，实现生产过程的统一管理。

在流程工业方面，这一阶段的智能制造在局部生产环节的应用成效显著，部分企业通过智能制造优化了业务流程，变革和提升了部分业务模式，但其缺点也逐渐暴露出来。虽然对制造过程中的业务进行了深度融合、变革与创新，但未能形成完整的数字化体系，并且盲目引进的国外软件在我国应用时出现了严重的“水土不服”现象，对我国传统的职能制管理模式提出了严峻挑战。

（3）统一规划、统一应用阶段（2000—2007年） 从2000年开始，我国石化行业的智能制造已步入统一规划、统一建设的轨道，形成了规模化建设的局面，并由此为集团型企业带来了以下效益。

从2000年起，石化行业在智能制造方面的投入力度一直很大，尤其在信息系统建设上的投入更大，如中国石化和中国石油天然气集团有限公司（简称中国石油）投资建设ERP管理系统，中国海油投资建设企业资产管理（EAM）系统和ERP管理系统等。2000年，中国石化上市，决定拿出2亿美元资金用5年左右的时间建成ERP管理系统的主体框架，推动以ERP为主线的信息化建设。2008年，中国石化以ERP为核心的经营管理平台基本建成。同时，中国石油根据业务需要，按照上游、下游、共同技术服务等集团的业务类型规划了48个项目。其中ERP管理系统在信息技术总体规划中处于核心地位，目前已在50个单位启动实施，其中已在30多个单位上线运行。这一阶段的建设特点是：

一是资源共享、高效沟通，实现经营管理上的一体化。生产运营管理、生产计划编制、质量管理、电子商务等支撑生产经营管理主要业务的智能制造系统的引进和自动化集团式建设，为集团化企业准确掌握上游原料的生产状况、下游产品的销售状况和集团本身的经营状况提供了有效的数据支撑，也为企业与供应商、客户交流交易提供了平台，实现了集团经营的一体化管理。

二是行业注重产供销一体化。供应链管理、生产装置维修和实时监控、过程控制、计算机与辅助设计和辅助制造、物资原料管理、产品库存管理及安全环保管理等基于工厂生产管理和物流配送业务的智能制造系统，为集团化企业总部掌握各企业产品及副产品的生产、库存、设备状况提供了精准的信息，使得企业能够准确判断如何合理选择要生产的产品品种，并将合适的品种分配给合适的企业，让企业以最佳的方案组织生产和产品配送。

三是实现集团化企业智能制造的标准化。智能制造标准化工作是集团化企业实现信息共享、交换和集成的保证，一套完善的标准代码体系和智能制造技术标准是集团化企业实现生产管理一体化的重要保证。对于正在设计和将要开发的系统，使用统一的标准代码，并保证在系统运行过程中与标准代码保持一致，保证了集团化企业各应用系统和各企业代码的一致性和可扩展性，为企业实现信息共享和信息集成提供了强有力的保证。

集团化企业在内部对智能制造系统的统一规划和统一应用，使得其智能制造系统形成了一个完整的整体，实现了资源共享，起到了支持一级管理的作用，MES 和 ERP 管理系统的建设，使石化企业实现了两个关键增值链 —— 物料供应链和生产控制链的智能化，为进一步完善、统一集团内部的网络系统，提高信息安全和智能制造管理水平，为优化产销、强化管理、加快企业改革、科学决策提供了有力支撑。

（4）深化应用、集中集成阶段（2008—2012 年）　从 2008 年开始，国内流程工业的智能制造技术蓬勃发展，为了实现石化企业以决策、利润、成本为中心的集中计划、监控、管理和协调，引进国外先进的智能制造技术和解决方案，与我国流程工业的生产要素和生产特点进行全面融合，提高了我国石化企业的自主创新能力和管理水平。

2008—2012 年，我国石化行业的智能制造处于深化应用、集中集成阶段。以 2008 年召开的“ERP 深化应用大会”为重要标志，我国石化行业的智能制造工作重心从建设转向应用。在“建用结合、以用为主”的工作方针指导下，以达标为主要内容的企业 ERP 深化应用工作全面展开，总部生产营运指挥、数据仓库等系统建成投用，企业层面的智能制造建设稳步推进，通过加强智能制造系统的集成，进一步提高了智能制造资产的利用效率，为智能制造建设从服务走向创新，为我国石化行业企业发展成为具有较强国际竞争力的跨国能源化工企业奠定了坚实的基础。中国石化的信息化和自动化建设情况如下：

1）供应链管理。开展“中国石化原油资源选购与配置优化”工作，建成用于总部、企业两个层面的各类优化模型，利用流程工业模型系统（PIMS）建成总部和企业生产经营计划对话平台，当生产经营管理部、炼油事业部和化工事业部与企业确定年度、季度生产经营计划时，全部采用 PIMS 在总部和企业内进行网上对接，提高了效率，真正实现了总部效益的最大化。

总部利用集成优化模型，从原油采购到成品油销售，按上游、中游、下游一体化的模式进行原油资源的选择和优化配置，实现化工轻油的供给平衡和优化互供机制。对成品油流向进行优化和平衡供需，为总部层面的生产计划制定和经营决策提供强有力的支持。开发了具有中国石化自主知识产权的原油评价数据库和原油切割工具软件。

在原油资源方面，建设了甬沪宁原油管网信息管理系统和仪征—长岭原油管道输送网原油配送信息管理系统，实现了对油轮到港和原油管道网输送油、原油库存的模拟，甬沪宁原油管道输送调度得到了优化。

在成品油物流方面，全面推广了成品油一次、二次物流配送优化系统，建立了有效的主动配送机制，掌握了资源流向并合理地使用了运力，优化了物流配送方案，降低了库存和运营成本，增强了公司的竞争能力，增加了公司的市场份额，提高了公司的经济效益。

在电子商务方面，实现了物资采购电子商务系统与几十家企业 ERP MRO 的跨系统流程重组和业务集成，实现了与储备管理系统的业务集成，实现了与物装部（国际事业公司）ERP 管理系统的流程重组及业务集成。目前已实现与 46 家企业 ERP 管理系统的业务集成，有供应商 2 万多家，上网用户数量达到 3 万多个，网上交易的物资品种覆盖 56 大类、250 多万种，90% 以上的物资实现了网上采购，同时支持进口采购和内贸采购。

2）生产管控。在炼化企业执行层面重点突出 MES 建设，以企业 MES 集成平台建设为基础，推广调度优化、实验室信息管理系统（LIMS）等系统，完善生产计划优化系统，并进行能源评价、健康安全和环境（HSE）管理系统等方面的试点建设应用等。各种系统的建设为企业的节能减排、精细化管理、降本增效提供了有效支撑，取得了良好的应用效果。

在生产优化、技术应用方面，推广 PIMS 软件，利用 PIMS 完成生产计划的编制与优化、原油选购的优化、加工方案测算、效益测算、检修方案优化、技术改造及规划测算、油品调和优化等工作。同时，利用企业工厂模型和信息平台，实现了总部与企业的网上排产、资源分配，支撑了炼化企业的生产计划优化，提高了资源的整体利用效率。

在企业炼油生产调度系统建设方面，通过使用调度优化软件，提高了生产计划作业人员对生产调度的预见性、精细化程度和工作效率。提高了排产精度，为生产计划编制、优化和三天作业计划编制提供了科学的辅助决策工具，满足了企业排产的需求。

在 MES 建设方面，建立了统一的企业核心数据库和基于企业工厂模型及生产管理数据的集成平台，支撑各业务模块服务于企业生产管理，向下集成了生产控制系统（PCS）层的生产过程数据（包括生产的实时数据和实验室化验分析数据），向上支撑企业 ERP 和总部生产运营指挥等系统的运行，实现了生产管理的综合展示与应用，提升了企业生产的精细化管理水平，为企业 ERP 管理系统提供了数据支撑。

在实时数据库建设方面，为了进一步提高企业的生产管理、监控和优化水平，陆续建立了企业实时数据库系统，实现了与主要生产装置、设施控制系统（DCS、PLC、SCADA 等）的集成，实时采集生产过程的数据，实现了对生产过程的集中监控。

在 LIMS 建设方面，中国石化已经在大部分炼化企业和科研单位推广实施了 LIMS，规范了实验室工作流程，实现了实验室的自动化和智能化操作，提高了质量管理水平，满足了实验室工作及总部质量监控的需求。

在先进过程控制方面，中国石化先后有 227 套装置采用了国内外的先进控制技术，包括催化裂化、常减压、重整、焦化、加氢、气分、芳烃、聚丙烯、聚乙烯、乙烯裂解及 PTA 等装置，涵盖了中国石化的主要装置种类，不仅增强了生产过程操作的平稳性，提高了产品质量合格率，而且实现了装置的优化运行，提高了生产装置的处理能力和操作平稳性。

3）设计与工程运营。中国石化各板块通过实施智能制造加快了技术创新步伐。中国石油化工股份有限公司石油化工科学研究院十多年来深入开发、应用和发展分子模拟技术，在分子筛和催化材料、石油产品添加剂及高分子材料等方面应用分子模拟技术辅助科研创新取得了良好的效果。例如，在含酸原油催化脱羧新工艺开发、MIP 分子水平反应动力学模型、FCC 脱硫助剂、HPVC 复合材料配方设计等很多新工艺和新催化材料的开发过程中，分子模拟技术都发挥了相应的作用。

（5）集成共享、协同创新阶段（2013—2019 年） 2013 年以来，中国石化、中国海油和中国石油等大型石化企业均加快了智能工厂的试点建设，推动了产业升级、提质增效。

中国石化 2013 年完成了智能工厂规划，2014 年选择中国石化燕山石化公司（简称燕山石化）、中国石化镇海炼化公司（简称镇海炼化）、中国石化茂名石化公司（简称茂名石化）和中国石化九江分公司（简称九江石化）4 家企业开展智能工厂试点，打造了石化行业的“智能工厂 1.0”。2017 年在试点的基础上，启动“智能工厂 2.0”建设并在十余家大型炼化企业进行推广。同时，打造了作为智能工厂核心引擎的石油和化工工业互联网平台 ProMACE。中国石油、中国海油也陆续启动了数字油田、炼化工业互联网应用建设。其中，九江石化、镇海炼化、茂名石化和中国海油惠州石化有限公司（简称惠州石化）的智能工厂项目分别被工业和信息化部列为 2015 年、2016 年、2017 年国家智能制造试点示范项目。

通过智能工厂建设，企业生产运营管理的自动化、可视化、数字化水平显著提升。以中国石化为例，4 家试点企业的先进控制系统投用率、生产数据自采率分别提升了 10% 和 20%，均达到了 90% 以上。外排污染源自动监控率达 100%，建立了数字化、自动化和智能化的生产运营管理新模式，生产优化能力由局部优化、月优化分别提升为一体化优化、在线实时优化，劳动生产率提高了 10% 以上，提质增效作用明显，实现了集约型内涵式发展。

2. 关键技术应用情况

（1）关键技术装备

1）工业机器人。工业机器人是制造行业智能制造的代表性装备，随着技术的不断成熟和企业越来越重视，涌现出一批针对石化行业的工业机器人，例如全自动立体库、无人机巡线机等。

全自动立体库是针对化工产品平面仓库管理环节多、货物错发概率较大、破包率较高和仓库利用率低等问题推出的全自动无人立体库。全自动立体库工作现场采用完全封闭的模式，利用 RFID 对托盘信息进行跟踪、调用等实现对货物入出库过程的全程跟踪，库存管理系统实现了与 ERP、IC 卡提货系统、车辆叫号系统等相关系统的直接数据交互，实现了智能化管理，仓库所有作业均由计算机操作系统完成，提高了出货准确性，能有效减少物料破损，大幅降低搬运、装车时发生人身安全事故的概率。

无人机巡线是针对石化行业输管线长、跨区域的地形复杂多变，常常穿越沙漠戈壁、森林和高山等，有时人员和测量仪器无法到达等问题而推出的解决方案。巡线无人机搭载红外热成像探头、大气监测仪等设备对石化管道进行巡检，大气监测仪可自动感应 5km 范围的气体异常，在感应到巡检区域气体超标后，结合精准的大气扩散分析模型，并利用红外摄像仪的高空拍摄图像，清晰、精准地定位泄漏点，实现高效与安全的检测。

2）智能传感与控制系统。由于石化行业的生产自动化水平普遍较高，绝大多数企业已应用集散型控制系统（DCS），并建有中央控制室，逐渐由分散控制向协同、集中控制转变。以物料、质量和能源等为代表的行业，企业的传感装置、智能仪表应用水平参差不齐，其中与监测物料有关的仪表企业的传感装置、智能仪表配备率较高，部分大型企业已达到了 95% 以上；因国家环保政策划定了环保红线，石化企业的普遍做法是：环保外排点的监测仪表配备率较高，国控环境监测点的在线仪表基本可达到 100%。能源方面的智能仪表配备率较低，相对于与关键物料有关的仪表投资，与能源有关的仪表投资往往被弱化，特别是工业水方面的仪表配备率较低，部分企业只有 40% ～ 50%，有很大提升空间。条形码、电子标签等物联网技术的兴起也带动了相关管理的提升和变革，电子标签、条形码等已在企业备品备件仓库的精细化管理以及化工产品的质量追溯方面得到了应用。

3）智能仪器仪表。在石化行业，由于在线分析仪价格比较高，还没有普遍应用，因此智能仪器仪表在石化行业获得了较大发展空间。镇海炼化、茂名石化等智能工厂的在线分析仪应用广泛，同时基于在线分析仪研发了在线分析仪管理系统。该管理系统重点对在线分析仪的运行监控、仪表报警及仪表评价功能进行闭环管理，覆盖企业在线分析仪的建设、运行、维护和管理业务，对保障在线分析仪的常态化应用，进而提升生产管控的精细化水平，提高产品质量有非常大的促进作用。

4）原油和成品油在线调和成套设备。原油和成品油的在线调和原理是：利用自动化设备控制各个馏分的流量，控制各组分油与添加剂的比例，并将各组分油与添加剂送入总管和管道混合器，各组分油与添加剂在混合器中混合均匀后成为各项质量指标合格的成品油。可通过各种在线分析仪表连续控制管道成品油的质量指标。传统的人工调和方式劳动强度大，由于汽油关键指标的非线性较强，人工调和时同时兼顾辛烷值、抗爆指数、蒸气压等指标的困难程度非常大，因此传统的人工调和较为保守，容易造成严重的质量过剩，导致高质量组分油的利用不合理。由于我国原料价格存在不确定性，石化企业往往通过对原料、产品进行优化来提高利润。目前，石化行业应用在线调和系统的企业较多。在产品方面，在线调和系统可确保调和指标卡边操作，减少资源浪费，提高一次调和合格率；在原油调和方面，在线调和系统可提高原油品质的相对稳定性，减少原油切换引起的装置波动，提升直供原料品质的稳定性，降低直供风险。

（2）关键共性技术

1）工业自动化控制技术。工业自动化控制技术是生产过程中最主要的信息技术之一，是一种运用控制理论、仪器仪表、计算机和其他信息技术，对工业生产过程实施检测、控制、优化、调度、管理和决策，以达到增加产量、提高产品质量、降低资源消耗、确保安全等目的的综合性技术。目前，我国石化行业的装置基本上实现了基于集散控制系统（DCS）的控制，自动化控制率基本达到90%以上，但是装置的DCS国产化率因生产工艺的复杂度不同而不同，石化行业的大型装置、生产工艺复杂的装置如乙烯等的DCS国产化率不高，我国的DCS产品主要服务于炼油及一些生产工艺相对简单的化工配套生产装置。在应用DCS的基础上，石化企业也加强了实时数据库的应用，实现了装置的温度、压力、流量数据的实时采集，实现了远程数据的监控和基于实时数据的统计及分析。

2）先进过程控制及在线实时优化技术。随着石化装置向大型化、集成化和复杂化演进，人工进行的单一优化控制已无法满足生产精细化的需要，先进过程控制（APC）系统可利用装置的实时数据，基于多变量模型，计算最佳设定值，实现卡片操作。同时在应用APC的基础上，应用在线实时优化（RTO）技术，可确定装置的最优工控和生产参数，根据经济数据与约束条件对生产过程进行模拟和优化，提高装置的高附加值产品收率。国外石化企业纷纷在主要装置上实施了在线实时优化技术，获得了良好的经济效益。目前，我国大型石化企业的APC投用推广情况良好，重要装置已实施了APC。我国还研发了APC应用监控评价系统，以确保APC系统正常投用。由于RTO技术实施周期较长且费用较高，普及率不高，目前主要应用在一些重要装置上，大型化工装置的RTO系统以国外软件为主。

3）工业软件。经过十几年的建设，以 MES、实验室信息管理系统、能源管理系统、操作管理系统和实时数据库等为主的一批核心智能制造软件在石化行业得到了广泛应用，代替了原来落后的线下 Excel 人工操作管理系统，为石化企业智能化转型奠定了良好的基础。虽然石化行业在工业软件建设方面取得了一定的成绩，但还存在一些问题。我国石化行业软件还存在建设初期顶层设计不足，企业的软件建设推进年限不同并且选取的模型不一样，企业业务的标准化、规范化程度不高，个性化需求多，相关软件的厂商较多，软件接口不统一等问题；部分企业在工业软件应用方面的信息孤岛现象严重，数据集成应用严重不足，基层一线存在着系统数据使用的多、重复数据录入的多等问题。因此，加强生产层面系统工业软件之间、生产层面与经营层面的工业软件集成水平，集中集成，消除信息孤岛，打造友好、易用和集成的信息系统应用环境，已成为石化行业工业软件建设的重要方向。

4）互联互通。利用工业无线网、有线网等网络融合通信技术，打造全面感知与互联互通的产业生态系统，形成泛在的工业物联网环境，实现物料、产品、设备、环境和人员的互联感知，对于优化生产，强化过程管控，提高应急响应有着非常重要的意义。目前，石化企业基本完成了有线网络建设，大部分企业按照安全隔离要求进行了管理网络和控制网络分离建设。石化企业的工业无线网所采用的技术和建设水平参差不齐，大型石化企业主要采用自建工业 4G 模式或租用电信运营商“4G+ 工业 WiFi”等模式进行工业无线网络建设，为现场设备的数据采集、应急通信、音视频数据传输奠定了基础。随着 5G 的到来及基于 5G 技术的传感器、智能终端的研发，未来将衍生出 5G+IIoT、5G+VR 等一系列面向工业的互联互通智能化应用场景。

（3）新一代信息技术

1）工业互联网技术。目前石化行业的工业互联网技术还在探索中，石化盈科、北京中油瑞飞信息技术有限责任公司（简称中油瑞飞）等石化智能制造解决方案供应商，持续加大新一代信息技术的研究与创新力度，以智能制造为主攻方向，率先研发了面向石化行业垂直深耕的工业云平台。石化盈科研发的工业互联网平台 ProMACE，采用两级部署模式，实现了工业知识、模型和经验的传承和推广，打造了一批覆盖石化生产全环节、全要素的工业软件套件和工业 APP，发挥了平台“赋能、赋值、赋智”的作用，成功助力九江石化、中国石化上海石油化工股份有限公司（简称上海石化）等 8 家企业成为国家智能制造试点示范企业，镇海炼化、茂名石化成为我国石化行业的先进制造新标杆企业，使其劳动生产率提高40% 以上，万元产值能耗平均下降 9%。石化盈科的工业互联网平台 ProMACE 入选 2018 年国家工业互联网平台试点示范项目名单和 2018 年工业互联网创新发展工程项目名单。中油瑞飞的瑞道工业互联网云平台入选 2018 年工业互联网创新发展工程项目名单。目前，石化行业的工业互联网标识解析二级节点还在起步阶段，正在探索中不断向前推进。

2）工业大数据分析及人工智能技术。石化行业的工业大数据分析、人工智能技术的应用整体处于起步阶段。目前，中国石化利用石化生产现场的多源、异构海量数据资源，利用机器学习、传递熵、聚类分析、向量机和神经网络算法等传统的大数据分析算法与石化生产过程相结合，分别建立起预警模型、反应器结焦计算模型、目标产品收率预测模型、动设备故障诊断模型等基于大数据分析技术的模型，开展了报警原因分析、催化结焦、重整汽油收率优化、动设备故障诊断等多个面向智能制造的大数据应用方向探索，取得了良好的应用效果。

在人工智能应用方面，石化行业目前的水平还比较低，整体尚处于起步阶段，亟须冲破人才、数据资源、基础设施、智能装备、应用工具和体制机制等方面的瓶颈。目前，在机器视觉、自然语言处理和语义分析等方面的人工智能技术相对成熟，石化行业的人工智能技术主要集中在面向复杂生产现场异常行为的识别分析方面，如不戴安全帽识别、现场入侵检测、泄漏识别和火焰识别等。

3. 存在的问题和不足

为解决资源、能源与环保等问题，我国石化行业已从局部、粗放的生产模式向全流程、精细化的生产模式发展，提高了资源与能源的利用率，有效地减少了对环境的污染。但是，我国石化行业的转型还不够充分，主要的原因就是工业化和信息化的融合程度不高，缺乏支撑工业过程运行优化的方法和先进软件及系统。通过本书对欧美智能制造的分析，以及对我国石化行业智能工厂试点示范案例的分析，发现我国石化行业在智能化发展过程中存在着以下不足和差距：

1）理论体系和标准体系有待完善。我国现阶段的智能制造建设基本按照以企业试点建设、项目试点应用为主，缺乏系统的理论体系，同时工业互联网标准和工业控制安全防护体系建设相对滞后。而智能制造的发展有其特殊性，相对于一些智能化先行的国家采用从理论和标准入手来推动智能化的模式，我国石化行业为增强智能化发展的可靠性和安全性，亟须加快智能化系统理论体系的研究及标准的建立。

2）核心工业软件的自主化水平不高。目前，我国石化行业在智能化发展过程中，国外的工程设计软件、流程模拟软件、嵌入式软件和自动化控制系统等占据了先行优势，国产化软件的开发能力相对较弱，标准化水平相对较低，商业化可推广性相对较差，一些工业设计、工艺仿真、生产过程控制与优化等软件还需依赖进口。未来，需要从组织保障、人才培养、资金支持、产品研发机制创建等方面加大自主工业软件的扶持力度，通过工业软件的微服务化（SaaS）实现换道超车，不断提高核心技术工业软件的自主化水平。

3）关键装备和核心部件还存在短板。智能制造发展所需的核心装备仍然受制于人，不少关键装备和核心部件等硬件仍依赖进口，国产化硬件供应尚需时日，还不能达到自主安全可控水平。未来，应从国家层面产、学、研结合，进行石化行业的关键装备、核心部件以及工业软件的攻关。

4）智能制造复合型人才缺乏。推行智能制造，需要高标准、高层次的人才队伍。目前，石化行业的智能制造发展所需的高层次领军人才短缺，尤其是同时具备流程制造技术和信息化、智能化技术的高端复合型技术人才以及熟练操作智能化装备的高素质技能人才严重短缺。面向未来，应该建立更积极的人才引进、选拔机制和更灵活的人才培养、激励机制。在吸纳高层次智能制造创新人才方面打破常规，突破现有人才招聘机制的限制，探索实施更积极、更开放和更有效的创新型人才引进政策。设立首席科学家、首席架构师等职位。开展人才培训、人才交流，充分发挥创新型人才的带动作用，建立智能制造专业智库。

5）智能化应用和数据分析水平有待提升。石化行业“智能工厂 1.0”的主要任务是完成“集中集成 + 专项”创新，石化行业“智能工厂 2.0”的主要任务是完成“平台 + 服务”的局部智能。目前石化行业的工业互联网平台发展处于初级阶段，沉淀的各类模型还不能完全满足石化行业的业务需求，“赋能”能力还有待提升。未来，随着新一代信息通信技术的进一步发展，需要不断完善平台功能，提升平台自身的运营能力，推动人工智能技术在石化行业规模化应用，进一步提升工厂运营管理的智能化水平。

另外，在智能工厂试点项目中，工业大数据技术得到了初步应用，但在智能感知与信息融合、融合过程机理和工业大数据的智能建模与分析、全流程协同优化控制、知识自动化驱动的智能化决策等方面都需要进一步发展，提升数据的挖掘、优化和治理能力。未来，需进一步提升大数据的分析能力，将新一代人工智能方法和技术与具体的工业生产过程相结合，实现智能感知、智能建模、智能控制、智能优化与智能安全环保等技术在流程制造业中的应用，解决石化行业工业制造过程中面临的供应链、计划、调度、工艺运行指标以及控制系统设定值等优化决策问题。

6）与智能制造相匹配的体制机制有待完善。智能制造正在重塑工业体系。工业体系将更加扁平和灵活，其本质是对企业生产过程中各环节的解耦重组、对企业与用户关系的打通整合，以及对制造与服务模式的创新变革。目前，石化行业传统的组织形态、管理流程和商业模式已经不适应智能制造的发展需要。未来，需要打破传统的金字塔形组织结构，代之以扁平化的网络型开放组织结构，推动管理流程、组织形态和商业模式等转型升级为智能制造需要的应用场景。在数字化基础上，实现从流程驱动向数据驱动的转变；构建一体化管理控制与赋能平台，实现经营管理的平台化；通过与客户需求相连接及数字化精准营销，实现从“产品”型向“产品＋服务”型模式的转变。将技术进步、组织结构变革、业务流程优化转化成企业新的竞争力，推动产业转型升级和创新发展。

7）石化行业的工业智能制造生态还不够健全。协同、共享和重用是智能制造进行价值创造的内在机制，企业间的竞争正演变为生态间的竞争。目前，已经初步建立起石化行业的工业互联网平台生态体系，但还缺乏广度和深度。未来，需要进一步构建石化数字化工业和数字化商业服务两大生态体系，完善“政产学研用”合作机制，以石化企业应用需求为导向，推动技术研发与石化产业化应用深度融合，形成产业链横向合作、纵向协同的发展合力，实现石化全产业生态链协同创新的发展格局。依托石化行业的工业互联网平台，沉淀先进管理理念、业务模式、工业知识和最佳实践经验，提供面向全产业链的工业 APP。面向社会开放平台资源，形成基于平台的第三方应用开发氛围，满足多样化、个性化的用户需求；实现石化行业制造资源、服务能力以及创新资源的协同配置与优化，做大做强平台经济。

8.1.2 发展思路

石化行业的智能制造覆盖石化生产全产业链，将新一代信息技术与石化生产过程的资源、工艺、设备和环境以及人的制造活动进行深度融合，实现工厂横向、纵向和端到端的高度集成，提升全面感知、预测预警、协同优化、科学决策四项关键能力，以更加精细和灵活的方式提高工厂的运营管理水平，并推动新的制造和商业模式创新。

1. 发展思路

全面贯彻落实党的十九大精神，以习近平新时代中国特色社会主义思想为指导，贯彻新发展理念，深化供给侧结构性改革，按照“理论突破、标准引领，总体规划、顶层设计，创新驱动、转型升级，试点示范、稳步推进”的原则推进石化行业的智能制造发展。以石化行业智能工厂为主攻方向，大力推动信息技术与先进制造技术的深度融合与发展，着力推进石化行业技术研发、工程设计、生产过程、经营管理、供应链与服务的智能化，突破制约石化行业“两化”深度融合的关键智能技术和重大智能装备，构建新型现代化的石化行业智能工厂和运营模式，推动我国石化工业实现质量变革、效率变革、动力变革，实现由大到强转变。

2. 基本原则

理论突破、标准引领。加强石化行业智能制造的理论研究，以信息物理系统（CPS）为核心，结合石化行业的特征，以建设石化行业智能工厂为主线，研究石化行业智能工厂的内涵、特点、架构、标准和基于 CPS 的运行机理，构建石化行业智能制造的理论基础。

总体规划、顶层设计。从战略层面抓好石化行业智能制造的顶层设计和总体规划，明确各阶段的战略目标和重点任务，探索适合石化行业转型升级的智能化技术方案和路径，推动我国石化工业实现质量变革、效率变革、动力变革，实现转型升级、跨越发展。

创新驱动、转型升级。开发具有世界一流水平的石化工业制造技术并对其进行全面推广，加快推进先进制造技术与信息技术的深度融合，推进智能生产技术的创新发展与集成应用，推动石化工业制造技术与经营服务模式深度融合发展，推动我国石化工业转型升级，迈入世界强国行列。

试点示范、稳步推进。石化工业生产环节众多、装置类型复杂，生产过程控制变量多且以非线性动态关联为主，生产常在高温、高压、易燃和易爆的环境下进行。目前石化行业的新一代信息技术与智能装备技术还不成熟，因此，石化行业要想实现智能制造，必须先在不同生产厂进行局部智能生产试点，再将这些成功的试点技术进行集成，实现全流程系统技术集成，积累生产数据和经验，建立石化行业的智能工厂国家标准。然后，再选择有代表性的石化企业进行整体性的智能化示范，进而进行稳步推广、普及。

3. 需要突破的关键技术与装备

石化行业的智能制造装备是面向石化生产全流程的具有感知、决策和执行功能的各类制造装备的统称，是石化生产制造的主要硬件。传统制造单元将逐步通过微机电技术、嵌入式技术和传感器等技术的改造变为新型的智能制造单元。智能制造不仅具备广泛的工厂状态采集和感知能力，实现物理制造空间与信息空间的无缝对接，而且能进行实时智能预测、智能规划、智能优化和智能决策等。智能制造技术将推动石化企业的管理方式由人工向自动转变，由低效向高效转变，由低精度向高精度转变。

（1）面向石化复杂生产过程的智能控制系统　面向石化复杂生产过程的智能控制系统将采用分层或分级的方式建立许多较小的自治智能单元。每个自治智能单元可以通过协调机制对其自身的操作行为做出规划，可以对意外事件（如生产资源变化、生产任务变化和市场需求变化等）做出快速响应，并通过对环境状态的感知和动态学习获得最优行为策略。通过多个自治智能单元的协同，各种组成单元能够根据全局最优的需要，自行集结成一种超柔性最佳结构，并按照最优的方式运行。

石化行业的生产全流程是由多个生产过程有机连接而成，具有多变量、变量类型混杂、变量之间强非线性强耦合的特点，受原料成分、运行工况和设备状态等不确定因素的影响，其特性随生产条件的变化而变化。为实现面向石化复杂生产过程的智能控制，需要突破以下关键技术。

1）面向复杂生产过程的一体化控制策略。包括生产制造多尺度基于数据和知识的实时智能运行优化方法、基于过程模型的在线动态运行优化、自治智能单元的闭环反馈控制等技术。

2）智能控制系统的执行机构。包括多智能体的系统机制、嵌入式控制系统、微型传感器和总线协议等关键技术。

3）设备端知识库。包括工艺机理模型、人工操作经验和推理机制等关键技术。

（2）新型传感器、智能仪表和信息融合　石化行业的生产过程优化调控和经营管理优化决策需要大量的实时信息，目前面临的难题是如何实现石化工业流程信息的智能检测、传输与融合认知。在工业数据感知方面，石化工业原料来源广泛、成分多变、品质不一，生产过程依赖于能量质量传递、物理化学反应、多相多场耦合和高温高压运行等复杂环节，同时在有限空间（石油化工企业的有限空间特指塔、釜、罐和槽车，以及管道、下水道、沟、坑、井、池和涵洞等封闭、半封闭设备及场所）内作业，由于环境特殊，容易出现各种危险。由于现有检测技术及恶劣工况、环境等的限制，关键运行信息和重要过程参数难以精准感知，造成过程信息不完备甚至检测机理失效。在工业数据融合方面，物理量的检测信号、监测图像、指令文本等海量数据具有多源异构、多时空尺度、数据缺失和非完整性等特点，并且随着数据种类迅速增加和规模不断扩大，人已无法及时计算、学习和处理这些海量信息，无法从大量的数据中自动高效获取知识和找出有价值的规律，因此，需要突破以下关键技术。

1）新一代智能传感器、检测理论与信息融合技术。包括：①石化生产现场的微型化、智能化、低功耗传感器和智能化仪器仪表，如面向石油化工的新效应传感器，新材料传感器，智能化温度、压力、流量、物位、热量、工业在线分析仪表和精密监测仪器等。②石化工业物质能量转化过程中的特征量软测量理论和实现技术。③数据校正、滤波、清洗与标准化理论和技术。这些技术可实现从原料供应、生产运行到产品销售全流程与全生命周期资源属性和特殊参量的快速获取与信息感知。

2）小型智能化工业在线分析仪表和精密监测仪器。包括新一代智能感知技术和设备。例如光学检测新方法、智能传感器、机器视觉、分布式传感技术、移动技术和物联网技术等，可对原材料与产品属性、生产工况和工艺参数等进行智能感知。

3）信息融合技术。针对信息融合问题，需要突破大数据智能和跨媒体智能技术，包括采用贝叶斯学习、主成分分析、因子分析等方法对原始数据进行清洗、填充和降维，进而采用贝叶斯估计、模糊逻辑推理和聚类分析等方法提取工况特征信息，将多源异构数据进行融合，实现复杂制造流程的高精度、高可靠性、强实时智能感知与综合认知。

（3）面向石化物流和工程的工业机器人　面向石化物流和工程的工业机器人，可通过图像获取、图像识别和图像定位，并自编程序去适应多种尺寸不同形态的物料品项及复杂的物料处理工艺，这种具有自适应、自学习功能的机器人能完成复杂条件下的物料处理作业。需要提升工业机器人在石化物流和工程中的适用性和可靠性。

在石化生产中，仓储和物流管理基本采取传统的人工管理。人工管理工作量大，极易出错，已不能适应石化行业的生产发展需要；此外，石化行业的危险作业环境也严重威胁着操作人员的人身安全，如管道的检测、炼油厂大型油罐和储罐的焊接等。因此，需要突破工业机器人的以下关键技术。

1）符合石化生产特点的工业机器人，包括应用在石化物流、仓储、巡线和工程建设等关键环节的工业机器人。

2）机器人智能控制技术，包括工业机器人的交互控制技术和数据融合技术，以实现工业机器人的自适应、自学习功能。

（4）智能能源终端服务设备　加油站的智能加油机能够定量、随机加油，使用简单，运行稳定，可靠性好，收费速度快，管理方便，抗干扰能力强。同时，智能加油卡可实现迅速、准确的资金结算，并可基于新型的电子支付手段开辟新的成品油零售管理模式。

我国的加油站目前仍采用机械式加油机，全靠手工操作，人工控制电动机的起停，难以保证加油精度；同时，油品零售交易仍以传统的现金、油票和记账为主，这种结算方式给消费者带来了诸多不便，管理上也存在很多困难，如工作效率低下、现金找零困难等。为解决如上问题，需要发展如下关键技术。

1）加油站设备的智能化。包括智能加油机和智能加油卡的研制。

2）围绕加油机和加油卡的信息采集利用，包括对成品油零售信息和加油卡客户信息的数据挖掘和精准营销。

（5）原油和成品油的在线调和成套设备　原油和成品油的在线调和是利用自动化设备控制各个馏分的流量，控制各组分油与添加剂的比例，并将其送入总管和管道混合器，各组分油与添加剂在混合器中混合均匀后成为各项质量指标合格的成品油。可通过各种在线分析仪表连续控制管道成品油的质量指标。

传统的人工调和方式劳动强度大，由于汽油关键指标的非线性较强，人工调和时要同时兼顾辛烷值、抗爆指数、蒸气压等指标，非常困难，因此传统的人工调和较为保守，容易造成高组分油加入量过多的现象发生，导致高质量组分油的利用不合理。同时，人工调和的一次调成率不高，调和周期长，重复循环次数多，导致油罐周转困难，造成人工和资源的巨大浪费。为解决以上问题，原油和成品油的在线调和设备需要以下关键技术的支持。

1）在线优化控制系统。包括基于 DCS 进行组态的比率调和、各种类型的优化控制策略。

2）在线质量分析仪器。如马达法辛烷值分析仪和近红外分析仪、倾点表、闪点表和比色表等。

（6）石化工业大数据建模及智能分析技术　石化生产中的物料变化频繁，装置耦合复杂，需要多层次运行，物质转化和能量传递机理复杂，传统的机理分析建模方法往往难以精确描述如此复杂的物质流和能量流耦合、传递与反应等关系；数据驱动建模方法由于缺乏过程单元的内部结构和机理信息，过度依赖于数据样本的数量和质量，因此难以对过程机理进行深层次的分析和解释。但是，机理分析建模方法有利于抓住过程的本质特征和主要矛盾，获得有效的模型结构；数据驱动建模方法则可以自动获取潜藏在数据中的信息和知识。综合两者的优点，采用人工智能方法挖掘海量工业数据中的内在知识信息，提取过程转换机理特征，建立融合过程机理分析和工业大数据的混合模型，降低模型的计算复杂度，提升模型的鲁棒性，可以为后续工业生产过程的操作优化和智能决策奠定基础。

1）异构数据获取技术。重点需要突破异构数据采集、数据集成、数据转换清洗、数字对象标识与解析等相关技术，实现异构大数据的统一描述和管理，为大数据的挖掘、处理等奠定基础。异构数据获取技术包括无监督机器学习等方法，实现对多源异构的生产数据进行有效的融合、特征提取及知识挖掘。

2）融合过程机理分析和工业大数据的智能建模与分析技术。建立融合过程机理分析和工业大数据的混合模型，降低模型的计算复杂度，提升模型的鲁棒性，为后续石化工业生产过程的操作优化和智能决策奠定基础。该智能建模与分析技术包括采用深度卷积神经网络和软测量等技术，实现机理模型与数据模型深度融合的动态智能建模，将生产过程中复杂的化学反应过程机理与智能感知到的非结构和结构工业数据进行有机融合，建立有效的动态智能模型。采用模糊聚类、慢特征分析和回归神经网络等方法，对原材料进行智能分类和装置运行模式进行智能判别，建立能满足智能生产需要的多操作模式模型。

（7）全流程智能优化协同控制　石化生产过程包含多个生产工序，而每个生产工序又由一个或多个关联的复杂工业装置组成。为了实现生产全流程的产品质量、产量、消耗和成本等综合生产指标的优化，必须协同各个生产工序，即把其看成工业过程智能体来完成指定任务。由于受到各种生产指标范围、原料、设备等动态因素的影响，各个工序的运行指标要不断地根据这些动态因素进行调整。现有的全流程协同主要由生产调度部门和工艺技术部门来实现，即运行指标决策过程主要依赖于知识工作者的经验。当人工调整不当时，生产全流程的综合生产指标就不能保证在其目标范围内，难以实现全流程的优化运行，从而造成产品质量差、能耗高、资源消耗大等问题出现。采用人工智能学习与智能控制技术，建立全流程智能协同优化控制系统，使全流程生产不依靠人的干预。因此，需要突破以下几方面关键技术：

1）全流程多尺度工厂模型建模技术。全流程多尺度工厂模型建模技术包括采用聚类算法、迁移学习和受限玻尔兹曼机等方法，对生产原材料进行智能分类以及装置运行模式进行智能判别，实现多操作装置单元间关联规则的知识挖掘；采用关联规则学习和深度学习等方法，将多个生产装置单元进行有机联合，建立融合机理、数据和知识的全流程动态智能模型；采用主成分回归和分类决策树等方法，将全流程生产过程以及优化目标进行多层次的划分和降维，实现多尺度、多目标的全流程智能协同优化控制，达到局部优化与全局优化平衡的目的。

2）数据可视化技术。研究支持多平台的远程数据可视化工具，包括二维、三维可视化技术，实现工厂运营的全面可视化。

（8）知识自动化驱动的智能优化决策　市场营销、决策计划、经营管理、生产调度系统是顶层功能，它们一方面必须依赖于底层的信息，保证所做出的各项决策、指令都符合实际情况，另一方面需要从海量的过程实时数据库和各部门的数据库中按照一定的规则抽取足够数量的数据，同时把这些数据加以整理分析，给企业决策者提供高质量的信息。目前，石化工业过程的优化决策的出台主要采用金字塔式的人工管理和控制方式，主要依靠企业知识工作者的自身经验和知识，并没有自动地统筹利用企业内外部生产经营的相关数据、信息和知识，从而也没有依据市场变化以及对生产行为的实时计算和预测进行有针对性的生产经营决策。采用新一代人工智能技术，将生产数据、市场规律和先进管理理念等信息转化为知识，建立知识自动化驱动的智能优化决策系统，通过结合工业制造流程、知识工作者的经验、自动化及智能技术，使企业能够智能感知物质流、能源流和信息流的状况。系统能够自主学习和主动响应，自适应地优化企业的生产目标、资源配置与循环利用能源，实现石化工业过程的智能优化，从而提高企业的经营决策水平、经济效益和市场竞争能力。需要突破以下理论和技术：

石化工业的知识自动表示、获取、关联、重组、处理与应用等理论、方法和实现技术；多源异构知识的统一表示、重组与新知识发现的技术；面向决策、计划和调度的知识关联与推理技术；基于知识和大数据的精细控制与安全运行技术；构建石化工业知识体系和大规模知识库。

1）知识挖掘技术。采用先验算法、基于图形的方法和概念聚类等方法，实现融合生产机理、操作和管理经验的知识挖掘。

2）智能价值决策建模技术。采用深度递归神经网络、专家系统和逻辑学习机等方法，融合人的知识、历史运行数据和市场信息等，建立物质、能量流向与价值增益的关联表征，并与装置运行特性进行有机融合，建立价值决策智能模型。

3）智能优化决策技术。采用多粒度知识、决策树和智能优化算法等方法，实现工业生产计划和调度决策的智能优化。

（9）大数据驱动的状态诊断深度学习技术　对石化生产装备，特别是大机组建立可靠的健康管理系统是保证其安全运行的必要措施。由于被监测的石化生产装备规模大，被监测时间长，且每个监测点的采样频率较高，使得整个监测系统获得的是海量数据，所以对装备的状态诊断能力和健康管理系统提出了更高要求。传统的装备状态诊断方法需要大量的工程实践和信号处理技术来提取故障特征信息，在状态诊断模型训练方面，浅层的模型难以解决日益增多的设备状态监测和诊断需求。而深度学习法通过构建深层次模型，结合大量的训练数据，来学习数据中隐含的特征，再通过输出层分类器，完成装备故障类型的智能诊断。大数据驱动的状态诊断深度学习技术作为模式识别和机器学习领域的前沿成果，在装备状态诊断和健康管理方面展现出了广阔的应用前景。

1）机组状态监测技术。结合状态监测、知识工程、工业大数据、虚拟现实、模糊神经网络和数据挖掘等技术，提升机组状态监测与诊断系统的智能化程度，实现实时化、多层次、网络化和智能化监测，实现人工智能、数据挖掘、神经网络等技术和设备状态监测与诊断系统的深度融合。

2）机组故障预测、诊断技术。研究大机组在线监测与诊断关键技术，研制具有知识、经验自动获取能力的故障诊断专家系统，实现知识学习能力和预测诊断能力的大幅提高并逐步接近人类诊断专家的能力。

3）设备自愈调控技术。应用现代动力学等理论，集成状态监测诊断技术、人工智能技术、主动和自适应控制技术、嵌入式计算机技术，研究以故障预防和消除为目标的设备自主调控和自修复技术，在运行中“自行”消除故障。

8.1.3　提升路径

新一代智能制造的主要特征在于具备了学习能力，能够通过深度学习、强化学习、迁移学习等使知识的产生、获取、应用和传承效率发生革命性的变化，显著提高感知认知、自主控制和创新决策能力。以高端化、绿色化为主题的石化行业智能制造，就是要在工程技术层面实现四化——数字化：结合过程机理，采用大数据技术建立企业的数字化工厂，实现虚拟制造；智能化：充分挖掘机理知识和专家知识，采用知识型工作自动化技术实现企业的智能生产和智慧决策；网络化：依托物联网和（移动）互联网技术，发展基于信息物理系统（CPS）的智能装备，实现分布式网络化制造；自动化：采用现代控制技术，实现自动感知信息，主动响应需求变化，进行自主控制。同时，石化工业的智能制造在企业运行层面也要实现四化——敏捷化：对市场变化做出快速反应，实现资源动态配置和柔性生产；高效化：实现生产、管理和营销的全流程优化运行，实时动态优化生产模式；绿色化：对石化工业生产环境足迹和危化品能实现全生命周期监控，实现能源的综合利用和污染物的近零排放；安全化：保证生产安全和企业信息安全，并通过故障诊断和自愈控制技术实现生产的安全运行。为实现上述目标，需要开展如下工作。

1. 石化行业的智能制造标准体系建设

石化行业的智能制造标准体系包括 A- 基础共性、B- 关键技术和 C- 细分行业应用三个部分。石化行业的智能制造标准体系结构如图 8-1 所示。

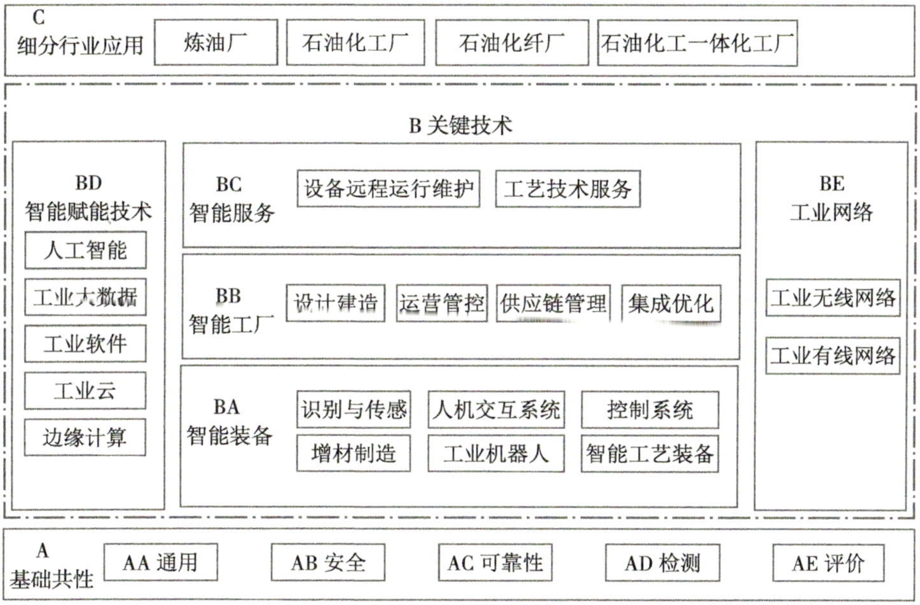

图 8-1 石化行业的智能制造标准体系结构

其中，A 基础共性标准包括通用、安全、可靠性、检测和评价五大类，位于智能制造标准体系结构的最底层，是 B 关键技术标准和 C 细分行业应用标准的支撑。B 关键技术标准是智能制造系统架构的智能特征维度在生命周期维度和系统层级维度所组成的制造平面的投影。BA 智能装备是石化行业的资源要素，包括生产装置、智能化的设备和工业控制系统等；BB 智能工厂按照面向石化工厂生命周期的设计运营一体化、面向石化价值链的石化供应链协同一体化、面向炼油和化工企业的运营管控一体化三条主线展开，包含业务和系统的集成优化；BC 智能服务包含目前石化行业的两种智能制造新模式——设备远程运行维护、工艺技术服务；BD 智能赋能技术包含工业大数据、人工智能等信息技术在石化行业中的技术标准；BE 工业网络是指企业互联互通的网络标准。C 细分行业应用标准面向石化细分行业具体需求，对 A 基础共性标准和 B 关键技术标准进行进一步细化和落地。

2. 石化智能工厂基础工程

研发基于物联网及 5G 技术的数字化和泛在感知工厂，包括石化生产现场大规模传感器节点的互联、组网和信息传输，工厂无线传感器网络与 RFID 集成、工厂测控网络的无线化，工厂基于低成本无线技术的定位与跟踪、无线传输和接入安全等系统，支撑智能工厂在复杂环境中信息的快速感知与工厂相关的各类信息的采集与互联。

以优化控制为目标，推动运营期老厂改扩建、装置升级改造。对于新建炼化企业，实现装置、土建工程、电信、仪表设计与信息系统同步建设，新建装置、管线采用数字化移交方式，建立与实体一一对应的虚拟工厂，支持数字化、可视化和自动化等智能化建设。

3. 石化智能装备工程

研发石化领域专用的新一代石化新型传感器、智能仪表和精密仪器。石化生产现场的微型化、智能化、低功耗传感器和智能化仪器仪表，包括面向石化行业的新效应传感器，新材料传感器，智能化温度、压力、流量、物位、热量、工业在线分析仪表和精密监测仪器等。

面向石化物流和工程的工业机器人，可通过图像获取、图像识别和图像定位，并自编程序去适应多种尺寸不同形态的物料品项及复杂的物料处理工艺。这种具有自适应、自学习功能的机器人，能完成复杂环境下的物料处理作业，提升工业机器人在石化物流和工程中的适用性和可靠性。石化工业机器人具备在石化复杂工作环境下的感知、认知和控制能力，拥有智能交互、智能操作、多机协作、三维成像定位、智能精准安全操控和人机协作等能力，主要应用在石化物流、仓储、巡线、工程建设和应急处置等关键环节，可使现场作业效率大幅提升。

4. 炼化生产一体化优化工程

建立融合计算科学、领域知识与软件系统的一体化优化工程，在数据驱动的智能技术方面实现突破。在横向维度上，实现原油采购、原油调和、生产、成品油调和到销售出厂各业务的协同控制和全流程优化，实现供应链的价值增值；在纵向维度上，实现计划、调度、装置和控制四个层面上的由局部到全局的优化、由日常到月度的优化，以及各环节的协调统一和无缝衔接，形成加工方案可以灵活切换、以需求为驱动的敏捷生产。

5. 炼化生产集成管控工程

在石化数字化生产环境的基础上，实现企业客户服务层、经营管理层、生产执行层和过程控制层四个关键业务域的信息的共享和纵向集成。在安全、环保、节能、设备、工艺和质量等多约束条件下，打造计划、调度和操作的纵向一体化闭环、敏捷管理体系，提升生产管控的协同集成能力，满足市场需求，以及炼化生产工况和化工产品排号等的频繁变化。

构建模型化、实时化和智能化的新一代炼化企业生产执行系统。打造基于知识云的一体化生产调度指挥中心，实时在线洞察工厂的生产、质量、能耗和设备状态信息。以安全、清洁和稳定生产为核心，实现全面感知实时监控、预测预警自动发现、异常检测主动应对、科学决策精准执行的智能管控目标。

6. 全生命周期资产管理工程

以数字化交付为起点，建设贯穿设备运行、检修维修、改造和报废的全生命周期管理应用系统，实现对设备资产运营信息的全面感知，利用设备特征及故障诊断分析知识库，实现对设备信息自动采集、状态监控、异常预警报警、故障诊断、检修维修以及实绩分析的统一闭环管理。

实现设备的状态监测、健康评估、故障诊断、预测性维护和远程专家支持等服务，提高设备的完好率和利用率，降低检修维修成本，在确保安全的基础上最大限度地发挥设备能力，节约维修成本，实现生产装置长周期运行，实现设备资产价值最大化。

7. 国产化炼油化工工业软件开发与应用工程

工业软件指专用于或主要用于工业领域，为提高工业企业研发、设计、制造、管理水平和工业装备性能的软件。按照产品形态、用途和特征的不同，工业软件可以进一步细分为研发设计软件、生产控制软件、信息管理软件及嵌入式软件。

聚焦炼油化工工业软件核心技术，针对“卡脖子”的核心基础共性软件以及推广价值高、带动作用强的通用石化工业软件，整合各方力量，以加强技术创新和技术积累为基础，以重大应用工程为牵引、以平台建设为依托，推动我国石化工业软件产业创新发展与广泛应用。

8. 人工智能应用专项工程

预计到 2025 年，人工智能在石化工业装备中的应用实现重大突破，总体应用水平与世界发达国家同步，具有人工智能安全评估和管控能力。部分技术与应用达到世界领先水平，人工智能成为带动石化工业转型升级的主要动力。

预计到 2035 年，人工智能在石化工业智能装备、智能设计、智能生产和智能服务等领域的应用总体达到世界领先水平，全面推动石化工业智能化。

1）基于石化工业大数据推动新一代人工智能技术应用。打造石化工业大数据平台，围绕业务目标，将机理模型和数据驱动模型进行融合，推动全产业链的大数据应用，实现数字资产价值的最大化。

2）由新一代人工智能技术引领石化智能制造发展。推动智能感知、模式识别、智能控制、行为分析与事件识别等智能技术在智能装备领域的应用，提高石化工业智能机器人、智能传感与控制、智能检测与装配等智能装备的实用性、安全性。应用大数据、深度学习等技术，提升智能制造在研发设计、生产运营、远程运维服务和供应链管理等方面的水平，形成动态优化的管理流程。推动人工智能在石化工业的规模化应用，实现生产设备网络化、生产数据可视化、生产过程透明化和生产现场无人化，提升工厂运营管理的智能化水平。

8.2 船舶行业

8.2.1 现状与趋势

1. 国外发展现状

智能制造是发展数字经济的重要手段和途径，融合了最新的信息技术、自动化技术和人工智能技术，并催生了新的生产方式和相关产业形态，为此发达国家都在积极推进智能制造。德国高度重视制造产业的智能化，2013 年正式实施以智能制造为主体的“工业 4.0”战略，并将智能制造纳入《高技术战略 2020》中，由此，智能制造正式成为德国的一项国家战略。通过“工业 4.0”计划的实施，德国进一步巩固了其作为全球领先生产制造基地、生产设备供应商和 IT 业务解决方案供应商的地位。美国政府为了保持美国在高端制造业中的全球竞争优势，发布了《国家先进制造战略规划》，并推出了《重振美国制造业框架》《美国先进制造伙伴（AMP）计划》《先进制造业国家战略计划》等，并且美国制造业联盟采用数字信息化技术加快工厂车间的智能化改造进程，深层次地改变制造方式，从而提高制造效率和竞争力。

在船舶智能制造方面，当前世界各大船级社大力推进数字化、网络化和智能化进程。各大船东公司将发展智能物流、智能航运作为转变传统商业模式、抢占未来市场的重要手段。世界著名船厂也纷纷大力推进智能制造。

美国先进船厂主要以智能产品模型（DMU）、工程数据管理、高级可视化、产品数据管理（PDM）/企业资源计划（ERP）集成为主要技术手段。在产品数据管理的基础上，利用工程可视化的技术手段，建立设计过程的管理和控制平台，形成数字产品的柔性生产线；智能产品模型为生产过程提供完备的信息，实现 PDM 与 ERP 的一体化重构。美国纽波特纽斯造船及船坞公司计划创建集成化数字造船环境，实现无纸化建造，且数据传递全部使用三维图，以降低产品的建造成本。打造三维产品模型，使所有活动数据来自单一数据源，这些活动数据包括所有待建船舶的所有设计图，检查的状态数据、材料需求清单以及这些材料的状态及位置信息，最终实现无纸化建造，并以此打造智能船厂。

2019 年 4 月，美国海军计划将“数字孪生”技术引入 4 家国家船厂，从而使工程师可借助建模和仿真技术为船厂未来确定理想的厂区配置方案，全面提高生产率。“数字孪生”作为美国海军为期 20 年、耗资 210 亿美元的“造船厂基础设施优化计划”（SIOP）的一部分，重点目标包括：改善工作流程，减少无效工时，研究船厂焊接车间、泵管车间、材料仓库和办公空间的新布局。

欧盟国家在坚实的造船工业基础之上，以全面数字化、模块化和网络化为支撑，组建模块化、专业化的合作生产动态联盟，保持了在高人力成本下的竞争优势。与此同时，欧盟启动了全球最大投资的民用机器人研发计划，旨在提升劳动密集型制造业的机械化程度和生产效益。

日本、韩国造船企业十分重视先进制造技术在船舶领域的实践，通过持续的技术创新与应用，大幅提升了自身的制造技术水平和效率，并纷纷提出建设智能船厂的目标规划，大力构建中间产品专业流水生产线，采用自动化、数字化、网络化和智能化的设备与手段，推进数字化、智能化装备在制造过程中的应用，在提高船舶建造质量与效率的同时，降低了制造成本与损耗，缩短了建造周期，增强了企业的市场竞争力。

日本积极推进切割加工机器人、焊接机器人和涂装机器人等智能化装备应用，构建中间产品智能化柔性生产线。日本联合造船在部件焊接和分段焊接环节建成了自动化生产线，应用了大量的焊接机器人，焊接机器人之间能够实现干涉检验，生成最优的焊接数据；分段自动化生产线由 16 台焊接机器人组成，实现了焊接间隙自适应控制和弯曲接头自动焊接，显著提高了焊接效率。此外，日本联合造船还研制了自动弯板系统 JMU-α。该系统通过使用机器人、传感器和仿真等技术，能够实现钢板位置检测、加热、冷却、高度调节、激光测量、翻板等一系列加工工序的自动化。

韩国制定“三步走”的船舶智能制造和船厂发展规划，高度重视信息集成、基于物联网的全要素实时监控、虚拟与物理船舶制造系统融合等智能制造技术应用。2018 年 4 月，韩国发布《造船产业发展战略》，提出要推进智能船厂（K-Yard）项目。该项目计划首先开发一个智能船厂仿真模型，建立一个基于虚拟现实技术的生产平台，以跟踪整个生产流程；然后建立物流及船舶建造系统，使用人工智能和物联网等技术监控材料和船体分段位置，在此基础上建立最佳的造船模型，并通过示范企业进行验证，最终将智能船厂模型逐步推广到中小型船厂，促进船厂智能化发展。

在船舶配套产品制造方面，发动机及涡轮机联盟弗里德希哈芬股份有限公司（MTU 公司）、瓦锡兰集团、卡特彼勒公司和康明斯公司等动力企业已逐步转变为以市场和服务为中心，基于满足客户需求的定制化生产制造模式，进一步提高产品竞争力。

未来船舶行业的智能制造发展方向是以信息系统、共享数据环境、协同生产环境、电子商务 - 供应链集成、配置管理为主要技术特征，以计算机网络为支撑，建成社会化的信息共享平台，利用造船企业的资源优势，通过动态配置技术形成虚拟企业动态联盟，实现企业社会化资源的最佳配置；通过智能化、信息化和自动化技术的应用，为全球个性化客户快速提供高质量的产品。

2. 国内发展现状

（1）船舶智能制造技术发展现状　船舶工业是国家先进制造业的重要组成部分，是制造强国建设的重点领域之一，受到了政府的密切关注与大力支持。工业和信息化部先后制定了《船舶配套产业能力提升行动计划（2016—2020）》《船舶工业深化结构调整加快转型升级行动计划（2016—2020）》《推进船舶总装建造智能化转型行动计划（2019—2021 年）》等政策，从顶层推动船舶工业的智能制造发展。

在国家顶层发展要求和市场环境驱动下，我国船舶行业的智能制造进入了快速发展时期，并在三维设计、智能车间／生产线建设、虚拟仿真与集成应用、船舶智能制造标准体系建设等方面不断实现突破，智能制造技术不断迈上新台阶。

在三维设计方面，我国船舶工业已基本形成了基于 CADDS5 及 TRIBON 软件、集成了各种工程分析与仿真软件的船舶三维设计平台，并初步实现了从船舶方案论证到生产设计全面采用先进的三维技术，具备了全船船体结构、舾装和电装的三维设计能力，有效缩短了船舶的设计周期，节省了人工成本。三维设计技术在船舶研制中发挥了巨大作用。

在智能生产线设计与建设方面，南通中远川崎船舶工程有限公司先后建成了 4 条智能化生产线，并成为船舶行业首个智能制造试点示范企业。沪东中华造船（集团）有限公司突破大型 LNG 船分段结构智能化制造关键技术，完成了我国首个大型 LNG 船分段制造数字化车间建设。大连船舶重工集团有限公司建成了船舶分段制造数字化车间。中国船舶工业集团公司第十一研究所着力推动智能流水线的研发制造，为造修船行业的智能化建设提供一站式的整体解决方案和系统集成服务，有效提高了造船行业的产品质量，并使能源消耗降低 30% 以上，人工比例降低 40% 以上，生产效率提高 50% 以上。江南造船（集团）有限责任公司成功应用世界首台 6 000t 级船舶大型三维数控弯板机，大幅提升了曲面加工效率和质量。中船瓦锡兰发动机（上海）有限公司建成了船舶动力制造数字化总装与试验工厂，初步具备了发展智能制造的能力。武昌船舶重工集团有限公司、武汉船用机械有限责任公司等也正大力开展智能制造领域的研究与示范应用工作。

在虚拟仿真与信息集成应用方面，通过引进专业图形工作站、三维动画软件和投影显示系统，构建船舶虚拟现实技术平台，实现了多型船的全船各个舱室综合布置的虚拟漫游，并开展了较为全面的设计合理性检查以及设备和系统的可装配性、可维护性、人机工程、船舶总装物流仿真、虚拟平台异构数据转换等技术的研究，在增强船舶三维设计的可视性、对设计方案进行优化和干涉检查、提高船舶设计质量等方面取得了良好的效果。其中，在信息集成应用方面，各总体厂、研究所还开展了 PDM 系统的应用和开发工作，初步构建了船舶协同设计建造和项目管理平台。

（2）船舶智能制造标准体系建设现状　在船舶智能制造标准体系建设方面，为贯彻落实《推进船舶总装建造智能化转型行动计划（2019—2021 年）》

（简称《行动计划》），充分发挥标准在推进船舶总装建造智能化转型过程中的支撑和引领作用，对接《国家智能制造标准体系建设指南（2018 年版）》，结合船舶工业特点，2019 年 6 月，工业和信息化部组织开展了《船舶总装建造智能化标准体系建设指南》（简称《建设指南》）编制工作，在《建设指南》的编制过程中，行业先后成立了《船舶总装建造智能化标准体系建设指南》编制组和专家组，并广泛调研了行业内外的标准需求。2019 年 8 月，《建设指南》形成了征求意见稿，2019 年 12 月，《建设指南》形成了送审稿。

根据《行动计划》中建立船舶智能制造标准体系的相关要求，基于船舶总装建造的特点，对接国家智能制造标准体系，将船舶智能制造标准划分为“基础共性”“关键技术”和“船厂应用”三项大类条目，将“关键技术”条目细分为“互联互通与系统集成”“新一代信息技术应用”“智能服务”和“智能工厂”等中类条目。船舶总装建造智能化标准体系结构如图 8-2 所示。

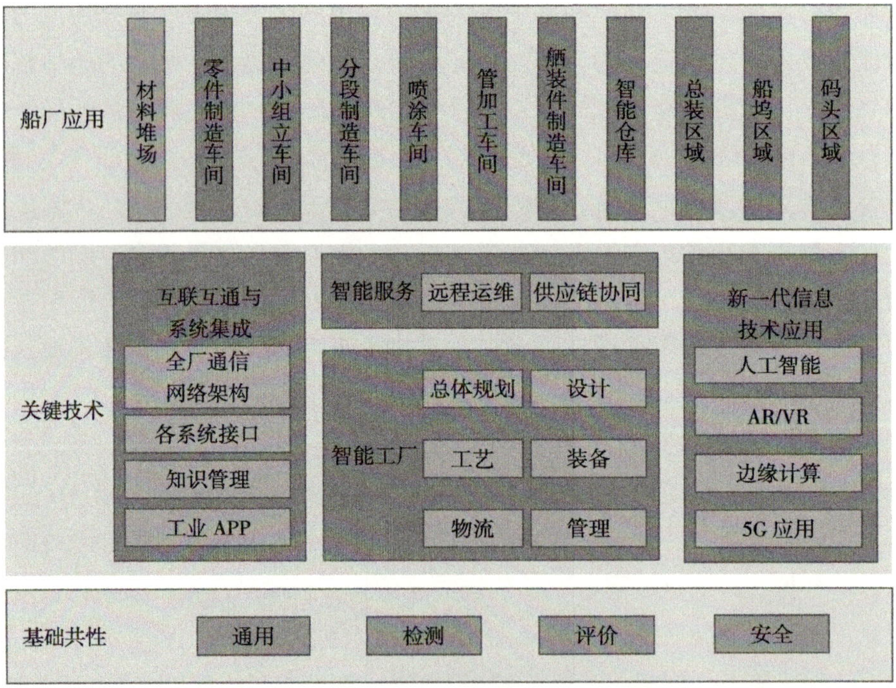

图 8-2　船舶智能制造标准体系结构

在船舶智能制造重点标准制定方面，自 2015 年以来，工业和信息化部作为行业主管部门，在“智能制造综合标准化与新模式应用项目”建设方面，组织开展了船体零部件智能车间物流、分段焊接智能车间参考模型、柴油机关重件智能船厂及数字化车间集成、智能车间互联互通、机电设备车间远程运维及运行管理、大型船舶工艺设计与仿真等 11 项课题研究，形成了 30 余项标准草案并完成了试验验证；在“高技术船舶科研项目”建设方面，组织开展了智能船厂顶层架构、船舶智能化设计、集成应用、智能车间互联互通、分段制造车间执行管控等 7 项课题研究，形成了相关指导性技术文件，并在船舶智能制造综合管控、关键共性工艺等重点领域形成了标准草案。

目前，船舶行业所开展的船舶智能制造标准研究，主要聚焦于焊接车间模型、工艺设计仿真等关键“点”，全面覆盖了《行动计划》规定的重点领域，解决船舶智能制造在基础、关键共性技术配套标准尚存在较大缺口与空白的问题，以满足船舶总装智能制造的设计、生产、管理一体化发展需要。基于我国船舶工业仍处于数字化制造起步阶段的发展现状，以及船舶智能制造的跨领域、跨行业和高度集成、系统融合等特点，亟须对照《行动计划》和《建设指南》要求，以“需求牵引、问题导向、急用先行、注重实效”为原则，重点围绕智能车间，开展船舶智能制造的基础共性、智能设计、智能工艺、智能装备、智能管理、互联互通和总体规划等标准研究，并开展相关标准的试验验证平台建设，支撑产业发展。我国目前已立项的智能制造综合标准化项目见表 8-1，与智能制造相关的高技术船舶科研项目见表 8-2。

表 8-1　我国目前已立项的智能制造综合标准化项目

序号	项目名称	牵头单位	项目周期
1	大型船舶分段焊接智能车间参考模型研究	中国船舶重工集团公司第七一六研究所	2015—2017 年
2	海洋工程装备及高技术船舶智能制造综合标准化试验验证研究	上海船舶工艺研究所	2015—2017 年
3	海洋工程装备智能制造综合标准化试验验证	上海振华重工（集团）股份有限公司	2015—2017 年
4	船体零部件制造智能车间物流标准及试验验证研究	中国船舶工业综合技术经济研究院	2016—2018 年
5	船海工程机电设备智能装配车间运行管理标准	武汉船用机械有限责任公司	2016—2018 年
6	船用柴油机关键配套件智能工厂标准及试验验证	重庆船舶工业公司	2016—2018 年

（续）

序号	项目名称	牵头单位	项目周期
7	大型船舶设计工艺仿真与信息集成应用标准及试验验证	中国船舶重工集团公司第七一六研究所	2017—2019 年
8	船舶与海洋工程智能制造车间互联互通标准及试验验证	中国船舶重工集团公司第一四研究所	2017—2019 年
9	面向船舶管系加工的数字化车间集成标准研究与验证	中国船舶重工集团公司第七一六研究所	2018—2020 年
10	船舶柴油机关重件行业数字化车间集成标准研究与验证	中国船舶重工集团公司重庆船舶工业有限公司	2018—2020 年
11	航海工程机电设备核心产品远程运维关键技术标准研究与验证	武汉船用机械有限责任公司	2018—2020 年

表 8-2　与智能制造相关的高技术船舶科研项目

序号	项目名称	牵头单位	项目周期
1	智能船厂顶层架构及生产物流环节的应用研究	中国船舶工业综合技术经济研究院	2015—2017 年
2	船舶智能制造技术集成应用研究	上海船舶工艺研究所	2017—2020 年
3	面向智能制造的船舶设计技术研究	沪东中华造船（集团）有限公司	2017—2020 年
4	互联互通的船舶车间智能制造基础平台开发	上海交通大学	2017—2020 年
5	船体分段智能车间制造执行管控技术研究	上海船舶工艺研究所	2018—2020 年
6	船舶智能制造关键共性工艺研究	中船黄埔文冲船舶有限公司	2018—2020 年
7	船舶分段智能制造装备解决方案及关键共性技术研究	上海船舶工艺研究所	2019—2021 年

上述工作为我国的船舶智能制造发展奠定了良好基础，但我国的船舶智能制造仍处于数字化起步阶段，在当前船舶市场仍处于深度调整期，同时国际造船业不断向高端、智能和绿色发展的大背景下，需要进一步夯实智能制造基础、加强制造技术与信息技术融合、推进生产线智能化升级改造，探索开展智能船厂建设，建立智能服务与工业互联网生态体系，向造船强国不断迈进。

3. 国内外对比分析

目前，国外先进制造企业的制造水平已处于“工业 3.0”阶段，正向“工业 4.0”迈进。通过广泛应用数字化技术和自动化装备，国外的先进制造企业实现了精益生产和现代化企业管理，并积极探索物联网、大数据和人工智能等新一代信息技术与先进制造技术的融合，而我国船舶行业的骨干制造企业的整体制造水平还处于“自动化补课、数字化普及”阶段，介于“工业 2.0”与“工业 3.0”之间。经对比分析，我国船舶行业的造船技术与日本、韩国以及欧盟等的差距主要体现在四个方面：一是三维数字化设计能力严重不足；二是船舶建造装备与系统的自动化、智能化水平低；三是造船过程管控缺少有效的数据支持；四是制造技术与信息技术的融合度、集成度低。

（1）三维数字化设计能力　全三维数字化设计是船舶智能制造的一个重要特征。与二维设计相比，三维设计能够构建包含设计信息、图样审查信息、工艺信息和运维信息等要素的三维模型，打通船舶全生命周期数据链，实现船舶设计阶段的模型重用，显著提高设计效率。

目前，欧美的船舶智能设计已经能够满足智能制造的需求，逐渐进入一体化设计阶段，把概念设计、详细设计及生产设计紧密地结合起来，提供面向船舶全生命周期的数据模型，包括在数字化及三维平台上开展的船舶设计和工艺设计，在虚拟环境下的结构、性能计算仿真与验证，制造过程的工艺仿真和配置，服务过程的运行优化和维修仿真。智能化地执行分段建造、焊接和涂装等任务，最终完成智能化生产，达到了标准统一、信息统一和数据安全精准的智能设计水平。

在三维设计软件和模型方面，日本和韩国的先进船舶企业已经自主开发了相关三维设计软件，或在成熟软件平台的基础上进行二次开发，开展了船舶全三维数字化设计的相关探索。日本联合造船已经开发了多款计算机辅助设计软件，基本实现了三维计算机辅助设计，构建了计算机集成制造环境，船舶从基本设计到生产准备阶段都基于统一的三维模型。此外，为了便于现场作业人员更好地理解设计图，日本联合造船还开发了三维作业指导系统。该系统可在计算机或移动终端上以三维图像的形式显示作业顺序，并对船体结构、舾装件的尺寸和工艺信息等进行标注，不仅提高了现场作业效率，而且还实现了现场作业的无纸化。

我国的船舶设计已经实现了数字化，但我国大部分船厂的设计图、送审图主要还是二维图，详细设计与生产设计的融合度不高，存在重复建模的现象。对基于统一三维模型作为单一数据源的研究不够深入，船舶产品的设计缺少科学的工艺设计优化手段，无法进行三维工艺设计验证，致使装配中是否干涉、装配顺序是否合理、工装设备是否满足需要、操作空间是否开敞等一系列问题在建造阶段才暴露出来；并且生产现场高技能熟练工人的紧缺，对工艺设计的深度和工艺信息的标识提出了更高要求，如二维图仅对中间产品的最终状态给出了要求，而对工艺过程缺乏详细、规范的指导，实际生产者对工艺的理解与设计者的意图可能不一致，很多时候还存在边思考边施工的现象，致使返工频发，产品质量和精度难以一次保证。另外，设计中应用到大量的国内外船舶设计软件，而各软件又相互独立，容易形成信息孤岛，无法形成统一的集成平台。

（2）船舶建造装备自动化、智能化程度　为了提高船舶建造效率和自动化水平，日本、韩国的船舶制造企业开发了大量的自动化造船工艺装备，建立了相关自动化生产线，生产制造具有较高的自动化、数字化和智能化水平。例如，日本联合造船在部件焊接和分段焊接环节建成了自动化生产线，应用了大量焊接机器人，焊接机器人之间能够实现干涉检验，生成最优的焊接数据；分段自动化生产线由16台焊接机器人组成，实现了焊接间隙自适应控制和弯曲接头自动焊接，显著提高了焊接效率。

在船舶建造装备应用方面，日本、韩国的船舶制造企业基本实现数字化和智能化，而我国的船舶制造企业在切割、成形、焊接和涂装等作业方面基本以机械化、半自动化为主。目前，日本、韩国先进船舶制造企业的建造自动化率可达68%，甚至更高，但我国骨干船舶制造企业的焊接自动化率最高仅为20%。在打磨作业环节，国外的船舶制造企业已采用了自动化装备，而我国大多数船舶制造企业还采用手工作业方式，此外，在生产流水线作业方面，我国与日本、韩国的船舶制造企业的差距更加明显。在钢材预处理、型材切割、管子、T形材、小组立、中组立、拼板、平面分段和曲面分段建造过程中，日本、韩国的船舶制造企业已经实现智能自动化流水线及数控自动化流水线作业，而我国只有刚性需要自动化流水线作业时才采用；同时，在中组立焊接方面，国外的先进船舶制造企业已实现智能化焊接，而我国船舶制造企业基本上是手工作业。在区域涂装技术方面，我国的船舶涂装工时消耗率为$0.85h/m^2$，日本则为$0.25h/m^2$，在油漆材料消耗方面，我国是日本的1.24倍。常石造船株式会社正在利用虚拟现实模拟技术来升级涂装工艺。使用大型荧光屏、3D眼镜和喷枪，对屏幕投影的船体虚拟现实画面进行涂装作业，通过分析作业后的画面来判断涂装是否均匀，将结果和改善区域反馈给工人。我国的骨干造船企业中国船舶外高桥造船有限公司，在涂装作业的发展过程中，从最初的模拟喷水，到完成自动涂装，再到完成自动涂装机器人控制系统及整体结构的升级换代，最后实现了“第四代”爬壁涂装机器人的正常喷涂作业。基于上述对比，我国的船舶制造企业在推行智能制造技术方面，需对标找差距，补齐短板。

（3）造船过程的管控水平　在数据支持及技术融合方面，随着信息技术的广泛应用，数据量爆炸式增长，企业各方面数据的积累十分迅速。日本、韩国的船舶制造企业本来就具有很高的管理水平，近年来随着物联网、大数据和人工智能等新一代信息技术的发展，日本、韩国的船舶制造企业开始将这些技术应用于造船管理，进一步提高了管理的精细化水平和效率，并且管理范围逐渐从企业内部延伸至供应链上游的配套企业。在生产管理方面，日本船舶技术研究协会（JSTRA）开发了船厂可视化系统；在物资和设备管理方面，大宇造船海洋工程有限公司于 2016 年开发了基于物联网的智能标签位置管理系统；在供应链管理方面，2018 年大宇造船海洋工程有限公司与其配套供应商 Fine Heavy Industries（FHI）联合建成了基于物联网的自动化制造系统。

在设计、制造和管理等方面，我国船舶制造企业面临着知识匮乏的挑战，在面对信息系统形成的海量数据时，我国船舶行业当前的信息采集方法、数据分析方法、处理方法、技术以及系统等均无法满足实际需求，无法在数据中寻找具有应用价值的信息。另外，当前我国船厂数量庞大，规模不一，在行业之中还没有形成有效的联合体以及产生聚集效应，在造船过程中缺少有效的数据支撑，造成部分船厂只能进行中低附加值的船舶制造，部分船厂的制造质量无法达到标准要求，产生重复返工等问题。同时，企业缺乏智能化的综合管控手段，不具备量化的精益管理能力。

（4）制造技术与信息技术的融合程度　信息通信网络是构建智能船厂的基础，日本、韩国的船舶制造企业尤其是韩国的三大船厂在通信网络搭建方面一直走在行业前列。为适应船厂大量钢结构干扰通信网络的特殊环境，韩国三大船厂结合各自厂区情况，采用不同组网方式，实现了全厂区的无线网络覆盖。韩国现代重工集团于 2009 年开始在厂区搭建 WiBro 网络，WiBro 网络是基于韩国通信标准的网络，相比无线局域网和 3G 网络，WiBro 网络在覆盖范围和支持移动设备方面更具优势。三星重工业株式会社针对船舶内部封闭舱室和外场作业环境构建了高速无线网络。大宇造船海洋工程有限公司于 2011 年 12 月联合韩国 SK 公司，在巨济岛玉浦船厂的 400 万 m^2 厂区内构建了覆盖全厂的 LTE 通信网络。通信网络的建立，能够在制造环节中有效应用信息通信技术，实现高效生产和精益管理。

目前，我国船舶制造业仍处于数字化制造起步阶段，一些地方船厂在共性技术、基础部件和关键系统供给方面能力不足，同时担心智能化转型会增加当前的成本压力，因此，船厂的网络架构尚未建立，智能制造仍处于起步阶段。在信息化建设方面，有的企业的制造执行系统（MES）应用深度不断加强，有的企业则由于资金及其他技术条件限制，MES 应用深度远远不够，有的企业仅对 MES 的部分模块或子系统进行了开发，还没有覆盖造船的整个业务过程，与日本、韩国等造船先进企业的信息化水平相比还存在较大差距。我国船舶制造业的智能制造水平与先进造船国家的对比情况见表 8-3。

表 8-3　我国船舶制造业的智能制造水平与先进造船国家的对比情况

序号	领域	细分领域	先进国家的技术	中国的技术
1	三维数字化设计能力	协同设计	概念设计、详细设计及生产设计的有机融合（欧美及日韩）	详细设计和生产设计融合度不高，存在重复建模的现象
2		数据交换、三维出图	从基本设计到生产准备阶段都是基于统一的三维模型，同时开发了三维作业指导系统（日本）	对基于统一三维模型作为单一数据源的研究不够深，大部分船厂的设计图、送审图主要是二维图
3	装备自动化、智能化程度	自动化率	日韩先进船舶制造企业的建造自动化率可达 68%，甚至更高	骨干船舶制造企业的焊接自动化率最高仅为 20%
4		构件打磨	国外船舶制造企业已采用了自动化装备	大多数船舶制造企业还采用手工作业方式
5		钢材预处理、型材切割、管子等分段建造过程流水线	日韩船舶制造企业已经实现智能自动化流水线及数控自动化流水线作业	只有刚性自动化流水线作业时才采用
6		中组立焊接	先进船舶制造企业已实现智能化焊接	基本上是手工作业
7		涂装、表面清理	开发基于虚拟现实和增强现实的虚拟涂装作业系统（韩国常石造船株式会社等）	骨干企业应用爬壁涂装机器人、激光清洗机器人
8	造船过程的管控水平	生产管理	日本船舶技术研究协会（JSTRA）开发了船厂可视化系统，对生产资源、作业进度和工作人员位置等进行跟踪	信息采集方法、数据分析方法、处理方法、技术及系统缺乏
9		物资和设备管理	基于物联网的智能标签位置管理系统（韩国大宇造船海洋工程有限公司），加快信息技术应用	逐步开展编码标识、物料定位等技术研究，缺乏智能管控手段
10		供应链管理	基于物联网的自动化制造系统（大宇造船海洋工程有限公司）	开发形成了船舶工业云平台（中船互联工业有限责任公司）

（续）

序号	领域	细分领域	先进国家的技术	中国的技术
11	制造技术与信息技术融合	船厂网络	日韩尤其是韩国的三个船厂实现了无线网络覆盖，利用新一代信息技术加强管理。韩国现代重工集团开发了基于5G网络的先进智能工厂解决方案	骨干企业探索开展5G+邮轮设计生产协同、生产制造、物流供应链、现场管理，但大多数船厂的网络架构尚未形成，制造执行系统（MES）应用水平不一

4. 我国船舶行业智能制造的关键短板

（1）智能化设计水平有待提升　船舶产品协同设计能够实现船舶详细设计与生产设计的集成协同，提高船舶设计的效率和质量。目前，我国在船舶产品协同设计和智能化设计方面仍处于起步和探索阶段。在智能化产品协同设计方面，存在着各单位间的模型无法自动转换，各种数据无法有效传递等问题。在智能化设计方面，存在着面向智能制造的船舶构件和工艺建模完整性不完善、三维模型作为单一数据源的工艺设计不够深入、智能装备缺少工艺数据支撑等问题，严重制约了我国船舶设计效率的提升和质量的提高。

因此，首先需要建立包含设计信息、图样审查信息和工艺信息等要素的一体化三维数字化模型，形成统一的建模规则和数据格式规范，实现船舶设计院所和建造企业之间的数字化转移、信息管理和集成的有效协同。其次，形成数字化工艺设计的完整性及三维建模规范、船体构件智能化加工规范、装配及焊接工艺设计规范、面向智能制造的产品数据管理规范等，规范和指导船舶建造过程中的数字化工艺设计，实现工艺知识建模、收集、集成和应用全过程管理。

（2）柔性化、自动化、智能化造船装备仍存在短板　可靠的智能装备是发展智能制造的基础。目前，我国的船舶制造企业在柔性化、自动化、智能化造船装备方面仍存在短板，可供使用的智能装备主要集中于平面分段和管系的焊接方面，不仅种类和总量少，适用性也有待提高。部分船舶制造企业早期从国外引进了少量先进装备，随着智能制造的持续推进，迫切需要国产智能装备的支撑。建议在以下四个方面加大推进力度：一是推进关键零部件智能加工，实现曲板、肋骨成形、管子等加工的数控化、智能化，提高建造效率与质量；二是重点推广智能焊接工艺技术、建造质量在线监测技术等的应用，支持国产化造船专用焊接机器人的开发与应用，提高船舶制造企业智能化焊接装备的国产化水平；三是不断加大生产自动化装备及生产线的应用力度，实现各类小组立部件、平面分段、曲面分段和涂装等的专业化、自动化、柔性流水式批量生产，提升生产效率；四是积极投入物流自动化装备，引进自动导引运输车、搬运机器人、自动分类等自动化、智能化装备，提高船舶制造企业物料、部件和分段等的装卸、输送能力及效率。最终实现建造过程的全面自动化、智能化，大幅提升建造质量和效率，显著改善劳动作业环境，降低对人员健康的损害。

（3）制造车间亟待智能化改造升级　我国船舶行业的智能化车间建设仍处于技术攻关阶段，尽管个别船舶制造企业通过引进国外技术和设备建设了 LNG 船数字化车间、船舶分段制造数字化车间、船舶智能管加工车间生产线等智能制造单元 / 生产线，但关键核心技术受制于国外公司，智能制造单元/生产线的总体规划设计缺乏整体考虑。因此，需要加强智能化车间的总体规划和建设，一是持续优化造船工艺流程：以船舶制造的加工、配送、装配、焊接和涂装等关键工艺环节为重点，推进车间总体设计、工艺流程及布局的数字化建模，实现物流与信息流的有机统一；结合与生产工位功能相匹配的专用工装和自动化、智能化装备，构建人员、设备与信息相协调的生产工位；运用大数据技术对生产过程中不断产生的海量数据进行分析挖掘，实现造船工艺流程的持续优化和改进。二是加快中间产品智能生产线的建设：以船舶分段制造为重点，强化底层设备的数字化、网络化改造，全面推进船舶中间产品流水线的数字化、智能化升级改造与建设，逐步实现零件、小组立、中组立、平面分段和管子等中间产品的数字化、智能化流水线批量生产。三是推动数字化车间应用示范建设：推进车间互联互通平台、车间智能管控系统建设，形成集计划管理、过程协同、设备管控、资源优化、质量控制、决策支持等功能于一体的智能化车间，并在船体分段、管子加工和分段涂装等关键环节加快应用示范，树立行业标杆。

（4）制造信息互联互通与综合管控能力亟须提升　目前，船舶行业亟须解决车间层的互联互通问题，同时还须加强行业整体推进的总体设计及全过程信息感知等的建设。第一步要建设智能化车间，构建支撑智能化车间建设的互联互通信息平台，实现车间建造过程全要素的实时感知，提升车间管控的实时性、科学性与准确性。第二步，要建设车间制造执行系统：以企业资源计划（ERP）平台为基础，加快推进智能化车间的制造执行系统（MES）建设，实现船舶车间计划、调度、设备、生产和效能的全过程闭环管理，并与企业资源计划平台实现高效协同与集成。第三步，要实现全面信息集成与大数据应用，构建数字化虚拟船厂，并形成智能船厂应用示范模式，建成智能船厂，促使造船效率和质量水平赶超日本和韩国。

（5）覆盖全产业链的生态、服务体系尚未建立　目前，船舶工艺仅在船舶动力、机电等产品开发和售后服务等环节单点开展了服务业务，数字化营销服务体系尚不健全，服务保障信息化建设相对滞后，对客户需求及市场变化的反应滞后，客户需求无法精准、有效地反馈到研发、设计、制造和服务各环节，客户服务方式落后，用户体验功能普遍较差，对商业模式和服务模式的探索和创新亟待加强，目前的产业链生态服务体系难以有效支撑产业价值链向高端延伸。

8.2.2　发展思路

1. 指导思想

以习近平新时代中国特色社会主义思想为指导，全面贯彻党的十九大和十九届二中、三中、四中全会精神，坚持新发展理念，紧密围绕制造强国和海洋强国建设战略目标，以提升造船质量、效率和效益为核心，以全面推进数字化造船为重点，以关键环节智能化改造为切入点，促创新、补短板、强基础、推示范，促进船舶设计、建造、管理与服务数字化、网络化集成，加快提升船舶的建造技术水平，增强国际竞争力，支撑我国船舶工业由大到强转变。

2. 发展原则

（1）夯实基础，补齐短板　面向行业智能制造发展需求，完善船舶精益制造体系和智能制造标准体系，加强船厂互联网基础设施建设。围绕关键环节，补齐关键技术和柔性化、自动化和智能化造船装备短板，结合船舶制造特点，充分发挥人与机器智能协同优势。

（2）重点突破，以点带面　立足船舶建造关键薄弱环节，特别是脏、险、难工作，集中优势力量和创新资源，开展重点领域软件系统、硬件装备的研发与应用，构建船舶智能制造单元、智能生产线和智能化车间，通过示范，由点到面推进实施，带动行业技术进步与节能环保水平提升。

（3）协同创新，开放融合　构建产学研用协同创新机制，促进关键技术和工艺、智能制造装备和发展模式的创新突破。坚持军民融合、跨界融合，建立开放高效、合作共赢的智能制造生态体系，在标准制定、人才培养等方面加强国内外交流合作。

（4）远近结合，分类施策　强化顶层设计，着眼长远；加强体系布局，着眼当前急需，推动试点先行。结合造船企业自身的基础条件，选择适合的发展路径，通过填平补齐、升级改造等多种方式有序推进船舶行业的智能制造健康发展。

8.2.3 提升路径

1. 夯实船舶智能制造基础

（1）推进基础管控精细化、数字化　系统构建涵盖船舶制造全过程的中间产品体系和中间产品壳舾涂完整性标准；实行拉动式工程计划管理，制定中间产品生产期量化标准，建立适应智能化造船新模式的工时管理系统，实现量化的精益管理；构建企业造船精度补偿模型及数据库，推进以补偿量替代余量，将造船精度控制从船体搭载工序向切割加工工序、从船体工程向舾装工程延伸扩展，推进全工艺过程的无余量制造。

（2）持续优化制造工艺流程　以船舶制造的加工、配送、装配、焊接和涂装等关键工艺环节为重点，推进车间总体设计、工艺流程及布局的数字化建模，分析优化适应智能制造需求的各工序、生产线、车间的工艺流程与端到端数据流，实现物流与信息流的有机统一；结合与生产工位功能相匹配的专用工装和自动化、智能化装备，构建人员、设备与信息相协调的生产工位；运用大数据技术对生产过程中不断产生的海量数据进行分析挖掘，实现造船工艺流程的持续优化和改进。

（3）完善生产制造信息基础设施　加快推进物联网、大数据、云计算和人工智能等技术在造船过程中的应用，建设数据管理中心、高性能计算中心，强化设计、生产、管理和服务等各系统的互联互通和资源共建共享。完善工业物联网、传感网、工控网、云数据存储基础设施及其网络安全体系，加强物联感知、泛在连接、信息物理系统、IPv6 等技术应用，支撑智能车间、智能工厂的建设与实践，提升安全监测与预警能力，促进生产装备智能化升级、工艺流程改造和基础数据共享，形成高效可靠的信息化支撑体系和提升网络安全保障能力。

（4）建立船舶智能制造标准体系　以《国家智能制造标准体系建设指南》（2019 版）为基础，针对船舶、动力、机电等产品研制特点和发展需求，构建智能制造标准体系。按照急用先行原则，着重从总体规划、智能设计、智能工艺、智能产品、智能管理和智能装备等方面推进智能制造标准研究。开展智能制造关键技术标准验证与优化，形成有力的标准支撑。

2. 攻克智能制造关键共性技术和短板装备

（1）突破智能制造关键共性技术　通过应用物联网、大数据、虚拟仿真、系统协同和人工智能等技术，研发船舶智能制造核心支撑软件，构建船舶行业工业软件体系，建设具备船舶智能制造技术试验、模式演示、集成调试和虚拟仿真等功能的平台，并在典型船厂进行应用示范，建设一批具备智能制造要素和拥有智能制造技术的示范车间与示范船厂，突破船舶研发过程的协同设计、总体设计与数字化建模、船舶制造业务流与数据流优化、精益制造总体设计与系统集成/智能化工艺设计/智能管控/智能决策/互联互通、船舶智能制造核心支撑软件与智能装备研发等一系列船舶智能制造关键技术，实现精益生产。

（2）攻克关键环节的智能短板装备　针对制造过程中零部件加工、焊接、打磨和涂装等脏险难与简单重复作业过程，以及检测与装配、物流与仓储等关键环节，以船舶智能制造单元、智能生产线建设为牵引，研制一批造船专用智能制造装备，实现工程应用和产业化，支撑造船关键工序的自动化、数字化和智能化作业。

3. 推进研发、生产、管理和服务全过程智能化转型

（1）打造知识驱动的智慧院所　建立多专业并行、跨单位协同的数字化研发模式。以多专业协同为重点，以厂所协同为核心，深入研究多专业协同、厂所协同、总体所与设备/系统所协同、跨行业协同、跨区域协同等数字化协同解决方案，打通产品研发设计过程的数据集成和业务协同链路，建立并行协同研发设计模式，提高研发设计协同效率，形成产品全生命周期协同管理能力。

推进基于模型与知识驱动的智能化设计工作。围绕研发设计流程，采用知识获取、知识库建模、基于知识的工艺设计与评价、知识推送等技术，将设计原理、方法、标准和经验等知识融入各设计环节，构建基于模型与知识驱动的智能化设计集成系统，形成基于知识的规则库，促进将用户需求快速转化为产品技术方案能力的形成，提升产品的研发效率和质量。

推进多学科一体化仿真和试验验证能力建设。以提升研发创新能力为目标，强化多物理场协同仿真、数值水池等数字化分析仿真试验技术研发，突破协同仿真建模关键技术，建立设计数字化仿真和试验验证集成平台，大力提升多学科一体化仿真分析和虚拟验证能力，提升关键性能指标预测预报的准确性，缩短仿真分析周期，提高仿真分析、试验验证迭代和综合管理能力，适应产品数字化和智能化设计发展趋势，满足高附加值产品设计要求。

（2）建立精益生产的智能工厂　优先面向“简单重复、苦脏累险”作业过程，构建智能制造单元。充分结合船舶行业特点，围绕切割、冷弯、焊接、涂装和管子加工等重点生产环节，对现有机械化、半自动化等设备进行数字化、智能化改造，自主研制或引进新一代数字化装备单元与控制系统，开展设计集成、工艺革新，推进高效、精准、复合型智能单元的研发和应用，提升制造装备与单元的状态感知、实时分析、自主决策和精准执行能力，缓解高技术、高危险、高污染“三高”工种人力短缺现状，提升生产效率和质量。

形成高度自动化与柔性化的中间产品智能生产线。瞄准中间产品建造关键环节，在型钢自动切割、条材自动加工、部件装配、框架组立、管子加工和装配等方面开展试点，围绕单项/多项生产工艺流程中的“数据采集－状态监测－精准执行－反馈控制”过程，建设完善设备实时数据采集系统、在线质量视频检测系统和高效生产线仿真与智能物流系统，开展智能能源管理与智能安全生产监控研究及平台建设，推进关键加工工序的数字化水平提升，实现工装自动化、工艺可视化、控制智能化和管理精细化。

形成高效集成化的智能车间。围绕中间产品的连续生产过程，加快现场总线、以太网、物联网和分布式控制等技术的应用，建立车间级网络、系统集成智能生产线与设备单元，构建虚实一体制造信息物理系统，以制造大数据和知识重用为基础持续优化车间制造过程，形成涵盖智能单元、智能生产线、数据采集与感知、智能管控系统等完整高效的智能车间。

建设高质量运行的智能工厂。重点围绕船舶建造交付全过程，全面构建互联互通的智能化生产系统、网络化分布生产设施，打造连接分段加工、冷弯加工、涂装加工、总组和码头作业等的智能车间，建设厂级闭环集成的信息采集、执行响应、过程仿真、产品检测、质量检验和分析及生产物流等系统，在人－机协同条件下，实现船舶建造设备的网络化、生产数据的可视化和生产过程的透明化。

（3）推进研发、生产、管理和服务智能化集成协同　建立面向研发、设计、制造、运维与服务全过程的横向协同体系。依托基于三维数字化模型的单一数据源，打通各成员单位数字化辅助设计（CAD）、产品数据管理（PDM）、企业资源计划（ERP）管理、制造执行系统（MES）和维修保障（MRO）系统等的数据集成链路，优化和完善生产计划调度排程系统，形成快速响应生产计划变化的能力。实时检测生产资源、产能分布和负荷状况，确保数据交互和共享的实时性、准确性、一致性，建立产品全生命周期的高效业务协同能力。

建立广泛互联、实时感知、精准执行的生产过程综合管控体系。建设企业级/车间级物联网，通过电子识别、无线定位等技术，建立基于移动终端的任务派工与反馈、生产准备及精准物流配送管理模式，提高资源的利用率和计划实施的可控性，增强车间制造过程的优化调度与追溯管控能力。构建基于大数据的车间制造执行系统、企业精益管控平台，实现基于数据分析的生产过程动态可视化监测跟踪，提高精益生产能力和水平。

建立“互联网+”船舶供应链协同管理云平台。针对船舶建造过程中供应商多、物品繁杂、计划多变和管理成本高等现状，以推进智能制造和构建行业产业供应链协同平台为目标，重点重塑供应链环节中的供方协同、设计协同、计划协同、资料协同、采购协同、配送协同和结算协同等核心业务，探索船舶供应链协同管理新模式，开展标准规范和软件开发等相关研究，实现物品编码的标准化，建设“互联网+”船舶供应链协同管理云平台。以物联网技术、移动应用和大数据分析等技术，提高资源的利用率和计划的正确性、可控性，为船舶供应链上下游企业实现资源共享、过程统一控制、协同管理和协同决策等提供支撑，全面提升企业的智能制造水平。

4. 加快产业发展模式由生产型制造向服务型制造转变

（1）发展售前和售后服务新模式，构建开放的智能全球服务体系　提升展示推广、市场分析和为客户画像能力，以挖掘深层次的客户需求。对接国际海事组织等标准化、航运公共信息服务组织，借助大数据、物联网、云计算和移动应用等技术，搭建售前集展示推广、市场分析和为客户画像于一体的数字化市场营销平台。将船舶的营销范围向产业链周边拓展；动力装备、机电设备的营销范围则向前拓展至设计阶段，向后延伸至运行数据分析阶段。主动挖掘和引导客户需求，提升产品的内涵和市场竞争力。建立网络服务平台和搭建移动应用系统，创新与客户的互动方式，以便快速响应市场需求，实现精准化、高效化的体验式营销。

构建数字化售后服务和综合保障体系。探索智能化管家式服务新模式，推动以产品为中心向以客户为中心的服务模式转变，建立主体企业和支撑企业相辅相成的售后服务和综合保障机制，为客户提供预测性服务，实现基于模型的产品全生命周期数字化履历管理，提供交互式电子手册和智能化排除故障引导服务，发展涵盖产品运行数据采集、在线监测、计算分析、远程诊断和专家支持等内容的远程运维服务，形成产品全生命周期和全方位服务保障能力。

（2）打造智能物流和供应链体系　推进供应链精准管理，建立船舶物品标识规范，支撑船舶设计、建造和售后全生命周期的物流跟踪、质量追溯和售后保障。大力推进供方数字化仓储与船舶产品建造保障服务平台集成，实现智能物流管控和仓储物流信息透明化、配料智能化和送货规范化。通过物联网、云计算和移动互联网等技术的应用和信息平台的建设，实现航运公司、船舶建造方、各类厂商和政府等相关方的信息互通和业务协同。开展工业大数据智能分析，推进物流和供应链智能优化，促进整体效能提升。

（3）创新商业模式和服务模式，发展面向智能产品的增值服务　加强造船产业链信息集成，加快客户关系管理、供应链管理、远程运维服务等服务平台的建设与应用，打通船东、设计公司、船检、动力装备供应商、机电设备供应商及相关供应商间的信息链条，推动产业链协同创新和生态化发展。创新船舶行业研发、制造、试验和服务全过程的数据采集、开发及服务交易机制，以信息与知识服务为重点开展增值服务创新，实现新的价值创造。以船舶动力等典型智能产品为对象，建立“数字孪生”模型，提高产品的在线数据采集、分析和动态反馈能力，发展在线监测、运行优化、远程运维等增值服务，拓展产品价值空间。

5. 打造工业互联网平台和生态体系

（1）加快工业互联网基础设施建设　开展网络基础设施升级改造，加强物联网、互联网和移动网络等的集成技术研究和标准制定，形成支撑人机物互联的低时延、高可靠性、广覆盖的工厂网络基础设施建设模式。构建工业互联网信息安全体系，保障设备、网络、数据、应用和管理安全，提升工业互联网的安全防护能力。

（2）建立支撑智能化生产和产业链各环节协同运行的高端专用装备工业互联网平台　以造船模式升级和企业提质降本为目标，开展工业互联网平台关键技术研究和攻关，构建高端专用装备工业互联网平台，为产业链上的用户提供开放的应用与开发环境，推动产业链各环节协同运行，支撑工业数据在设计、工艺、生产、管理和服务等环节的流转和贯通，打造具有生产管控、产业链协同、制造物联和工业电商等功能的应用系统，支撑企业智能化生产和产业链协同运行。

（3）打造工业互联网生态体系　整合集聚、开放和共享各类要素资源，推动制造资源对接和优化配置，打通产业链上下游信息流、业务流和资金流，推动产业链协同创新和生态化发展。依托工业互联网产业联盟和各级政府，以船舶产业链为重点，推动产业链上下游企业的工业互联网应用普及，构建工业互联网生态体系。

8.3 民爆行业

8.3.1 现状与趋势

1. 国外发展现状

国外将工业炸药分为炸药和爆破剂。近年来，随着经济的发展，炸药等民爆品的需求量逐年递增，国外民爆行业发展迅速，铵油炸药、含水炸药、硝铵炸药和硝甘炸药等工业炸药在不断改进中得到了迅速发展，在配方技术、性能指标和制造工艺水平等方面均有较大的提升。硝酸铵是工业炸药的基本原材料，广泛用来生产各种工业炸药。在美国，以硝酸铵为基的炸药产量占工业炸药总产量的99%。

目前，在世界民用爆破器材领域中，挪威的戴诺－诺贝尔公司和澳大利亚的奥瑞凯公司已成为工业炸药界的“两大巨头”，其工业炸药的生产技术与产品具有国际领先水平。

（1）工业炸药生产装备　工业炸药广泛用在岩石与矿石的开挖和破碎、建筑物的爆破拆除、金属的爆炸加工等领域。国外工业炸药生产的集中度较高，单个工厂的生产规模较大。工业炸药生产装备产能大，设备可靠性高。例如，美国的迪博泰（TipperTie）装药机，产能大，装 ϕ32、ϕ35 药卷的产能可达3.6t/（h•台），但缺点是价格高，包装成本高。目前，德国的保利卡装药机在我国的应用效果较好，但是其装小直径药卷的产能小，包装成本高。

（2）工业雷管生产装备　由于工业雷管的生产事故高发，美国、欧盟等发达国家或地区早在20世纪80年代就已使用了雷管装填人机隔离自动化生产技术。其中，代表性的生产线为比利时拉休斯公司制造的218型基础雷管生产线，采用圆盘式单发装填雷管生产工艺，单台设计产能为3 600发/h基础雷管。目前，发达国家应用基础雷管人机隔离、自动化、连续化装填技术较为普遍。

（3）生产车间/工厂情况　我国专家考察了美国奥斯汀红钻石工厂的乳化炸药车间、重铵油炸药车间、起爆药车间、导火索车间、理化分析试验室、废品销毁场等，以及其露天爆破现场、钻孔车、现场混药装药车、非电导爆管的现场连接等，发现其具有如下特点：

1）生产工艺先进，自动化程度高。例如重铵油炸药车间采用计算机控制和数据处理技术，管理现代化，每班只有3个人工作，却可以生产ANFO炸药20t、小包装炸药5t，生产效率很高。

2）理化检测设备先进，检测手段齐全，实现了快速检测和计算机处理数据，检测结果准确可靠，完全可以满足质量控制需要。

3）生产现场除了安装了安全监控和报警系统外，还装备了自动雨淋灭火等消防设施，在预防火灾爆炸事故方面起到了重要作用。

4）工厂总平面布置符合安全规范规定，危险工房周围设有防护屏障，并且相互之间留有足够的安全距离，消防管网和消火栓等设施齐备，工厂厂区绿树成荫、整洁文明。

综上所述，国外民爆行业的智能化生产设备较齐全，拥有很多应用于车间控制层面的智能化生产技术，已经初步具备了向智能制造迈进的基础。

2. 我国发展现状

（1）民爆行业整体发展情况　当前，我国民爆生产企业均建立了厂内总监控室和各生产线监控室，已将危险岗位的视频监控系统接入全国网络平台，接受监管部门的远程监督检查；部分企业建立了内部信息化管理系统，实现了生产经营的远程管理。56 家企业引进了 172 台智能包装机器人，应用于炸药包装工艺环节；部分起爆具生产线已采用自动加料、混合和注药等自动化生产方式。

虽然我国民爆行业近年来生产装备的连续化、自动化水平有明显提高，但仍处于起步阶段，大多数炸药生产厂家还没有进行自动化改造，有些厂家还在使用手工装药设备。雷管和索类生产也是手工作业的厂家多。我国的全连续化、自动化生产水平与国外相比差距大，迫切需要进行安全技术改造和技术升级。

根据《民用爆炸物品品名表》的分类，民用爆破器材包括工业炸药、工业雷管、工业索类火工品、其他民用爆炸物品和原材料 5 大类 59 个品种。本书主要对工业炸药（以乳化炸药为主）、起爆具、工业雷管、导爆索 4 种主要产品的生产技术装备现状进行分析。

（2）重点细分行业智能制造发展现状

1）工业炸药分行业的智能制造发展现状。目前，我国的工业炸药类产品种类繁多，主流产品为乳化炸药，主要分为胶状乳化炸药和粉状乳化炸药，两者的生产工艺流程大致相同，均采用连续化生产线方式进行生产。胶状乳化炸药的生产工序主要包括原料制备、乳化、敏化、冷却、装药、包装和码垛中转等工序；粉状乳化炸药的生产工序主要包括原料制备、乳化、喷雾制粉、装药、包装和码垛中转等工序。目前，由各工序设备组成的乳化炸药生产线已能够进行自动化生产，尤其是水油相制备设备、乳化设备、敏化设备、冷却设备和喷雾制粉设备已经实现了全自动化和无固定人员操作。整条生产线也具有统一的控制系统和自动监控系统、安全系统等，在监控室中能对设备整体运行进行集中监控。我国较先进的乳化炸药生产工艺流程及自动化情况如图 8-3 所示。

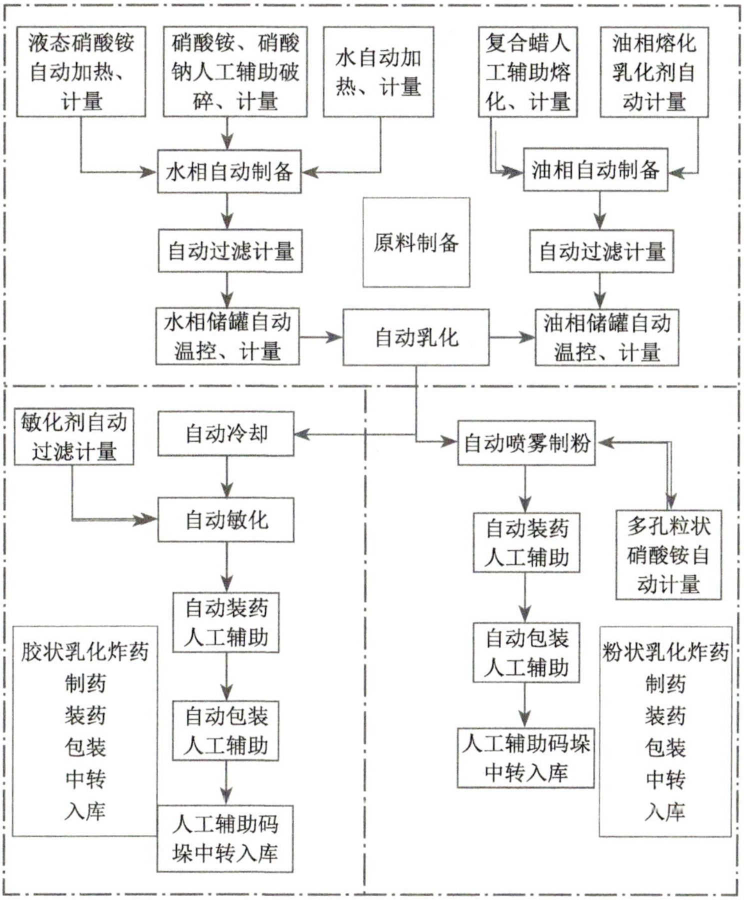

图 8-3　乳化炸药生产工艺流程

在我国较先进的全线自动化连续生产过程中，能够实现各主要节点溶液温度的自动调节、流量自动配比跟踪，主要工艺参数全程监控，基质液位高低监控，超温、超压、断水、断流、振动、过载和异声自动报警，全线安全联锁停机等自动化生产功能。

①乳化炸药各生产环节的人工辅助情况分析。乳化炸药生产线虽然实现了全线自动化生产，但自动化程度还需要进一步提高，并且只有达到智能化、无人化的程度才能真正实现生产本质安全。虽然有些高危生产工序实现了自动化和无固定人员操作，但在装药与包装工序，自动化设备的运行仍离不开人工辅助。尤其

是最危险的装药工序，其技术水平有待进一步提高，目前每台装药机前必须有人工辅助，该工序未能实现有效的人机隔离。另外在固态硝酸铵、硝酸钠的破碎计量供料，石蜡的计量供料，药卷的自动包装，以及码垛、中转、入库等方面目前也都需要人工辅助。较多的人工辅助作业会影响产品质量并带来安全隐患。

②乳化炸药企业的生产管理监控信息化情况。在生产工艺信息化方面，生产线均设置了生产监控室和企业中心监控室，采用信息集散控制系统对生产过程进行分散控制和集中管理，实现对温度、压力、液位、流量和振动等生产工艺参数及设备运行状态数据的采集与控制。采用工业控制计算机作为监控站，利用工业组态软件进行系统组态，通过动态生产工艺流程图、回路控制棒状图、工艺参数报警画面、参数设定修改画面、历史数据趋势曲线、系统故障自诊断等功能。实现了生产过程的监控和管理。控制系统对温度、压力、液位、配比流量、电流、振动和异声等关键参数实行超限报警和紧急停车控制，以提高产品的质量及生产的本质安全性。实时视频监视系统对生产现场的画面进行实时传输和录像，实现远程监视，可基本掌握现场设备和人员的工作状态。

企业安装“民爆行业生产经营动态监控信息系统”后，可将生产数量、库存数量及产品流向即时上传至该系统，视频监视系统将生产线的现场情况 24 小时不间断地上传至该系统。

将生产线自动控制系统、安全联锁自动停机系统、视频监视系统和门禁系统集成为一体，以便实现人、机、线和车的全方位智能化、信息化监控。实现了生产过程数据的自动收集、自动上报和保存，原材料至半成品信息的收集、整理，产品质量信息的可追溯。生产过程中对关键设备、危险工序进行全程监控，若发现设备异常立即报警，并通过全线联控系统、安全联锁的生产方式实现设备故障的自诊断。生产工房门禁系统实现无人值守，对进出工房的人员进行自动识别和筛选。

2）工业雷管分行业的智能制造发展现状。工业雷管生产线经过近几年的生产安全技术改造，自动化程度和安全性得到了大幅度提高，尤其是工业雷管装填线实现了自动排管、自动补药、药剂自动回收、自动计量装药、自动压药、模具自动传送、自动排加强帽、自动松管、自动在线检测药的高度、自动在线剔除废品和自动收盒等功能，具有全过程智能化控制、安全监控功能。但装配、包装工序仍采用人工辅助生产模式，且装配、包装工序的操作人员密集，安全隐患大。

工业雷管由雷管和药剂组成。雷管产品主要有工业电雷管、导爆管雷管、数码电子雷管。药剂产品主要有起爆药、点火药、延期药。下面介绍雷管生产的工艺流程。

工业雷管生产线的生产过程分为两部分：工业基础雷管的装填过程和工业雷管的装配过程，因工业基础雷管的装填过程已经实现自动化和人机隔离，下面重点说明工业雷管的装配过程。

工业雷管装配生产线的生产流程是：半成品雷管经检查合格后与电（子）引火元件（分切好的导爆管）进行卡口装配，再数数、装盒、装袋、封口、装箱、扫描后封箱，最后送入库房贮存。导爆管雷管装配生产工艺流程如图 8-4 所示。

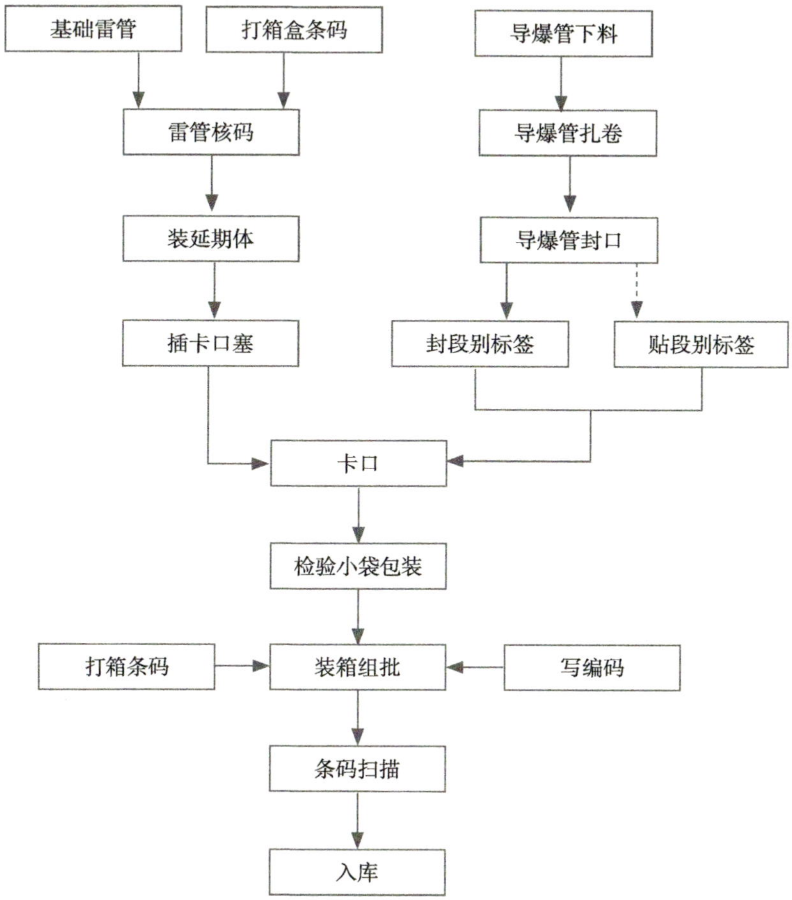

图 8-4　导爆管雷管装配工艺流程

注：虚线为两头装导爆管雷管。

①工业雷管各生产环节的人工辅助情况分析。目前正在使用的基础雷管人机隔离自动化生产技术存在的主要问题有：一是基础雷管装填生产线全程自动化程度不高，需要综合考虑外围辅助工序：如延期体排管、成品外观检验、成品收集装盒、成品转模等方面的自动化、人机隔离等问题。二是工序内、工序间、传送带、传递通道、工装和模具在防浮药、防静电、防殉爆方面的技术和管理措施需要改进和加强。三是半成品、装药计量、压药压力、药的高度检测、外观检查、管口裂纹、管口变形或压坏等方面的在线检测技术和管理措施需要改进和加强。四是用于自动装填生产线的药剂、零部件质量不能很好地适应自动化生产要求。五是现有的装填生产线与后续激光打码、自动卡口装配工艺过程的自动转换和自动衔接有待发展。

②工业雷管企业的生产管理监控信息化情况。控制系统：整个生产线实现了PLC控制，总控制室设置了电视墙和操作台，通过10台工业计算机对各个工序的设备运行状态和参数进行总线控制和协调，各单元既实现了独立工作又相互联系。生产线在生产时实现了对产量计数；装药工序设置有缺药声光报警、拉力检测报警系统；压药工序的油压机设有温度及压力检测报警系统；传送带间的安全防护门设有开启联锁报警装置；传送装置在排管和收模处设有防爆控制急停按钮；装药间、起爆药暂存间、压合间、药的高度检测间设有温湿度检测及控制系统。生产线主要工序的检测装置等实现了全过程监控、显示和记录管理。

3）导爆索分行业的智能制造发展现状。在导爆索生产中，已将自动倒药、制索和收卷分成三个独立的防护部分并实现了一体化联动，可自动检测药位和设备运转状况，其他工序尚未形成工序间的自动化衔接生产模式。收卷定尺裁剪、包装工序目前仍采用人工辅助生产模式，安全隐患大，因此，包装的安全技术改造意义重大。

导爆索生产线的主要生产工序包括：炸药准备—制索—挤塑—普验盘卷—组批交验—成品包装。制索工序是导爆索生产的主要工序，将炸药储药斗、制索主机和收索装置分别设在三个不同的抗爆间内，通过工业电视显示其生产状态。

工业导爆索生产线的生产流程是：用芯线、扁丝和聚酯带将猛炸药包缠后拉制、收卷，再经涂塑、收卷、盘卷、装袋、封口后，装箱包装入库贮存。

导爆索各生产环节的人工辅助情况分析。目前存在的问题是：①制索工序断线时需要人进行接线，操作工在抗爆间进行操作。②需要自动化的高精度检测装置。现有的塑料导爆索断细药装置、药位检测装置均采用机械检测装置。为了对质量缺陷进行高效率、高准确率的在线检测识别，加强半成品的质量控制，应探索自动化的高精度检测装置。③收卷定尺裁剪、包装工序目前仍采用人工辅助生产模式。

4)起爆具分行业的智能制造发展现状。起爆具生产线经过生产安全技术改造，自动化程度和安全性得到了大幅度提高，配料称重、熔化混合、自动浇注、护理、降温退模、产品收集和包装等工序也实现了全过程自动化、智能化控制。

起爆具的生产工艺步骤如下：将原料进行除杂、称量后，由提升输送装置将物料放入熔化装置中进行熔化，熔化后的物料放入混合罐中，加入固体颗粒进行混合，混合好的溶液通过放料阀放入装药机内，准备自动浇注。同时将装配组模工房内的组模工序设备自动进行壳体装配，待物料混合均匀后在注药工序进行自动浇注，完成装药后的药柱由输送机输送到护理工序依次进行梯度冷却护理，并由输送机输送到退模工序进行整体退模，由退冒口－退模－清理－贴标一体机进行自动作业。成品由传送带传送至包装工房普检工序，筛选出不合格的产品，再经自动折箱机和自动包装机进行自动装箱、自动封箱、自动码垛。最后，由转运工将包装好的起爆具成品转移至成品中。我国较先进的起爆具生产工艺流程如图 8-5 所示。

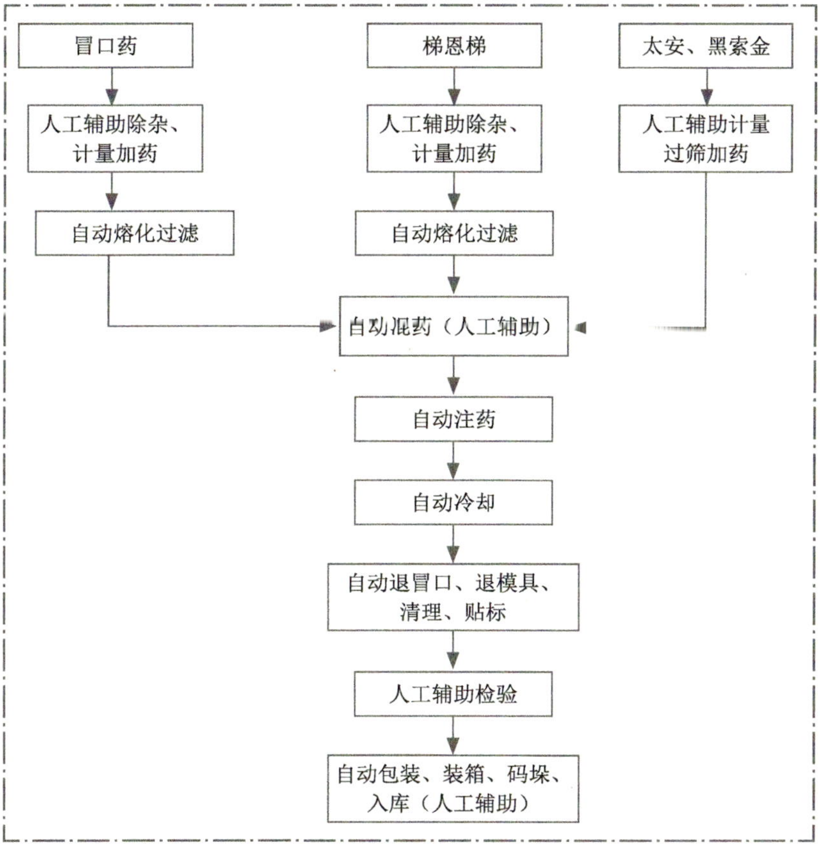

图 8-5 我国较先进的起爆具生产工艺流程

①起爆具各生产环节的人工辅助情况分析。虽然我国的起爆具生产线的自动化程度有了很大提高，但还存在一些环节需要人工辅助才能保证生产正常进行的问题。熔注工房内的熔混工序现在至少需要1人辅助原材料的筛检、计量和加料操作；尤其是高危环节的注药工位也需要1人辅助完成注药；生产线现有的自动组模系统虽然很好地取代了人，将组模工序的定员降低到1人，但生产线在批量生产时，仍然存在着需要人向壳体组装机内添加纸壳的情况；包装工序，自动化设备的运行仍离不开人工辅助；中转入库也还需要人开动叉车进行。

②起爆具企业的生产管理监控信息化情况。起爆具生产线各设备控制系统已采用可编程序控制器（PLC），具有对热工参数和运动参数进行检测、显示、记录、现场和远距离调控的功能，同时具有安全联锁功能，可以通过计算机自动和人工手动来实现对生产工艺的控制和管理。操作工可以通过人机界面完成各类参数的设定及工艺步骤的调整。PLC的功能包括：对传送装置的运行进行控制、定位检测；对各种电控气阀进行控制及位置检测；对液压驱动装置进行控制及速度检测；对热水系统的温度进行检测；自动调节高压微雾系统的湿度；对工作状态进行监视、记录，对安全连锁装置进行控制，非正常状态时启动报警停车命令等，以此实现对生产线的联动控制。生产设备智能化程度的提高，使得产品质量得到提升，极大地降低了在线操作人员的劳动强度，减少了在线操作人员的数量，优化了企业的生产结构。起爆具生产线还配备了一级监控系统、二级监控系统和三级监控系统。生产线控制室内的计算机可以显示工房内的温度、湿度、热水系统压力、液压搅拌转速等关键工艺参数，对生产线各类数据进行跟踪监控，监控画面可以实时监控生产线上的设备运行情况和工人操作情况。通过逐级监控，进一步保证生产线生产工艺的稳定性和生产活动的安全性。企业采用ERP管理系统，从生产调度、材料领用、生产、储存和出库等环节实现了信息化管理，进一步提升了企业的管理水平。

8.3.2 发展思路

1. 发展思路

以习近平新时代中国特色社会主义思想为指导，全面贯彻落实党的十九大精神，牢固树立新发展理念，以深化供给侧结构性改革为主线，深入落实《关于推进民爆行业高质量发展的意见》《民用爆炸物品行业技术发展方向及目标（2018年版）》，以安全发展为主题，引导企业重组整合，做优做强，化解低端过剩产能，增加优质供给，鼓励技术创新，推进智能制造，提升本质安全水平，实现民爆行业安全发展、高质量发展。

2. 基本原则

坚持安全发展。贯彻“安全第一、预防为主、综合治理”的方针，以智能制造促进行业本质安全生产水平的提升，严控安全风险源头，减少危险岗位作业人员，强化安全管理。

坚持并行推进。结合民爆行业不同细分领域的自动化、数字化、信息化和智能化发展不平衡特点，采用并行发展、分类指导的方式，推动重点领域率先实现突破。

坚持创新引领。建立与国际接轨的开放型技术创新体系，合作开展基础科研和关键核心技术研发，推动新产品、新工艺、新装备的开发，推进智能制造和信息化建设，带动行业安全生产、质量保障、服务水平全面升级。

8.3.3 提升路径

1. 民爆行业的整体智能化转型路径

（1）提高信息化集成应用水平并加快信息系统、体系建设　民爆行业属于流程、半流程型行业，可以借鉴其他流程型行业（化工、石油、制药等）的经验，在全行业已实现视频监视、数据传输的基础上，利用信息化、智能化改造传统生产方式，建立适于民爆行业的多层级信息系统，包括工厂级的ERP管理系统［主要是针对物资资源管理（物流）、人力资源管理（人流）、财务资源管理（财流）、信息资源管理（信息流）的高度集成系统］，以及制造执行系统（MES，主要涵盖生产线在线检测、监控体系，自动化仓储体系，质量全过程跟踪体系，自动环境监测控制及安全防护体系），实现民爆生产的少（无）人化，全面提升本质安全性。

努力提升企业的安全管理信息化水平，开展对重大危险源和关键危险工序违规违章行为的自动识别、提示和自动报警技术研究，推动企业建立生产、销售全过程信息化安全管控体系。加强企业的信息化系统集成、创新应用和与外部信息的衔接，推动企业内部信息系统之间、与下游行业信息系统之间的信息共享，提升企业的信息化集成应用水平。着重在以下几个方面加强运用推广：

1）民爆行业的“两化融合”。以企业为主体，政府积极引导，通过“两化融合”，提升民爆产品生产过程的本质安全水平。通过“两化融合”，提高民爆产品的智能制造水平，从而提升企业的本质安全水平。主要途径：①从积极预防事故发生的角度出发，利用信息技术的感知能力，及时发现民爆产品生产过程中热能、机械能等的非正常变化，并反馈给智能控制系统，通过智能控制系统及时采取措施，如减少或停止供料甚至停机等，降低事故发生的概率。②从减少事故发生后的人员伤亡角度出发，一是在危险的岗位、劳动密集的岗位，利用智能机器人代替人作业，例如在装药、包装环节利用机器人代替人作业，即便发生事故，也能降低伤亡人数；二是通过信息技术监测生产线在线药量、采取防殉爆措施，降低事故发生时的爆炸级别。

2）计算机管理及自动控制系统。为了提高民爆产品生产控制系统的智能化水平，全线控制系统可以采用 IPC+PLC、PROFINET 现场总线系统。控制系统可以分为过程管理级及过程控制级，整套系统具有良好的操作和运行界面，同时也便于进行系统再开发。另外，控制系统还具有显示生产线设备（如工业机器人、RFID 控制器、位置传感器、压力传感器、条码扫描枪、条码打印机、电参数检测仪、雷管 ID 码及延期写入校验装置和激光打码机等）状态、监视工艺参数、采集存储及查询数据功能。系统还提供了连续控制、顺序控制、逻辑控制、数据通信等功能。控制系统可实现对现场信号及数据的采集和处理，并按工艺流程要求对输出信号进行控制。

通过现场智能传感器、RFID 控制器、激光打码机、条码打印机、条码扫描枪、电参数写入器和校验仪表将生产线及产品的数据、信息采集到 PLC 控制器中，实现历史记录的查询、产品质量的追溯，为生产的智能管理提供数据信息依据，从本质上提高了生产线的可靠性、安全性和可维护性，生产线实现了智能化、数字化和网络化。从而提高了企业的核心竞争力。

① 生产线采集的数据及信息包括：日当班产量，各工序生产量，当班生产模数，当班生产的合格品数量，当班生产的废品数量，当班生产速率，故障报警的显示、统计及历史查询信息，生产产品工艺参数记录，生产线工艺参数，生产线工作状态（正常运行、中间休息和故障），输入、输出工房药剂种类、数量和余量，生产收尾处理提示、确认信息，触摸屏信息化管理信息、生产线设备电子装配手册及维护提示、确认信息。

②采集产品的数据及信息包括：产品的激光编码号、产品的条形码、产品的ID 码、产品的盒条码、产品的箱条码、产品的生产时间和产品的型号。

3）MES。制造执行系统（MES）可监控从原材料进厂到产品入库的全部生产过程，记录生产过程中产品所使用的材料、设备，产品的检测数据和结果以及产品在每个工序上的生产时间、人员等信息。这些信息经过 MES 分析后，通过系统报表形式实时呈现生产现场的生产进度、目标达成状况、产品品质状况，以及生产中的人、机、料的利用状况，完全实现了整个生产现场的透明化。同时产品生产过程中的数据可为生产决策提供有效的支持，让生产过程中的问题能够得到及时暴露、及时处理，将产品的质量问题以及生产线的异常状况消灭在萌芽状态。

4）智能仓储。炸药智能生产线仓储系统包括原料仓储和成品仓储两部分。智能仓储系统可自动完成物料的储存状态管理和出入库搬运，可实现库存自动点检、根据调货请求自动执行物料出入库操作。

智能仓储系统能够接入工业炸药物联网系统，使得各级部门能够实时了解仓库的存货信息，及时对生产与否做出决策，既保证库存又不产生积压，降低生产成本。

5）自动环境监测控制及安全防护系统。由于民爆行业的特殊性，所使用的物料危险性较大，因此就需要在危险物料的仓储、流转和生产等环节实现环境的监测和控制，另外，对厂房防雷接地设施实施监测并与消防设施联动，当监测到事故隐患时则自动启动安全防护系统。

6)物联网技术。物联网能实现真正的互联互通及各工序信号交互与设备联动，具有从原料到成品装箱全过程自动作业功能。

基于物联网的信息管理控制系统平台，能够完成从采购、库存、销售到财务核算的整套信息系统规划，实现销售、采购、库存、生产、财务、质量、成本、设备、工艺、人员管理的有机整合，实现企业生产全过程的信息化和无纸化。

（2）提升某些环节的自动化水平　重点从以下几个方面提升民爆行业某些环节的自动化水平：

1）现有装备的无人化改造升级。在工业炸药生产过程中的拆包、投料、桁架送料等环节应用上下料机器人、AGV 等设备，进一步提高自动化装药机、自动化包装机的可靠性，并对自动化装药机、自动化包装机进行模块化、精细化和智能化设计；研制具有自动装配、自动包装、自动收集等功能的工业雷管智能制造装备，解决现行雷管生产过程中的人员密集问题，提高本质安全水平。

研制起爆具自动上料系统，实现投料及熔混工序无人操作及无人巡视，保证投料过程的安全可靠，减轻工人的劳动强度。

起爆具生产线在批量生产时，可以考虑对现有的自动组模系统中的壳体组装机进行改造，增加自动补料装置，进一步提高自动装配的自动化水平。

研制导爆索短细药自动标记系统，代替人工，减少开停机。同时借鉴其他行业（食品、汽车、涂装和机械制造等）已普遍应用和推广的成熟技术，如：自动化装配技术、自动化在线检测技术、安全自动物流传输技术、自动控制系统及安全防护系统、智能化组合设备及机器人技术、监控系统及基于实时数据的生产管理信息系统等，提高装备的质量可靠性和民爆企业的智能化水平。

例如在起爆具生产线研制过程中进行了多项技术攻关，成功研制了多种专用设备，其中包括熔化槽放料阀、混合罐放料阀、自动注药阀等。上述专用阀门的设计就借鉴了其他行业生产设备的设计理念，结构简单，操作可靠，使用中无炸药残留，动作过程中无金属间的摩擦碰撞，实现了本质安全。

2）先进传感器技术、自动控制技术。通过应用先进的传感器（包括：称重传感器、温湿度传感器、振动传感器等）技术，使工业炸药生产线具备了全面感知、可靠传送、智能处理功能。通过传感器对工业炸药各个环节的监控，实现了智能化决策和控制，提高了炸药行业的安全监管和控制水平。

3）工业机器人。工业机器人是集机械、电子、控制、计算机、传感器和人工智能等学科的先进技术于一体的自动化装备，代表着未来智能装备的发展方向。在工业炸药生产过程中引入机器人，能够有效地减少固定操作人员，是实现无人化操作车间最好的方式。工业机器人借助三维空间定位传感器感知被操作对象的位置，操控其末端操作器抓取物料，并完成拆包投料、码垛、装箱和装车等操作。带有视觉功能的工业机器人，再配备柔性夹具以及自动化的感知设备，使得工业炸药生产真正实现了智能化和柔性化。并且工业机器人的引入，有效地减轻了工人的劳动强度，提高了生产效率。

成品码垛以后，由防爆智能无人叉车自动将其转运至成品中转库，实现了无人化操作，减少了包装车间的成品转运作业人员，提高了转运成品过程中的安全水平和自动化水平。

4）产品在线检测系统。产品在线检测系统在乳化炸药生产中得到了应用，例如：乳化炸药生产线在线检测系统包括水相溶液比重检测、基质及成品炸药密度检测和成品炸药外观质量检测等部分。

在水相配制罐的出口处设置有水相比重检测支路，用来检测水相的比重，根据比重数值调整水相配制罐中溶液的浓度，对水和硝酸铵的配比进行及时修正。

基质密度和成品炸药密度是影响炸药产品性能和质量的重要参数，在适当的生产环节设置在线密度实时检测装置，通过检测到的数据与原料配制系统反馈数据的实时参数匹配，将基质密度和成品炸药密度控制在可靠范围之内。

成品炸药外观质量检测设备是一种乳化炸药外观在线视觉检测集成设备，包括排序输送机、视觉扫描装置和剔除装置。该设备可对乳化炸药产品的鼓包、夹咬、破袋、弯曲变形、铝扣变形等外观质量缺陷进行高效率、高准确率的在线检测识别，并对不合格品进行剔除。

（3）加快 RFID、WiFi 等无线通信技术的安全应用研究　加快 RFID、WiFi 等无线通信技术在示范线上的安全应用研究，由专业研究机构或认证机构对 RFID、WiFi 等无线通信技术在民爆行业的应用进行技术测试和对使用情况进行评估并制定相关标准，使 RFID、WiFi 等无线通信技术能在民爆行业推广应用。

在生产线成品转运、中转工序配备 AGV 系统可以大幅度减轻转运工的劳动强度。自动化仓储库利用 AGV 系统自动完成物料的储存状态管理和出入库搬运，可实现库存自动点检、根据调货请求自动执行物料出入库操作。

AGV 中央调度系统是整个 AGV 物料配送系统的核心。它包括 AGV 中央调度软件、AGV 路径绘制软件和 AGV 调度接口软件，以及所需的硬件工控计算机、多对一呼叫盒等。AGV 中央调度系统是一个能同时对多部 AGV 实行中央监管、控制和调度的系统，通过无线局域网络与各 AGV 保持通信，指挥系统中的各 AGV 的作业。用户可以从系统界面实时了解每部受控 AGV 的设备状态、所在位置和工作状态等情况，还可以自动或手动呼叫空闲 AGV，给其分配任务。根据用户实际需要，还可以增加 AGV 故障报警、复杂路段交通管制、AGV 系统远程升级维护等功能。

（4）加快民爆装备行业的标准体系研究制定　民爆装备行业应加快建立完整的行业标准体系，因此，应加快民爆装备制造标准、民爆装备强制性检测标准、民爆装备监管标准和民爆装备评测标准等的研究，制定行业标准来引导规范民爆装备行业的企业标准，确保装备生产的每一个过程都满足本质安全要求，装备各项性能符合企业标准、高于行业标准，产品可靠性以及稳定性能与国际接轨。

（5）加快组建验证机构和完善检测体系及认证体系　民爆装备行业应加快强制性检测标准、监管标准、评测标准的研究制定，尽快组建验证机构，以对民爆装备进行有效的检验，保证生产的安全性及可靠性，通过标准指导和规范企业的智能化改造，满足民爆行业安全生产的迫切需求。

2. 细分行业的智能化转型路径

（1）工业炸药生产的智能化转型路径　进一步提升工业炸药生产线的管理层次和安全运行水平，在保证全生产线安全的同时，最大限度地减少固定操作人员，独立设置的 1.1 级建筑物内的生产操作人员（含巡视员）控制在 5 人以内。

1）粉状乳化炸药生产线。实现从投料至包装的全过程自动控制，智能化、连续化生产，采用工业机器人码垛、计数和装车，全生产线实现无固定操作人员。具体包括：

①油、水相原材料投料实现无人化自动控制，数据实现自动记录、统计、传输，油、水相原材料投料与全生产线实现联动、匹配。

②采用大包自动装药设备，包装系统实现大包自动套袋、自动计量、自动封口、自动计数和自动输送。

③ 采用工业机器人码垛、装车。

④ 粉状炸药采用小卷装药包装装置。因粉状炸药的有毒气体多数都达不到 50L/kg 的标准，建议淘汰药卷包装。包装装置实现自动化、智能化和少（无）人化运行。

2）胶状乳化炸药生产线。实现从投料至包装全过程自动控制，智能化、连续化和无人化生产。具体包括：

①油、水相原材料投料实现无人化自动控制，数据实现自动记录、统计和传输，油、水相原材料投料与全生产线实现联动、匹配。

② 制乳、凉药、敏化过程实现智能化和无人化，与装药包装实现联动，具有安全联锁功能及设备故障自诊断功能。

③ 自动化装药包装实现无人化操作。

工业炸药生产线的主要工艺装备和关键装备的智能化发展方向见表 8-4。

表 8-4 工业炸药生产线的主要生产工艺装备和关键装备的智能化发展方向

序号	名称	典型工艺装备	关键装备的智能化发展方向
1	乳化炸药生产线	粗乳器、精乳器 混合器、敏化器 溶解罐、存储罐 乳胶泵、硝铵破碎机 斜螺旋输送机 敞开式冷却钢带 自动装药机 自动包装线	高精度压力、温度和振动传感器； 硝酸铵破碎自动上料、扒袋和投料设备； 自动上料机（机器人）； 自动化装药设备； 自动化包装设备； 连续自动化包装线； 成品码放搬运机器人； MES； 智能检测、监控系统； 成品箱进库智能搬运车（AGV）
2	粉状乳化炸药生产线	粉乳乳化器 曲杆泵 流化床 装药机 自动包装机	
3	胶状乳化炸药生产线	回转式打卡装药机 RC-12 非标静态混合器 连续混合器 包装线	
4	移动式地面站地面制乳、远程配送现场混装乳化炸药生产工艺	连续乳化器 乳胶输送泵 乳化炸药装药车 现场混装炸药车	起爆件自动制造设备； 自动装填设备； 炮孔定位及装药设备； GPS 定位起爆系统； 遥控起爆技术； 智能监控系统

（2）工业雷管生产的智能化转型路径　工业雷管装配生产线要实现自动卡腰、自动上盒、自动装塞、自动卡口、在线检测电阻、自动激光编码，以及模具输送等工序的自动化和智能化。工业雷管生产线的主要工艺装备和关键智能化装备见表 8-5。

表 8-5　工业雷管生产线的主要生产工艺装备和关键智能化装备

<table>
<tr><th>序号</th><th>名称</th><th>典型工艺装备</th><th>关键智能化装备</th></tr>
<tr><td rowspan="5">1</td><td rowspan="5">基础雷管装配</td><td>激光自动打码机</td><td rowspan="19">全线联锁联动系统；
全自动压药机；
导爆管、雷管自动装配设备；
导爆管自动打把设备；
电雷管自动装配设备；
电雷管脚线自动打把设备；
基础雷管自动装填设备；
基础雷管自动检测装备；
自动上料机（机器人）；
自动化装药设备；
卡口、卡腰智能组合设备；
智能检测、监控系统；
智能化门禁系统；
生产数据自动采集装备；
成品箱自动装车机器人；
成品箱进库智能搬运车（AGV）；
雷管自动装配生产线；
自动起爆药生产线</td></tr>
<tr><td>自动装管机</td></tr>
<tr><td>全自动装药机</td></tr>
<tr><td>自动顶松退模机</td></tr>
<tr><td>雷管气动腰掐机</td></tr>
<tr><td rowspan="4">2</td><td rowspan="4">电雷管装配工艺</td><td>气动掐印机</td></tr>
<tr><td>激光打码机</td></tr>
<tr><td>远红外线干燥机</td></tr>
<tr><td>自动掐印打码机</td></tr>
<tr><td rowspan="7">3</td><td rowspan="7">导爆管雷管装配工艺</td><td>气动掐印机</td></tr>
<tr><td>激光打码机</td></tr>
<tr><td>气动封尾贴标机</td></tr>
<tr><td>塑料挤出机</td></tr>
<tr><td>挤出机打码机</td></tr>
<tr><td>超声波封尾机</td></tr>
<tr><td>气动卡口机</td></tr>
<tr><td rowspan="3">4</td><td rowspan="3">药剂类、延期元件工艺设备</td><td>非标振动装药机</td></tr>
<tr><td>拉索机</td></tr>
<tr><td>非标高精度切索机</td></tr>
</table>

（3）导爆索生产的智能化转型路径　导爆索生产线在制索、涂塑工序要实现断线、断药自动检测，在盘卷工序要实现自动定长、自动绕线、自动分切和自动捆扎。工业导爆索生产线的主要工艺装备和关键装备的智能化发展方向见表 8-6。

表 8-6　工业导爆索生产线的主要生产工艺装备和关键装备的智能化发展方向

<table>
<tr><th>序号</th><th>名称</th><th>典型工艺装备</th><th>关键装备智能化发展方向</th></tr>
<tr><td>1</td><td>导爆索制索工序</td><td>立式导爆索制索机</td><td rowspan="4">全线联锁联动系统；
自动化上料机（机器人）；
自动化装药设备；
智能检测、监控系统；
智能化门禁系统；
智能包装机器人；
生产数据自动采集装备；
成品箱进库智能搬运车（AGV）</td></tr>
<tr><td>2</td><td>导爆索挤塑工序</td><td>挤塑机</td></tr>
<tr><td>3</td><td>导爆索盘卷包装工序</td><td>盘卷机</td></tr>
<tr><td>4</td><td>导爆索自动普验工序</td><td>自动普验盘卷设备</td></tr>
</table>

（4）起爆具生产的智能化转型路径　起爆具生产线要实现配料称重、熔化混合、原料搅拌、自动浇注、降温退模及包装等工序的自动化和智能化。1.1 级起爆具熔注药生产工房的生产操作定员不应多于 2 人，1.1 级起爆具包装工房定员不应多于 5 人。起爆具生产过程的自动化、智能化改造发展方向如下：

1）熔注工房内的原材料熔混工序中的原材料筛检、计量和加料现在仍然由人工完成，需要添加一套起爆具自动上料系统，将原材料从上料工房经人工加料并自动称量后，用转运料斗通过悬挂装置输送至熔注工房，自动卸料后转运料斗再空斗返回至上料工房，实现由 1 人完成上料工房的整个加料工作，达到投料及熔混工序无人操作及巡视的目的，保证投料过程的安全可靠。

2）起爆具生产线现有的自动组模系统在生产线批量生产时，仍然存在着需要人向壳体组装机内添加纸壳的情况，为进一步提高自动装配的自动化水平，减轻工人的劳动强度，可以对壳体组装机进行改造，增加自动补料装置。

3）在起爆具生产线上，已经包装码垛的起爆具成品。需要一台防爆智能无人叉车，自动将起爆具成品转运至成品中转库，以实现整个生产线的无人化操作，减少包装车间的成品转运作业人员，提高转运成品过程中的安全和自动化水平。

4）起爆具生产线需要采用本质安全型的光纤传感器，减少生产线上以电力为主的传感器，降低电泄漏风险。起爆具生产线的主要工艺装备和关键装备智能化发展方向见表 8-7。

表 8-7　起爆具生产线的主要生产工艺装备和关键装备智能化发展方向

序号	名称	典型工艺装备	关键装备智能化发展方向
1	熔药、混药工序	熔化机、混合机	起爆具自动上料机； 壳体自动补料设备； 防爆智能叉车； 光纤传感器； 成品箱进库智能搬运车（AGV）
2	自动注药工序	装药机	
3	自动组模工序	壳体组装机	
4	自动码垛中转工序	自动码垛、中转设备	

8.4　纺织行业

8.4.1　现状与趋势

1. 纺织行业的国内外智能制造发展现状及趋势

纺织行业的生产周期长、效率低、劳动成本高。由单机设备向成套系统集成发展，工厂向数字化、自动化和智能化发展，简化生产流程、提高原材料和设备利用率成为纺织行业智能制造的发展方向。“十三五”期间，纺织服装企业、设备软件供应商、系统集成商与科研院所合作，研发了不同层次的智能制造装备与生产车间，如化纤长丝生产数字化车间、智能化棉纺生产工厂、色织纱浸染数字化工厂、高端水刺非织造布数字化工厂等，并且在已实施的项目中，均实现了自动化和数字化，绝大部分已经实现网络化运行，部分项目拥有智能化装备并实现了智能化功能，有的项目还运用了大数据与人工智能技术。这充分说明我国纺织行业在智能制造发展中采取的是三个基本范式——数字化制造、数字化网络化制造和新一代智能制造并行推进、融合发展的技术路线。

（1）化纤制造　我国常规的化纤生产装备种类齐全，高性能纤维、功能纤维和再生纤维生产装备等逐步实现了国产化；国内化纤行业已建立了化纤数字化工厂，实现了产品研发、生产控制、品质管理、能耗管控和物流管理、销售管理数字化；完成了生产工艺仿真与优化系统、生产工艺数据自动采集与可视化系统、产品质量智能在线检测系统、自动落丝系统、智能物流与仓储系统、定制型制造执行系统、定制型企业资源管理系统等的协同与集成；自主研发了涤纶长丝卷装外观在线智能检测系统和装备、在线张力监测和监控系统，突破了化纤行业核心智能制造关键短板技术装备的研制；缩短了新产品研发周期，提高了劳动生产率，降低了劳动强度，提高了能源利用率，降低了企业运行成本，经济效益大大提升。

美国、日本和欧盟等发达国家和地区实现了化纤产品的智能检测、化纤生产装备的高精度控制与生产系统的快速柔性反应，提高了生产效率，节约了能源，降低了企业人力成本。国外先进的纺丝装备系统已装备了计算机、可编程序控制器和专用机器人等，大大提高了高速纺丝系统的智能化水平。此外，国外已有针对化纤生产的智能诊断系统，可用于化纤生产的实时诊断，当故障发生后，故障分析系统便自动被激活，根据存储在计算机内知识库里的知识，系统对应该检查哪些部件以及如何改变工艺参数提出建议。

（2）纺织加工　我国的数字化纺纱车间配备了全流程国产棉纺成套设备，实现了清梳联、粗细络联及网络监控和管理，实现了半成品、成品的在线检测和控制、筒纱自动包装和入库，实现了大部分纺纱过程的连续化。从棉包到筒纱，通过统一调度，完成细纱装备的低能耗生产和筒纱分类、包装和自动转运，可提供全流程智能纺纱物流输送系统解决方案，完成了全流程“夜间无人值车”工厂示范线。我国的粗细联型粗纱机、筒纱自动包装等设备受到了国内外纺纱企业的欢迎。“高效能棉纺精梳关键技术及其产业化应用”项目的实施实现了多系统高速运行及精准配合等，打破了高端精梳机依赖进口的局面，该项目获得了2014年国家科学技术进步奖二等奖。

瑞士、德国和日本等国家的纺纱主要单机设备如清梳联、精梳机、并条机、细纱机、络筒机、转杯纺纱机和喷气涡流纺纱机等比较先进，智能化程度较高；而我国的一些关键零部件如并条机自调匀整装置、自动络筒机清纱器和捻接器等还必须依靠进口。国外喷气涡流纺纱机已经实现大批量生产，但是我国的喷气涡流纺纱机还处在起步阶段，距离产业化生产仍有很大距离。

"十三五"以来，我国加快了织造加工系统的智能化研发和创新，织造行业的智能制造整体技术已达到世界领先水平。在柔性织造单元技术方面，我国已实现了自动络筒机的智能接头；以络筒机、剑杆织机为中心，通过集成自动换模系统、工业机器人以及其他周边设备，实现了织造生产的高度自动化，可面向不同材料，不同产品，实现多品种、小批量和快切换的柔性化生产。在织布机"工业4.0"解决方案方面，针对无梭织机行业智能制造的发展要求，我国企业推出了自主研发的"纺机行业4.0"解决方案。该方案采用基于CAN总线（控制器局域网络）的电控系统，可与中央计算机系统形成整体网络监测，调整和控制每台织机的织造全过程，并可进行远程遥控诊断及处理。这些方案的实施构建了基于互联网的织机运行数据采集和数据库平台，可实现设备的远程监控、工艺参数管理、生产任务调度、设备的维护保养管理以及远程登录维护等，并且还在进一步开发后续功能模块。

（3）印染　我国印染行业的智能制造起步较晚，对比于德国的"工业4.0"战略，我国印染机械的制造平均水平仍处在"工业2.0"时代（电气化时代），部分细分领域正在做信息化尝试和示范应用。

我国印染行业已建成了数字化连续生产线和数字化间歇式染色车间，实现了对机械参数、生产工艺参数、能源消耗和产品质量的全方位实时监控；机台或单元机实现了闭环控制；建成了集成染化料自动配送系统、智能化废气排放监控系统和能源回收监控系统；形成了覆盖印染全流程的智能化监控系统。在生产参数快速检测及控制技术方面，我国与外国目前基本处于同一水平。我国在印花疵点在线监测系统开发方面有创新突破，国际上的一些国家则在染色织物在线色差监控装置开发方面处于领先地位。

在染化料助剂的精准配送技术方面，瑞士、意大利和韩国等国家的技术较为成熟。针对间歇式印染加工，德国等国家研发的印染专用制造执行系统（MES）

可实现印染工厂的全流程数字化管理。其可连接实时数据库和关系数据库，对生产过程进行全程监视、控制和诊断、能源监测、单元整合、模拟和优化，为企业提供一个反应快速、有弹性、精细化的生产环境。可减少用工量、降低成本、缩短交货期、提高产品质量。最终使一次染色成功率提高至 98%，生产操作人员减少 50%，用水量节约 45%，能耗降低 30%。

（4）服装设计与加工　目前，我国服装生产车间物流、工厂、生产信息采集与管理、供应链智能管理等方面涉及的技术基本成熟，大规模个性化定制和网络协同制造得到了发展，少数企业的信息化水平已经较高，已建立生产资源管控系统，可对相关的物料、能源和工艺等进行实时在线监控、检测和管控，可实现服装的大规模个性化定制，企业具备了满足个性化定制需求的能力。通过互联网的助推作用，纺织协同制造将向前延伸到服装设计环节，向后延伸到销售环节，形成一个集消费者、设计师、面料商、辅料商、智能工厂及智能化销售终端于一体的，完整的纺织服装供应链闭环体系，以及协同优化的纺织服装绿色智能制造生态系统。

欧洲、美国和日本等国家或地区的企业基于数据源丰富，预测技术的集成化、智能化程度高优势，已开始进行服装产品流行趋势与市场需求的预测，并通过大数据学习及优化技术，提高预测过程的智能性和预测结果的准确性。发达国家的三维人体测量技术已经相对成熟，商业化的应用也相当广泛，英国、美国、日本和韩国等国家已经建立了本国具有一定规模的三维人体数据库，用于为每个消费者提供个性化服务，即根据这些数据为用户推送相关服装产品，并且提供线上购买服务。结合三维扫描、图像分析、具有机器人手臂的折叠设备，以及智能成衣折叠技术的开发，欧美等的一些发达国家的智能化生产已应用到服装生产流水线的缝前、缝中和缝后各个流程。美国、德国、以色列、日本和瑞典等发达国家在服装增材制造技术方面处于领先地位，主要体现在各类柔性增材打印材料的研发、新型设备的开发方面。

（5）纺织装备　我国是全球最大的纺织品生产和消费国，纺织装备门类齐全、产业链完整，涵盖了从纤维制备、纺织品加工、纺织终端产品生产的所有加工设备，生产和消费量均为全球第一，我国生产的纺织装备的市场占有率达到 80%。

我国纺织行业在智能制造共性技术、智能制造车间示范、数字化和智能化纺织工艺与装备、纺织服务制造及网络协同制造、智能纺织材料等方面取得了一定进展，尤其在化纤、纺纱、针织和印染等行业，已经建成了全流程自动化和数字化长丝车间、数字化纺纱工厂、针织内衣工厂、筒子纱车间、筒子纱数字化自动染色生产线等智能制造应用示范项目，纺织行业的自动化、数字化和智能化水平有了较大提升。目前，我国纺织行业在成规模应用机器人作业的生产线自动化、智能化推进方面，甚至开始走在了世界前列。

但是，与国外先进水平相比，我国尚存在纺织装备和数据缺乏互联互通，纺织制造数据采集、信息融合、智能执行、智能运营能力不足，以及纺织制造与新一代人工智能融合缓慢等问题尤其是智能纺织关键工艺技术装备、关键基础件、纺织专用传感器和检测装备等主要依靠从欧日美发达国家进口，与欧日美的高端智能纺织技术装备相比，还存在较大的差距。

（6）智能纺织材料　近年来，我国智能纺织材料的研发和应用取得了一定进步，但还处于起步阶段。我国已有生产厂家研发了智能调温纤维商务休闲服装，实现了批量规模生产，具有较强的国内外竞争力。在智能形状记忆纺织品研发和应用方面，我国的许多企业或研究机构已取得较大进展，进一步推动了形状记忆纺织品的产业化和市场化进程。在智能变色纤维研发和应用方面，我国的一些企业即将实现手机 APP 远程控制服装的色彩变化，一键变色，自动闪烁，推动了我国智能变色纺织品的发展。在电子信息智能纺织品的研发和应用方面，我国已有众多企业开始步入智能纺织品的行列，形成了相对较成熟的研发技术，在监测人体生理指标、收集运动数据、智能化理疗、服装微气候监测等方面取得了较大进展。我国在电子信息智能纺织品方面，主要研发具有传输信号功能的导电纤维和织物核心技术，并一步加大人体生理指标与传感器、系统结合的研究投入，加快解决电子传感设备给服装洗涤带来的不便和穿着不舒适性问题。

随着德国“工业 4.0”、美国 CPS（网络 - 实体系统）的提出，国外的智能调温、形状记忆纺织材料技术研发已相对成熟，已有部分产品进入商业化应用阶段；智能变色纺织材料方面的技术已成熟，已实现智能产品的市场销售；电子信息智能纺织材料的技术也趋向成熟。

适应纺织行业管理特点的企业管理信息系统（如 ERP 管理系统）在棉纺、毛纺、针织、印染和服装等行业已进入应用阶段，不同程度地覆盖了销售、采购、仓储、研发设计、生产、分销、能源和财务等业务管理环节。

此外，我国纺织行业的智能制造人才队伍和科技资源力量和国外相比还有差距。一方面，我国缺乏具有纺织制造和网络信息复合知识和实践能力的人才。以机器换人是纺织制造由传统向智能发展的一个显著性标志。但机器换人不是不需要人，目前最紧缺的恰恰是具备将纺织制造技术与互联网技术相融合的知识和能力，能适应纺织行业智能制造发展的各层次人才。另一方面，我国缺乏相应的科技创新基地和服务平台。目前，虽然我国纺织行业中有几家企业已成为智能制造示范试点企业，但对拥有38 000多家规模以上的纺织行业企业而言，带动力有限。尤其是纺织行业的智能制造需要有一批共性技术、标准的支撑，目前，我国纺织行业与智能制造相关的基地和平台非常缺乏，已有的几个与智能制造相关的平台尚未能够真正发挥出相应的作用。

2. 纺织行业智能制造的关键短板

近年来我国已经开始在纺织行业推进智能制造，并取得了一定的成效。但目前我国纺织行业的总体制造水平正处于开始向“工业4.0”发展的阶段，与发达国家相比，我国纺织行业的智能制造水平还存在一定的差距。

（1）化纤制造　高性能纤维、生物基纤维、功能纤维和再生循环纤维等的智能制造装备缺乏，材料研发成本高，支撑体系缺乏，高端品种研发后劲不足。必须加强关键装备制造技术的攻关，提高国产装备的精细化、自动化和智能化水平。

（2）纺织加工　我国纺织加工行业的一批技术领先企业，紧跟纺织机械智能化发展方向，在智能化装备和核心零部件、装备智能化集成和信息化管理软件等方面取得了一定的进步。但由于大多数企业还没有完全掌握纺织加工核心技术，关键功能部件还依靠进口。

我国纺纱行业通过“蛛网系统”可实现纺纱全流程的监控，短流程设备——全自动转杯纺纱机和喷气涡流纺纱机的技术水平居国际领先地位，细纱接头机械手、智能梳棉机、数字化匀整并条机和自动络筒机等装备还存在智能化发展的短板，环锭纺还未实现全流程连续化。

织造加工采用国外公司的织机监控系统解决方案等，导致智能化系统集成自主性差以及机器的制造成本高，缺乏竞争力。伺服系统是织造加工实现精密化和智能化的关键，我国的伺服系统在可靠性等方面尚存在一定的不足之处，导致我国的纺织加工装备生产厂家不得不选用国外的伺服系统，使得其产品在价格和交货期等方面均不占优。目前，我国非织造布生产装备的互联互通标准还未制定，发达国家的新型智能纺织设备都自带智能通信接口，且通信容量比较大，装备互联互通的技术水平领先于我国。

随着非织造布行业的快速发展，我国非织造布装备行业的技术水平得到了很大提升，但大多数纺织企业尚未建立MES，即使建立了MES的企业，其计划和成本控制对象也未进行细化，未完全实现与ERP管理系统的集成应用。240m/min的高速梳理机、6m以上幅宽的交叉铺网机和高速自动分切机、全拉伸过程的应力-应变曲线检测仪器等智能装备还没实现产业化应用，以上都是制约我国非织造布行业智能制造发展的因素。

（3）印染　我国的印染制造业体系完整，但自主创新能力弱，关键核心技术与高端装备对外依存度高；产品整体档次不高，缺乏世界知名品牌；资源利用率低，环境问题依然突出；信息化水平不高，缺乏基础信息梳理能力，不能将信息用于指导生产的管理中等。在产品质量（如染色牢度、织物浆料退除率、含碱等）快速检测、染化料助剂的精准配送等方面，我国与国外相比差距较大。国内外的大多数染整设备实现了数字化控制，但由于不同类型、不同厂家制造的染整设备、制造系统的网络通信接口、数据协议不一致，导致各机台的信息形成了相互独立的孤岛，基本无法实现设备数据、运行数据、生产数据、质量数据及工艺数据等的实时传输、实时监控、故障报警、故障诊断和远程控制等。染整生产装备间及生产装备与制造系统之间实现全面的互联互通及互操作是印染实现智能生产面临的最大难题。

（4）服装设计与加工　国外许多服装设计与加工企业应用了服装产品流行趋势与市场需求智能化预测技术，而我国大多数服装企业对于大数据、人工智能等新技术的应用工作准备不足，致使数据源的获取渠道狭窄且具有滞后性，预测方法耗时且精度差，预测周期长、预测结果的准确度低、无法实时反映消费者的动态需求。在智能化三维人体测量及虚拟试衣技术方面，我国仍处于网上交易平台、线下试衣系统的研发初级阶段。我国目前基于平面设计的二维服装CAD技术已经成熟，3D服装虚拟设计技术的应用尚未普及。富怡、爱科、智尊宝纺等服装CAD品牌开发商与供应商在3D技术上有所突破，但与国外技术水平相比仍有差距，尚不具备成果产业化的条件。在成衣智能化生产方面，我国服装生产环节的自动化、智能化设备普及程度较低，主要体现在单一环节（如排版和车缝）的智能化方面，总体上的自动化普及率不及5%。相比之下，欧美等发达国家或地区的自动化普及率高达60%～80%。

我国的服装增材制造装备和材料研发尚处于攻关阶段，基于3D打印技术的服装设计也仍处于探索阶段，我国服装企业关注的重点主要是新技术的应用及新款式设计，对服装舒适性以及功能性关注得较少，在3D打印服装产业化方面相对滞后。

（5）纺织装备　目前，我国纺织行业在成规模应用机器人作业的生产线自动化和智能化推进方面，甚至开始走向了世界前列。而我国的主要短板是：纺织行业一些关键工艺环节的纺织机器人、纺织专用智能检测系统及关键件等与欧日美相比差距较大，严重阻碍了我国纺织行业的全面转型升级和自动化、智能化的有效推进。在我国的纺织生产中，可替代重体力和高强度作业的技能机器人已规模化应用，但能够“穿针引线”的智能机器人还在研发中。如我国正在研发纺纱生产全流程关键环节的主要智能装备——棉精梳机自动换卷接头的可靠性技术装备、环锭纺细纱机用接头机器人等，化纤生产全流程关键节点的智能化技术装备——自动铲板机器人、自动快速生头机器人等。我国的化纤卷装机器视觉三维外观质量智能检测技术虽取得了领先优势，但在长丝生产过程中的在线张力及均匀性检测、染色预判等关键环节的自动化智能检测方面，我国仍为空白；转杯纺纱用的超高速全自动永磁同步电动机与气浮或磁浮轴承是纺纱流程中的高效智能化关键部件系统，而涡流纺喷嘴则是短流程涡流纺纱流程中的高效高品质关键件，我国生产的高端短流程纺织装备的市场占有率不到10%；适于纺织生产的在线监测传感器和智能检测仪器的国产化率不到20%；在纺织生产中，大数据和人工智能技术的应用处于起步阶段，在数据采集、分析和应用方面，还没有建立被国际认可的产品质量评价体系。

（6）智能纺织材料　我国在智能调温、形状记忆纺织材料的研发及产业化方面与发达国家相比有较大差距。我国的智能纺织材料研发渠道、全流程数字化制造技术以及基于信息通信技术的模块集成技术还不太成熟，无法实现大规模的产业化应用。自主创新不够。还存在人才队伍相对薄弱、竞争乏力、投入少、开发力度不够等问题。此外对共享技术、智能技术等新技术的认识较为不足，我国要想实现形状记忆纺织品的工业化生产仍有较长的路要走。

此外，我国纺织行业的智能制造软硬件基础和应用能力相对薄弱。与美国、欧盟、日本等发达国家或地区相比，我国纺织行业的智能制造技术总体处于落后状态，主要表现在纺织行业的智能制造装备、传感器、专用控制器件、控制软件、管理软件等软硬件基础和应用能力相对薄弱方面。已经开始实施“两化融合”的大部分企业采用跟随战略，核心技术缺失，共性技术不足，高端装备、关键部件、基础件和电子元器件等大部分依靠进口或通过引进、消化、吸收进行二次开发。大部分纺织企业尚未建立MES，即使建立了MES的企业，其计划和成本控制对象也未进行细化，未完全实现与 ERP 管理系统的集成应用。纺织全产业的“两化”尚未进行深度融合。“互联网 +”纺织产业涉及的领域广，需要通信运营商、互联网企业和纺织制造企业等多方面的共同努力，而各领域的企业对信息互联互通、接入技术标准等尚未形成统一的认识，缺乏对标准规范、业务流程、管理模式和知识经验等数字化能力要素的全面集成和充分融合。

8.4.2 发展思路

聚焦“我国纺织行业的智能制造技水平整体达到同期国际先进水平”的战略定位，坚持“需求引导、基础支撑、重点突破、加快过渡、智能转型”的原则，突破传统工业思维，适应经济发展、社会需求变化及以智能制造为核心的世界新工业革命带来的制造和市场模式变迁，充分考虑纺织行业具有流程型制造及流程型与离散型混合制造的特点，构建纺织大数据平台和纺织制造云平台，加快纺织行业设计、生产制造、管理、服务和产品营销等环节的自动化补缺和数字化升级，加强纺织行业的智能制造标准、共性技术和装备等基础支撑能力建设，围绕纺织产业链重点突破纺织数字化车间（工厂）技术，利用多种技术交叉拓展智能纺织材料新技术，发展纺织产业链主体生产制造智能化技术，发展纺织智能制造新模式，推动纺织全产业向智能制造转型，促进我国纺织产业加快向高端化、智能化、绿色化和国际化转型升级。

8.4.3 提升路径

1. 纺织行业的智能制造总体发展路径

未来 5 ～ 10 年，充分发挥行业协会的组织作用和资源优势，收集行业智能制造的共性需求，进行产需对接，攻克纺织行业智能制造的基础和共性技术，以及重点项目；依托服务平台，重点推广纺织行业智能制造示范项目与新模式；开展纺织行业智能制造标准研究工作，规范智能制造的实施路径。

（1）产需对接，研发智能制造的基础和共性技术　发挥行业协会的组织作用和资源优势，组织行业龙头企业与知名科研院所进行专题对接，突破一批共性技术、研发一批关键智能装备、完成一批重点项目，实现纺织行业智能制造共性技术水平的提升和产业化应用。

（2）推广纺织行业智能制造示范项目与新模式　依托行业协会和纺织行业智能制造系统解决方案供应商联盟等公共服务平台，将成熟的、可推广的纺织行业优秀系统解决方案推广到纺织行业其他细分领域。进一步推进数字化制造的普及、智能化制造的试点示范，推进智能制造及网络协同制造、大规模个性化定制、远程运维服务等新模式的应用，带动纺织行业的结构调整和智能化转型。

（3）开展纺织行业智能制造标准研究工作　进一步落实《国家智能制造标准体系建设指南》，充分发挥标准在推进纺织行业智能制造健康有序发展中的引领作用，加快推进国家智能制造基础共性和关键技术标准在纺织行业中的应用，聚焦纺织行业智能制造的特色技术和模式，在通用、关键技术和专业领域应用三个层面构建纺织行业的智能制造标准体系。建立政府引导，社会和企业广泛参与的标准化工作机制，推动建立由政府主导制定与市场自主制定的、协同发展和协调配套的新型标准体系，为纺织智能制造提供有效的标准支撑。

2. 细分行业的智能制造发展路径

（1）化学纤维（简称化纤）制造　针对化纤制造具有流程型生产的特点，分阶段建设集化纤生产工艺仿真与优化、纺丝 - 加弹等生产环节先进控制、产品质量智能在线检测、智能物流与仓储、生产工艺数据自动采集与可视化、现场数据与生产管理软件信息集成等于一体的化纤智能制造车间。

1）化纤生产的智能化装备与系统集成。化纤装备的柔性化、自动化升级内容主要包括：纺丝的在线监控系统和智能分级系统，成品、纸管、托盘、隔板存储和物流的自动化；聚合纺丝一体化，纤维素浆纤一体化，化纤生产连续化、均质化、规模化、高效化和绿色化；建立智能化纤维熔体直纺车间，包括设备层（纺丝机及控制系统、加弹机及控制系统、智能检测、自动物流设备及控制系统、自动仓储设备及控制系统），车间层（制造执行系统、能效管理系统、数据自动采集与可视化、质量在线检测系统和物流仓储调度与管理系统），企业层（工艺仿真与优化系统、企业资源管理系统）。

2）化纤制造的数字化和智能化建模与控制。基于纤维成形动力学原理，建立包括工艺过程模型、物性参数模型、风温风速分布模型、FDY 热辊模型和纤维性能预测模型在内的纺丝工程模型，结合对现场的在线或离线检测数据偏差分析，实现纤维结构及性能的精准模拟计算；分析生产过程中的原料、装备、工艺与纤维质量指标数据之间的内在规律，采用数据驱动方式进行非机理建模；建立集在线监测、协同控制、性能评估、工艺优化和柔性化品种切换等功能于一体的化纤制造协同优化控制平台，建成包括产品开发、工艺优化和柔性化生产的智能工艺设计与优化系统；建立与优化纺丝动力学工程模型，优化工艺参数，指导品种开发；建立智能物流及仓储系统，包括智能落丝系统、自动包装系统、AGV 辅助输送系统和智能仓储；建立化纤小试、中试与产业化试验标准数据接口，实现化纤生产的全线数据采集与监控，应用DCS进行软测量，对化纤生产控制系统进行优化。

3）化纤企业的智能化、网络化管理系统。优化升级ERP管理系统，包括PTA、MEG等大宗原材料价格走势分析系统，产量与仓储分析系统，产品销售趋势分析系统，客户订货分析和售后服务分析系统等；实现了产品的全程信息跟踪，与客户建立实时信息反馈渠道；实现全供应链及产品销售的管理优化，企业管控的一体化及管理决策系统的优化。

4）推动化纤行业的数字化转型升级，推进化纤行业的智能制造发展，开展智能化装备开发应用，提高产品质量和生产效率，推动化纤行业实现高质量发展。具体表现为：引入国外先进理念，实现理论对工程设计的支持，在保证产品质量的同时，缩短研发周期；推广工业机器人，用工业机器人等智能装备代替工人完成货物的检验、入库等工作；提高工作质量与工作效率，早日实现化纤机械全流程向数字化和智能化转型发展。

（2）纺织加工

1）数字化纺纱车间（工厂）。开展纺纱工艺自动调整、原料合理选配技术研究；开展异纤检测、棉条均匀度检测、棉网均匀度检测、断纱自停、纱线张力检测、纱线色差检测等的纺织专用传感器研究；开展并条机自调匀整在线检测及控制，环锭纺纱线智能在线检测，虚拟纺纱、智能原料配比，自动接头技术，以及纺纱全流程仿真优化软件等关键技术研究与产业化应用。

2）数字化织造车间（工厂）。研发整浆一体化、整经张力自调节、调浆质量在线检测、浆纱张力自调匀整、上浆质量在线检测、高效自动穿结经、经纱上机张力自调补偿、纬纱张力自调节、坯布疵点机上自检测关键技术，以及模块化智能化织造装备及上机织造关键技术。研发针织装备生产过程智能化控制和数据采集分析决策、不同车间的针织装备互联互通、生产数据中控系统的分析决策以及单根纱线张力监测和织物质量在线检测等关键技术。

3）数字化非织造车间（工厂）。研发非织造纤网质量在线检测与控制，生产参数智能化调节，纤网结构密度在线检测及反馈，含水率在线检测与联动烘干，疵点、金属在线检测与自动剔除，卷材分切，包装机器人，能耗实时监测与动态优化，工艺参数自动记忆与智能化调用，以及生产设备互联及移动端远程控制关键技术。

适应纺织产业的生态、绿色、低碳、智能化、高端化和品牌化发展需求，推进纺织行业的节能减排与资源充分利用，进行精细化管理，提升产品品质。建立纺织加工智能化技术体系，发展纺织数字化车间（工厂），实现纺织加工全流程的智能化监控和管理，生产状态及装备的远程智能控制，纺织加工过程的无人或少人。

一方面，对存量设备进行升级改造，使其具备网络接口和网络连接功能，同时配置纱线和织物在线监测系统等专用装置，部分实现纺织加工工序的连续化和生产过程的自动化，为智能化奠定良好基础；另一方面，通过配置满足智能加工要求的自动化和智能化设备，利用物联网等新一代信息技术及处理手段，实现包括设计、制造在内的全流程数字化和智能化生产。再者，研制和推广“互联互通”等智能制造相关标准，开展智能制造系统解决方案对接等活动，促进纺织加工智能化。

（3）印染

1）印染产品性能快速检测方法。研究原材料及染色产品布面残余物质（染料、浆料、碱度、酸度、盐分和甲醛等）快速萃取技术，建立萃取物含量与织物染整前的处理效果、织物色牢度等的关系，研制出整套产品性能的快速检测技术。

2）纺织品印染加工工艺的数字化虚拟模型。开发具有绿色生态特性的印染技术，建立印染生产工艺与产品性能关联模型，实现印染加工工艺的数据化。

3）印染工作液浓度在线精确监测及控制技术。研发自动滴定法间接测量、比重差压式间接测量等技术及总线式管路，研究并建立配送转子泵的数学模型，开发具有自主知识产权的染化料助剂自动配送系统，实现工作液浓度的在线精确监测及控制，实现多种染化料助剂单管道的多点高效配送，实现对不同黏度染化料助剂的精确定量输送，从而全面提升染化料助剂的自动、高效、精确计量和输送水平，解决困扰印染行业生产过程的化学品管控问题。

4）印染设备接口与协议标准。开展染整智能设备与制造系统间互联互通及互操作的系列行业/国家标准制定，实现染整智能设备与制造系统间互联互通及互操作；构建染整智能设备与制造系统间互联互通及互操作的标准研究和试验验证平台，在平台验证的基础上，在生产现场对标准进行验证，并建设标准示范试点生产线，进行全行业的示范和推广。

5）生产计划自动排程技术。设计基于大数据的可插拔式通用印染生产计划自动排程调度模型，搭建支持多目标（包括效率和能耗）生产调度的高效（快速求解）、可扩展（基于统一数据编码和存储结构，支持不同算法）和实时反馈（根据生产要求，动态调整计划）生产计划自动排程系统，支持印染专用 MES 的开发。

第一，突破在线检测、高精密控制系统等技术，提高印染单机设备的技术水平和自动化水平；第二，实现印染及后整理各生产环节的连续生产；第三，建立完整的印染及后整理装备智能制造标准体系，实现全流程装备之间、装备与系统之间的互联互通和互操作；第四，建立生产全流程的信息化和人机交互，实现印染生产的信息化管理；第五，将现代信息技术和自动化装备包括人工智能、大数据、云平台等深度融合，实现印染及后整理环节乃至全产业链的智能制造。

（4）服装与家用纺织品加工　未来 5 ～ 10 年，分阶段重点开展服装产品流行趋势与市场需求智能化预测、智能化三维人体测量，以及虚拟试衣系统、智能服装设计系统、智能化缝制生产设备等服装设计和生产的研究开发和产业化应用。

1）服装产品流行趋势智能化预测。研究新型的知识获取技术、数据处理和存储技术，支持预测结果实时化、快速化和准确化；开展流行趋势预测理论研究和应用，包括基于大数据技术对消费数据进行精准跟踪和海量捕获，依托云计算进行数据分析与计算，利用互联网技术对预测数据进行传播与反馈等；开展基于人工智能和机器学习的大数据学习、推理和预测以及基于虚拟试衣的市场需求预测相关理论的研究和应用。

2）服装智能化设计。以数字存储的方式使设计模型和数据向网络化、服务化、云端化发展，增强设计创新力和经济可承受性，将虚拟网络与实体链接，形成更具效率和个性化的设计模式；重点开展智能 CAD 设计、服装虚拟设计、融合 3D 打印技术的服装设计新模式以及大数据环境下的远程个性化定制平台等的理论研究和应用；开展依托虚拟试衣技术的一站式定制化服务、“互联网 +”大规模智能定制等理论研究和应用；提高服装产品的智能化设计水平，打造具有中国特色的新型设计模式和时尚创意品牌。

3）智能化服装 3D 打印技术。重点开展三维人体测量、三维人体建模、三维虚拟试衣系统和 3D 打印等关键技术研发，并加速各项技术的产业化应用。通过融合计算机技术、互联网、大数据的网站平台，完善虚拟试衣系统，将人体测量、建模、虚拟试衣和 3D 打印各环节相融合，实现由生产到制造的一站式智能化服务。

4）成衣智能化生产。加快自动化及智能化装备的研发与应用。开展铺布、裁剪、缝纫、整烫和折叠等关键生产环节设备智能化的研发和推广应用，实现单机智能化；在铺布和裁剪方面，运用机器人手臂自动拉取和叠放面料；全方位自由化控制裁刀，运用传感器技术实时监控裁刀速度、温度和位置。在缝纫方面，实现高精度、高可重复性的缝纫加工；开发智能化机器人，使缝纫系统在执行缝纫指令的同时，还具有决策和规划能力；突破智能制造设备集成技术，实现生产环节信息化管理，仓储、物流环节快速响应；推进智能装备的互联，整合生产链各关键环节模块，灵活调整生产装备及模块，实现柔性智能化生产；缩短供应链时间，实现服装生产提质增效；健全智能制造技术标准体系。以形成服装生产链的企业间设备与工艺信息的互联互通技术标准为目的，开展典型服装企业内部设备信息、生产工艺信息接口及互联互通技术规范和标准的应用与推广，促进服装智能制造软硬件、数据的集成应用；推广个性化定制应用，充分利用网络信息技术促进客户关系管理（CRM）系统的转型升级，将生产方式从大规模生产转变为个性化定制生产。基于移动互联网技术、云计算和物联网平台，实现订单信息的网络化管理和服装成品的全面网络化交易。

第一，用精益管理打好服装和家纺产业智能制造的基础，精益管理包括精益思想、精益现场管理、精益生产管理和精益物流管理，构筑精益化（工业化）基础管理体系；第二，开发智能化服装生产线，研发数控服装生产关键装备，建立包含验布、裁剪、缝制、熨烫、检验、包装和储运等的全部工序自动化生产线，达到降低操作人员劳动强度、提高生产效率、降低成本的目的；第三，开发专用服装生产数字化控制系统，使设计系统与生产管理系统间的信息互联互通，形成建立在互联网平台上的服装生产制造系统。

（5）纺织装备　重点开展纺织智能传感器与控制单元、智能检测与分析器件、纺织机器人、纺织数字化车间（工厂）成套装备、纺织装备制造智能化等关键技术研发与产业化应用。

1）纺织智能传感器与控制单元、智能检测与分析器件。研发和应用异纤检测技术和装备，棉网、棉条、纱线均匀度在线检测技术和装备，并条机自调匀整在线检测及控制技术和装备，染液、浆液浓度在线检测与精确控制技术和装备，纺织材料湿度、回潮率检测技术和装备；研发织物疵点检测单元和器件；研发和应用纺丝关键部件工况在线检测技术和装备，纺织材料色差、度色在线检测与控制技术和装备，环锭纺纱线智能在线检测技术和装备，三维人体智能测量单元和器件等。

2）纺织专用机器人。研制并应用具有工序切换或补给功能的柔性化纺织机器人、换管机器人，化纤长丝生产中的落丝机器人，经纱准备系统中的整经机换筒机器人，棉卷、条桶和小卷输送系统，全自动络筒机自动络筒和筒子纱传输系统，化纤丝饼搬运、分拣和仓储技术，染整全流程织物或色纱搬运与调度系统，服装生产智能调度系统与吊挂线，纺织品自动检测分级、运输和仓储单元；研制并应用纺纱工序中的各种接头机器人，经纱准备系统中的穿经机器人，织造过程中的挡车机器人，基于机器视觉的漏纱、次纱、废纱和织物疵点的检测机器人，毛衫加工过程中的针织套口机器人，服装机械中的袖（裤）口缝制机器人，纺织复合材料的铺丝机器人等。

3）纺织数字化车间（工厂）成套装备。打通纺织产业链从化纤制造到纺纱、织造、染整和成衣智能化制造的全过程，并与智能移动、智能物流、智能建筑和智能电网无缝连接。研发化纤生产成套智能装备并推进其产业化应用，研发长丝生产线丝饼自动落筒装置、丝饼物流自动输送技术，丝饼嵌入智能传感器件。研发和应用集成了智能主机、智能车间环境监控系统、智能物流系统、智能数据分析预测系统的棉纺智能化成套系统；研发和应用针织内衣经编生产智能化成套装备，纺织服装制造由涤纶长丝、棉纱、筒子纱（经轴纱）向涤纶短丝、锦纶、毛麻纤维等纤维原料拓展，以及向成衣、家纺等其他加工工艺拓展。

4）纺织装备制造智能化。研发数字化工厂，设计、仿真优化与验证集成的纺织装备全生命周期数字化设计和生产技术；研发涵盖智能物流系统、智能加工系统、智能装配及纺织装备整机智能测试与质量控制系统的纺织装备智能制造(车间）工厂技术。面向纺织装备制造大数据和云计算平台，开展包括企业应用软件、数据可视化、在线监控、预防性维护、物流预测和智能决策等的纺织机械智能制造信息物理系统（CPS）研发和产业应用。

（6）智能纺织材料　未来5～10年，重点开展智能调温、智能形状记忆、智能变色纺织材料，以及电子信息智能纺织材料的结构及信息传导机理、材料可加工性、可穿戴材料、家居用材料、产业用材料等的机理原理和关键技术研发，推进相关智能纺织材料的产业化发展。

1）智能调温纺织材料。依托纺织、物理、化学、纳米和计算机等学科技术，重点开展智能调温材料的响应机制与控温机理研究，构筑材料相变机制，开发出基于不同机理的智能调温材料，并应用于不同领域。构建材料调温热力学模型，开发出相变温度适当、性能优越、体积变化小的智能调温材料、有机/无机复合调温材料或者多元复合调温材料。增加智能调温纺织材料制备工艺的自主研发投入，突破智能调温纺织品制备技术。重点研发具备耐久性、耐水洗性能和优异服用舒适性的智能调温纺织材料，实现智能调温纺织材料的低成本、大面积推广生产。建立智能调温纺织材料与人体表面之间的微环境温度模拟模型。开发针对不同环境温度和人体需求的智能调温纺织材料，重点研发用户能主动调控产品温度参数的技术。加快自动化及智能化装备的研发与应用，实现智能调温纺织材料的快速、稳定和高精度生产。

2）智能形状记忆纺织材料。重点开展新型智能记忆材料的机理研究，以高性能新型材料为先导，研发材料基于不同形状、反应时间、激发温度的智能记忆机理，开发具有超高记忆性、舒适性和柔软性的智能记忆材料，实现不同机理材料的优化应用。将新型记忆材料融入纺织品材料开发设计中，形成绿色无污染的智能纺织材料研发体系；基于互联网平台建立智能形状记忆纺织材料设计模型，根据消费者需求智能化调整开发参数，形成更具效率与实用性的智能纺织材料开发设计体系。逐步推进智能纺织材料的智能化制备，实现智能形状记忆纺织材料的智能化加工和大规模产业化生产。

3）智能变色纺织材料。推进纺织材料智能变色机理研究。基于物理、化学和光学等学科技术，研究纺织材料的智能变色机理，建立纺织材料结构与变色之间的关联关系，构建纺织材料智能变色模型，开发出基于不同外界刺激的高灵敏度新型智能变色纺织材料。基于光学、计算机和电子信息等学科技术，重点研发与纺织材料能有机结合的智能变色集成电子电路，开发出可设定不同颜色的智能纺织材料。深入开展智能纺织材料的生产环节关键技术研究，突破高效的、稳定的智能变色纺织品制备技术，构建从产品规格到纤维制备工艺的智能优化制造系统。根据消费者使用需求设计智能变色纺织材料与制定生产方案，打造个性化定制服务系统，实现智能变色纤维的智能化开发和产业化应用。

4）电子信息智能纺织材料。深入探索信息传导、积累与反馈的机理，研发出具有快速响应功能的高灵敏度智能纺织材料；构建智能纺织材料信息反馈流程模型，基于对大数据的优化分析，实现对电子信息智能纺织品技术的高效集成与控制；基于纺织、电子、医学、计算机、物理和化学等学科技术，构建跨领域协同体系，研发适应电子信息智能纺织材料特征的高精度、高可靠性智能控制、运动控制等关键技术，挖掘电子信息智能纺织品的更多可能性应用。以柔性传感器、柔性摩擦纳米发电机等器件的开发为依托，以微纳器件集成技术为基础，实现纺织材料与电子技术的进一步互联互通，提高电子信息智能纺织品的服用舒适性与使用寿命，推进电子信息智能纺织品的时尚化与产业化。加快电子信息智能纺织品的产业化进程。进一步加强不同领域的技术相互融合研究，开发高可靠性的柔性传感器、柔性电容器等器件；建立智能纺织品制造示范基地与综合应用评价体系，引领功能、智能一体化的纺织品开发与应用。

（7）纺织智能制造标准

1）纺织智能制造综合标准体系结构。在工业软件、大数据和工业互联网基础上，对纺织制造过程的智能装备、系统集成、互联互通、信息融合、制造执行和运营分析共性技术和标准进行研究，包括纺织智能传感技术、物联标识技术、网络安全技术、纺织机器人技术等。开展典型纺织企业内部设备信息、生产工艺信息接口及互联互通技术规范、信息安全评估方法和标准的研究及推广应用。

2）纺织智能装备（各门类）的集成与互联互通标准。研发纺织制造过程中各种装备间的互联互通、M2M 技术，纺织制造过程中传感器、控制层、设备层、车间生产层和企业层的垂直水平互联技术，设备的无线传感互联技术以及与互联网、物联网的连接技术，形成纺织智能装备（各门类）的集成与互联互通标准。

3）纺织智能制造工厂通用技术标准与参考模型。以系统化的管理思想研究纺织智能制造工厂通用技术标准，构建纺织智能制造工厂架构参考模型、系统集成和设备状态模型、信息融合通用模型、制造执行系统（MES）的共性功能模型等，实现纺织企业的生产决策、设备监测、质量管控智能化和全流程追溯，以及物流与仓储管理的智能化等。

4）纺织大数据服务与工业互联网架构共性标准。制定纺织工业物联网平台标准、纺织智能制造信息物理系统（CPS）和纺织制造大数据平台标准。

在纺织智能制造 CPS 技术标准方面，开展纺织生产所涉及的设备仪器及部件（织机、针织机、编织机、整经机、拉根机、摇架、罗拉、纤维大容量检测仪、织物性能测试仪、家纺产品性能测试仪、化纤类测试仪器、电子清纱器和断纱检测装置等）工作运行数据的高效可靠采集技术和方法，相关数据的本地代理及通信方式，智能传感器、控制器、制造系统（包括 ERP 和 MES 等）运行数据的挖掘与处理方式，以及制造系统数据的网络化管理等标准的研究和实际推广应用；开展纺织装备与 ERP 管理系统、MES 融合标准研究和推广应用。

5）纺织工业物联网平台及仓储与物流系统标准。开展纺织生产设备编码、标识和识别技术，生产工艺信息的编码与读取技术，以及基于工业物联网包括智能自动包装线等的典型纺织企业内部物流、仓储信息平台等的标准研究和推广应用；开展自动存储立体区、入出库输送系统、电气控制系统、计算机监控调度系统、智能仓储网络结构和信息管理系统，以及纺织产业各企业间物流、仓储的物联网信息平台技术标准研究和推广应用。

6)纺织智能制造技术规范和标准。开展化纤、纺纱、织造、非织造、印染和整理、服装设计与加工等纺织产业链环节中的共性技术互联互通技术规范和标准研究及推广应用。

第9章

典型企业的智能制造发展情况

9.1 中天科技：光纤预制棒智能工厂

随着“宽带中国”“互联网+”“一带一路”等的实施和全球5G时代的到来，我国将进一步推动光纤预制棒产业升级换代，加速行业快速发展。当前，我国在光纤预制棒方面已经有了长足发展，但关键技术装备的自主化水平和提供系统解决方案的能力与美、日等国家相比还有一定差距，我国的传统制造模式已无法适应新时代发展要求。我国光纤预制棒行业面临的共性难点是：①工厂、设备和产品设计以经验为基础，设计效率不高、周期长。②设备的自主化水平不高，工艺复杂，互联互通难度大。③原料分散供应，物料流转自动化程度低。④产品指标缺少全面监控，难以实现产品全生命周期管理。

伴随着市场竞争的日益加剧，下游光纤光缆产业对原材料的成本和信息流提出了更高要求。为适应这一要求，中天科技集团（简称中天科技）进行了智能车间建设，首先，大面积进行设备自动化改造，实施机器人换人，大幅提升了车间设备的自动化程度，以提高生产效率，降低制造成本。其次，对预制棒制造过程中的生产、经营、管理等活动产生的繁杂信息进行统计和分析，为企业相关决策提供有效的数据支撑，利用大数据分析方法，进行预制棒制造效率的统计和分析，实现对全流程品质的管控，为预制棒定制化、批量化制造提供有效保障。

1. 项目实施方法与取得的成效

（1）成功开发了光纤预制棒核心短板装备，可替代进口　中天科技精密材料有限公司（以下简称中天精密）自主研发了一批关键短板设备，包括：芯棒自动高速沉积VAD设备，外包自动高速沉积OVD设备，自动化芯棒精密延伸装备群，自动一体化无氯烧结、脱羟系统等。其中VAD工序作为光纤预制棒生产的第一道工序，其生产质量直接决定了光纤预制棒的整体质量。新开发的VAD设备沉积速率、芯棒直径达到国内同行先进水平。同时，使得原料利用率从35%提升至45%左右，单台月产能提升了80%。目前该设备已制造了26台，节约进口设备采购费用7 800万元。VAD设备三维模拟图如图9-1所示。

（2）光纤预制棒原料和半成品流转的自动化和智能化　中天精密建成了一个具备将原材料输送到各工序的气体中央控制系统，实现原料的自动输送、精确计量，同时该系统与 MES 相连，能够精确计算每根预制棒的生产单耗，为成本管控提供有效的参考依据。该系统的主要特点：全过程无需人工参与；不间断供料，稳定性高；原料使用的数量与 MES 数据库同步，自动进行成本分析。

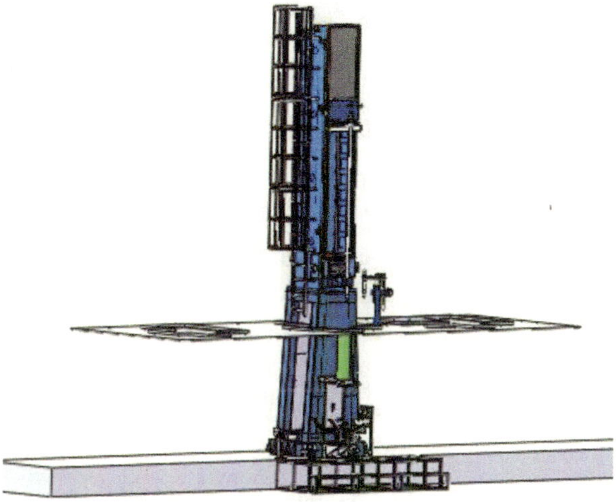

图 9-1　VAD 设备三维模拟图

图片来源：中天科技。

建成机器人自动装卸棒系统，当生产结束后，机器人接收到动作指令自动完成半成品预制棒的装卸工作，将外包粉末棒放置到 AGV 小车上，并自动转运至下一道工序。通过引入该系统，大大降低了工人的劳动强度，提高了工作效率。机械手与 AGV 的动作衔接如图 9-2 所示。

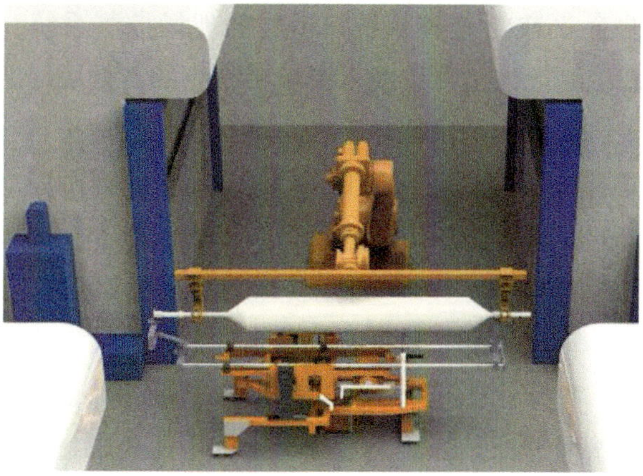

图 9-2　机械手与 AGV 的动作衔接

图片来源：中天科技。

（3）建设了光纤预制棒生产车间 SCADA 系统　针对光纤预制棒生产过程监控对数据实时性要求高的特点，该项目建设了具有安全性、开放性、连接性的 SCADA 系统（架构如图 9-3 所示），实时监测各个生产过程中的流程参数。

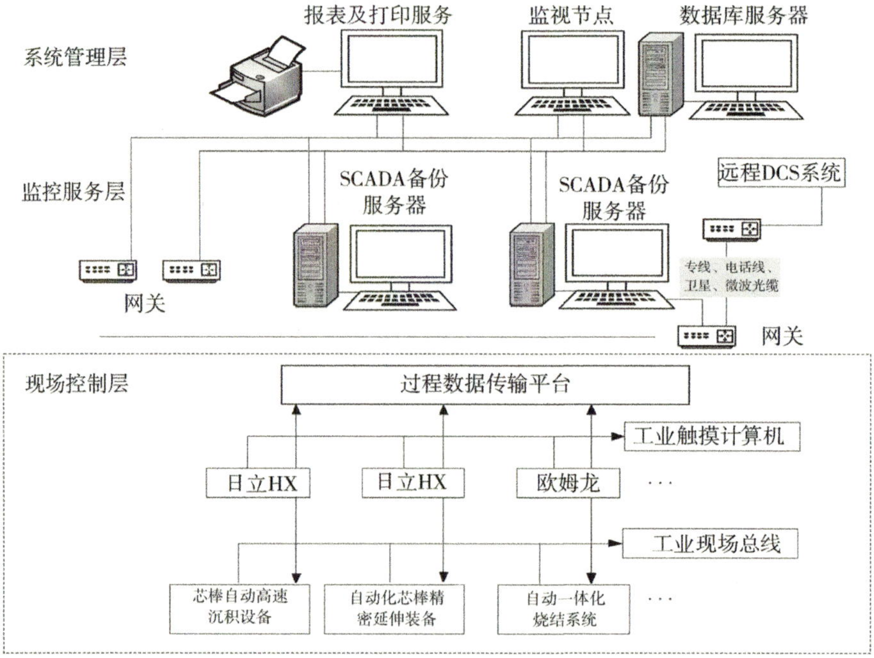

图 9-3　SCADA 系统架构

图片来源：中天科技。

（4）建设了光纤预制棒制造执行系统（MES）　光纤预制棒制造执行系统（MES）与上层的企业 ERP 管理系统、下层的现场控制系统、数据采集系统、智能分析和决策系统进行连接与集成，实现系统间的高效协同。光纤预制棒 MES 作为光纤预制棒生产现场的统一管理平台，取代了原有的分散小系统，有效解决了困扰企业的信息孤岛问题。光纤预制棒 MES 具有计划排程、生产过程管理、设备管理、物料管理、实时监控、质量管理、车间核算和生产追溯功能。

（5）建设了光纤预制棒生产车间互联互通与大数据中心　该中心整体采用三网分离中心集中的设计原则（如图 9-4 所示），建设了三个独立的物理网络，以承载不同的业务。整体业务集中到数据中心，数据中心面向整个智能工厂提供业务服务。整个网络通过裸光纤链路互连，数据中心内部按照业务类别和安全要求划分为三个分区，即安防监控服务区、办公服务区和设备专网服务区，各业务系统的运行、转发和存储等均在各自分区内完成。

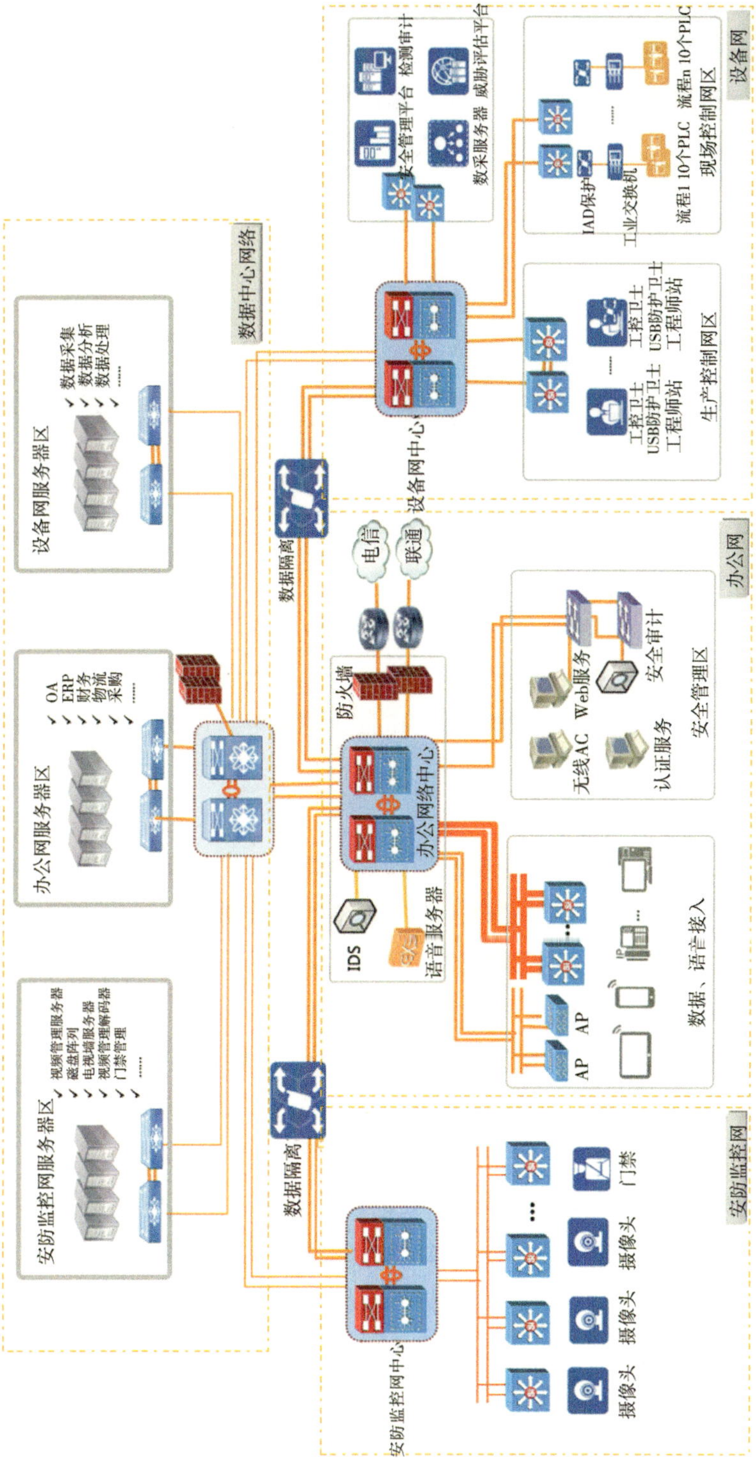

图 9-4 互联互通架构

图片来源：中天科技。

大数据基础平台提供120T以上的存储能力，各台服务器通过万兆以太网互连，形成多机冗余系统架构，保证平台的可靠稳定运行。平台具有高可用性，可存储结构化数据、异构数据、视频和图片等信息，可对计算资源和内存资源进行统一管理调度，支持基于分布式内存进行大数据分析计算，支持对大数据平台的综合管理。

2. 实施成效

项目实施前后的经济指标对比见表9-1。

表9-1 项目实施前后的经济指标对比

经济指标	项目实施前	项目实施后	成效
生产率	1.52kg/（人·小时）	1.91kg/（人·小时）	提升25.7%
运营成本	442.28元/kg	333.90元/kg	降低24.5%
产品升级周期	200天	120天	缩短40.0%
产品不良率（%）	3.38	2.55	降低24.6%

中天精密在该项目成功实施的基础上，进一步打造行业领先的智能工厂，智能工厂已开工建设，涵盖智能设计、智能制造和智能物流等，可实现产品全生命周期的智能化管理。

3. 启示

该项目的成功实施是因为：①广泛引入了高端自动化生产设备，使用了工业机器人、智能机械臂等智能化装备，实现了生产设备的初步数据化。②车间实现了可视化的中控室生产管理，采用了数字化、网络化装备，车间设备实现了互联互通，采用了统一的数据库和软件平台对生产过程数据进行采集、存储和分析。③实现了现场级和车间级自动化系统的横向集成，通过现场SCADA、数据库、MES、ERP管理系统的协同管理，使预制棒生产过程的成本显著降低，实现了智能化、柔性化生产。

同时，该项目的建设增强了我国光通信产业的国际竞争力和可持续发展能力，提升了我国光纤预制棒制造的自动化、信息化水平，实现了关键短板装备的自主化，填补了国内空白，可促进我国光纤预制棒制造行业技术进步和产业升级。

9.2 昆山沪光：汽车线束数字化车间

汽车线束素有“汽车神经”之称，有量大面广、多品种、多规格和质量要求高的特点，其质量的好坏直接影响到汽车的舒适性、稳定性和安全性。整车线束图如图 9-5 所示。

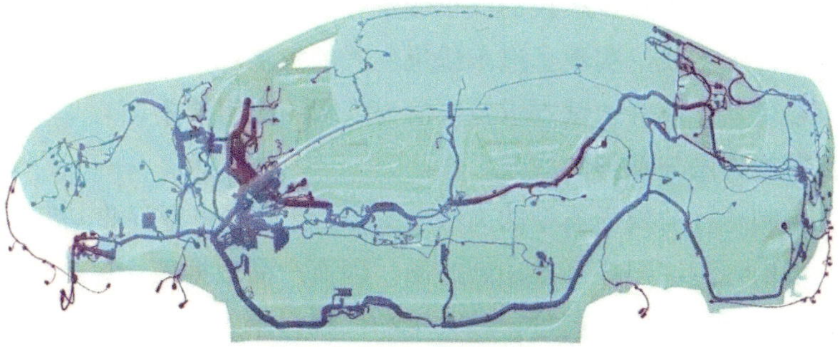

图 9-5　整车线束图

图片来源：昆山沪光。

随着新能源汽车的兴起，繁多的电子元件、复杂的电子系统和高压电路对汽车线束提出了更加严格的要求。新能源汽车线束位置图如图 9-6 所示。

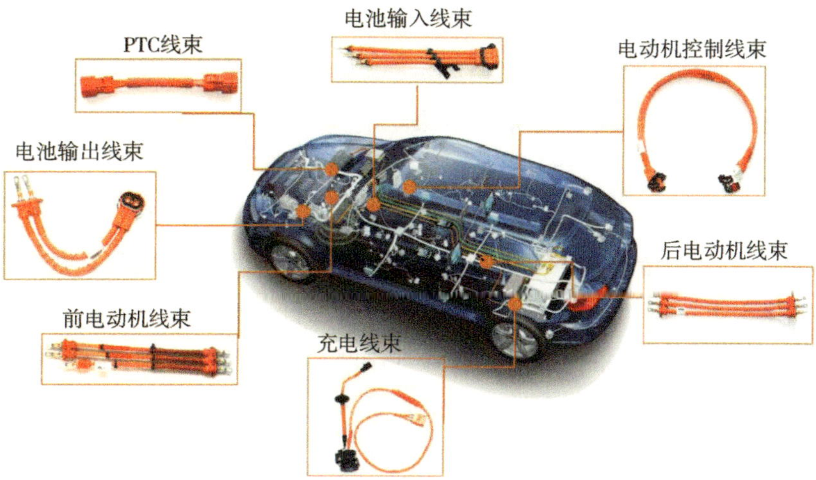

图 9-6　新能源汽车线束位置图

图片来源：昆山沪光。

随着汽车技术的不断发展，以及汽车零部件行业制造能力的不断提升，消费者在购买汽车时，会根据个人的喜好，选择自己需要的功能，在这样的消费观念下，汽车厂的设计思路由整车电气一体化向整车电气模块化方向转变，以更能满足多变的市场消费需求。

在《中国制造 2025》的指导下，昆山沪光汽车电器股份有限公司（以下简称昆山沪光）在智能制造上开辟新径，集成应用智能制造领域的新工艺、新技术，研究并开发出具有自主知识产权的汽车线束智能制造关键工艺装备、智能物流系统及自动化柔性生产线，实现了汽车线束生产的数字化，显著提高了企业的自动化水平，该项目具有很好的试点示范价值与广阔的应用前景。

1. 项目实施方法与取得的成效

汽车线束制造行业属于典型的离散型制造、劳动密集型行业，产品开发灵活、发展快捷，不断地淘汰旧产品推出新产品，因而产品数据庞大。全球的线束制造企业几乎都采用手工操作方式进行线束生产：物料用人工方式输送，产品用人工方式生产，数据用人工方式统计，报表用人工方式制作，数据的实时性和准确性难以得到保障，管理工作相对滞后。

因此，昆山沪光决定建设智能工厂，通过对业务及流程进行梳理，首先进行了数字化车间建设，从智能物流、智能装配两方面开展了如下工作：

（1）智能物流　遵循精益物流的设计理念，实现了原材料的自动入库、自动拣选和自动出库，实现了半成品的空箱自动供应、自动入库、自动拣选和自动出库，实现了成品空箱供应、成品缓存整理及成品码垛等的全过程智能化。该项目已成为行业标杆，革新了线束制造模式。

（2）智能装配　对于汽车线束这个劳动密集型行业，昆山沪光首先考虑的是如何利用现有自动化技术将部分人员替换，在此基础上推出了智能工厂总体规划和目标——以制造云为核心的信息化系统建设。从设备自动化、生产透明化、物流智能化、管理移动化和决策数据化五个维度打通制造价值链的全流程体系。通过自动化生产线及设备的投入，在计划排产、工艺监控、物料管理和质量管理上收到了非常明显的效果，工厂效率提升了 30%，德国大众、上汽大众、一汽大众、奔驰、奇瑞、江淮等客户给予了“全球一流工厂”的高度评价。

2. 启示

1）企业要从自身实际情况出发，真正明白推进智能制造的目的是什么，是提高产品质量、缩短研发周期、满足市场的个性化需求还是降低成本等，不管如何，企业要有一个明确的答案。

2）智能制造是一个复杂且有着庞大活性基础数据的系统工程，企业需要站在战略高度，从研发、工程、信息化、LEAN 和自动化等方面进行整体规划，实施过程可以分步进行，不要有“一步到位”的想法。同时，要寻求若干家专业服务单位，辅导项目规划的制定，企业内部也要多宣传、多引导，从开始就让相关人员接受智能制造的理念，为项目后续实施过程中的职能重组、流程再造做好思想准备。

3）需要有执行战略项目的经理。在总体规划结束准备按步实施时，首先要选择一位能够将企业领导人的想法付诸实践的人，这是项目成功实施的关键。智能制造是先进制造技术、信息技术以及人工智能技术在制造装备上的集成和深度融合，必须从传统的以“人”为中心的制造模式向以“计算机”为中心的制造模式转变，因此，要选择一位既能接受新技术又有传统生产经验的人做项目经理。

4）企业要根据自身的实际情况制定发展策略，在做好智能制造顶层规划的同时，要打造好企业的数据“容器”，一旦有项目投入，便会产生大量的各种数据，而制造过程各项工作对客观数据的依赖性越来越大也加大了对数据“容器”的需求。因此，企业在决定推进智能制造时，必须在“数据自动运维、信息自动提取”的思路上开展工作，这样才有助于项目的正常推进。

9.3 恒顺醋业：食醋酿造智能工厂

食醋酿造产业作为传统产业，生产环节虽历经多年探索，但总体的机械化、自动化水平不高，更谈不上智能化和信息化。目前行业内普遍存在的现象是：酿造工人整体年龄偏大，年轻人不愿意下车间等；同时还存在传统工艺严重依赖工人经验，不符合如今标准化、精益化生产需求的情况。因此，传统的食品酿造产业正逐步转型为现代生物产业，由重体力、高耗能、一定程度的资源浪费型的传统工业，转型为智能制造、以人为本、资源集约和环境友好的新型工业。这是我国传统酿造产业由传统走向现代、由中国走向世界的必由之路。

1. 智能工厂建设情况

江苏恒顺醋业股份有限公司（简称恒顺醋业）利用信息化系统和先进生产设备初步建立起智能工厂管控体系。该管控系统包括设备层、控制层、生产管理层和公司 ERP 层，涵盖生产过程监控、质量分析、能源管理、性能分析、设备管理和成本分析等模块。该管控系统的功能是：通过在线测量仪表和传感器对生产过程中的工艺参数进行测量和控制，保证关键工艺环节稳定运转；通过 MES 对生产线的工艺参数、能耗参数进行监测、记录和分析，对生产过程实现监控，对质量和设备性能进行分析。

（1）智能装备应用情况

1）智能翻醅机。智能翻醅机利用自动测温功能，采取料堆断面多点测温策略进行温度测量，并将测得的温度通过无线通信方式发送给智能翻醅机控制台，控制台根据温度分布模型，调整翻醅工艺参数，并自动控制翻醅机的工作，使整个醋醅发酵过程中的温度控制更准确。

2）工业智能机器人。与 KUKA、ABB、FANUC 等国际著名公司深度合作，在生产流水线上应用了 10 余台工业智能机器人，并对原有设备进行了自动化改造，目前车间的自动化水平大幅提升，车间生产工艺数据的自动采集率、自控投用率均达到 95% 以上。

3）机器视觉检测系统。与 HEUFT、COGNEX 和 DATALOGIC 等国际著名公司合作，全面应用机器视觉检测系统，对瓶体、商标、液位和条码等品控要素进行安全识别，显著提升了生产流水线的检测速度和精度，通过与自动剔除系统的联动，杜绝了人工出错的可能，使不良品率由 0.5‰下降至 0.01‰。

4）智能立体仓。与国内厂商合作，新建面积为 3 000m^2 的智能立体仓库，包含 5 个巷道 10 排货架、5 台堆垛机，出入库量为 55 000箱/天，效率提高了 100%。

（2）应用数据采集与监视控制（SCADA）系统　在酒精发酵工段大范围应用 SCADA 系统，现场的智能仪表、设备、传感器和开关阀门等现场节点设备按就近原则接入远程 I/O 子站或本地 I/O。通过系统组态建立与控制站之间的数据通信，实现人机交互和现场动态展示，提供实时模拟图、警报显示和趋势图。

（3）产品全生命周期溯源系统　应用了产品全生命周期溯源系统和智能化视觉识别系统，对每一个产品赋予一组唯一的按国际编码规则编制的溯源监控码，通过喷印和贴标的方式将数码和条码赋在产品上，通过视觉识别采集关联信息并连接网络存储，实现了产品流通、物流信息的精细化管控。

（4）应用生产过程实时调度系统

1）系统互联互通。ERP、WMS 和溯源系统实现了系统互联互通，ERP 管理系统的生产订单信息自动下发至溯源系统，溯源系统记录标识数据，并同步至 WMS，立体库二次扫描入库产品条码，验证后收入货位，确保了上架货位和上架数量的准确性。

2）物流信息管理系统。物流信息系统获取订单数据后，针对整车、单柜和零担等不同运输方式，根据承运商的运力情况，自动优化运输线路和配载方式，客户确认收货后，系统自动结算运费。从销售下订单至货到客户全过程实现了无人值守操作。该系统运行以来，订单处理时间从 5 天缩减为 2 天，结账周期从 15 天缩减为 7 天，物流运载能力成倍提升。

3）智能移动营销管理系统。在营销终端应用了移动营销管理（SFA）系统，基于 SaaS 云计算平台，实现了市场端陈列信息、促销活动、竞品信息和业务员的监管，也强化了与客户的沟通。目前，该系统已覆盖该公司的 25 个办事处、600 余名业务员和 10 余万家终端。

（5）应用资源能源消耗智能监控系统

1）智能微电网。全面优化了微电网系统，新建了 300kW 智能储能系统，该系统由电池储能系统、控制系统、监控系统以及能量管理系统构成。其中，控制系统可实现对分布式电源、负载装置和储能装置的远程控制；监控系统对分布式电源实时运行信息、报警信息进行全面监视并进行多方面的统计和分析，实现对分布式电源的全面掌控；能量管理系统可控制分布式电源实现平滑出力与能量经济调度。微电网的全面优化提高了能源利用效率，减轻了能源动力系统对环境的影响，降低了大电网的负担，提高了系统的安全可靠性，促进该公司向绿色、环保和节能方向发展。

2）智能光伏电站。实施“金屋顶”工程，该公司利用闲置屋顶资源实施分布式光伏发电，推进节能减排，利用 56 000m^2 的屋顶面积，开展 4.5MW 光伏电站建设。2016 年 8 月已并网发电，年均发电量大约为 212 万 kW·h，每年可节约标准煤 765t，减少 CO_2 排放 2 117t，通过实施“自发自用，余电上网”，使该公司电价在国家电网基础上下浮 15%，每年可节约电费 25 万元。

2. 启示

恒顺醋业通过酿造智能工厂建设，将当下热门的智能制造引入传统的酿造食品行业，全面提高了企业的信息化管理水平，对恒顺醋业继续保持行业领先地位起到了十分重要的作用。既提高了恒顺醋业的市场知名度，成为镇江市的“名片”，又为镇江市的智能制造推进、产业转型升级增添了活力。其主要经验有：

（1）要有明确的战略规划　智能工厂的建设周期较长、投资巨大，对于大多数企业来说，智能工厂建设是一个浩大的工程，必须在项目实施前有明确的科学合理的战略规划和实施策略，否则在实施过程中很容易陷入混乱，失去掌控。恒顺醋业于 2013 年就制定了《2013—2018 五年智能制造战略规划》，从公司战略的高度将智能制造方案予以固化，并制定了分步推进、由点及面的实施策略。从追溯系统、智能仓库和生产管控系统等各模块到最后的整个系统融合统一，一步一个台阶，显著降低了项目实施的难度和风险。

(2)立足企业自身，走具有自己特色的智能制造之路　酿造行业具有特殊性，即使同为食醋企业，各种工艺也存在不小差异。因此，各个企业在实施智能制造时不能直接照搬别家的成功经验，要根据企业自己的实际情况进行定制开发。恒顺醋业的食醋工厂项目，是在充分调研了国内外成功案例经验的基础上，与国内知名自动化服务商合作，充分发挥固态分层发酵技术的优势，制定出了最贴身的智能制造实施方案。

9.4　树根互联：装备远程运维服务

树根互联技术有限公司（以下简称树根互联）是三一集团孵化的工业互联网赋能平台公司。树根互联打造的中国工业互联网赋能平台 —— 根云，致力于为各工业细分领域的创新和转型赋能。根云平台是我国开发较早、连接工业装备较多、服务行业较多的工业互联网赋能平台，能够为各行业企业提供基于物联网、大数据的云服务，为装备制造业企业、金融机构、装备使用者和政府部门等提供服务，并与相关行业的软件、硬件进行融合，构建工业互联网生态体系。截至 2020 年 11 月 1 日，根云平台已接入总价值 5 000 多亿元的各类工业设备 72 万台，打造了工程机械、混凝土、环保、铸造、塑料模具、纺织和定制家居等 20 个行业云平台，赋能 81 个细分行业，带动了一大批上下游企业实现数字化转型，其中不乏千亿元级企业的应用案例。

1. 智能制造发展情况

树根互联依托自主研发的标准化接入设备，基于 4G/5G 等新一代无线通信网络，打造了国际先进、国内领先的工业互联网云平台，实现了工业装备的互联互通、数据采集和远程控制，并利用大数据分析、机器学习等技术实现装备的运行状态监测、故障报警、智能诊断、故障预测、健康评估、剩余寿命预测、智能派工等增值服务。2017 年，树根互联的基于工业互联网公共云平台的远程运维服务新模式应用项目成功获得工业和信息化部智能制造综合标准化与新模式应用项目的资金支持，公司入选“第一批智能制造系统解决方案供应商推荐目录”。

（1）自主研发物联硬件终端　通过在工业装备中集成物联硬件终端，可实现工业装备与云平台之间的互联互通、数据稳定可靠传输。树根互联自主研发了安全可控的标准化物联硬件终端，主要包括根云物联盒 GYM-03 和物联模块 GYM-02，两者均采用一系列可靠的模块化标准电路，具备极低的故障率和极高的恶劣工况适应能力。

（2）建立工业物联网云平台　基于支持丰富数据源接入、微服务架构、轻量级容器技术、API 生命周期管理等先进设计理念，树根互联构建了工业物联网公共云平台，平台架构包括门户、行业工业应用市场、微服务引擎、平台核心能力、平台即服务（PaaS）、基础设施即服务（IaaS）和数据源等层级。此外，还构建了包括数据源层、数据采集层、数据管道层、数据存储层、数据计算层和分析服务层的大数据开放平台，实现了数据整合、数据存储、数据计算、数据分析和平台运维等功能。

（3）构建工业大数据挖掘平台　为对采集到的大量数据进行分析，树根互联构建了工业大数据挖掘分析平台，该平台具有智能化数据处理、机器画像与标签管理、异常检测建模分析和故障预测建模分析等功能。此外，还构建了与工业大数据挖掘分析平台相匹配的知识/模型库，库的主要内容包括数据判读规则、故障诊断知识、故障预测模型和健康评估指标等。

（4）开展工业装备远程运维服务　基于工业互联网云平台和工业大数据挖掘分析平台，树根互联主要为工业装备用户提供运行状态监测、异常报警、智能诊断、故障预测、剩余寿命预测、健康评估、用户使用行为画像、智能派工和运营优化等运营在线增值服务。此外，树根互联还构建了服务生命周期管理平台，以“服务订单”为管理主线，实现从客户来电、服务派工、现场服务、系统报工、服务回访到售后质量的全过程管控。

2. 经验与启示

（1）利用工业互联网解决企业痛点　树根互联针对制造业企业、拥有大量机器的行业用户和与机器有关的其他企业的需求，构建工业互联网平台——根云，根云为企业带来了以下三方面价值：①帮助企业提升产品竞争力，包括提升基于产品使用数据的研发能力、促进制造过程的全面数字化、支撑个性化定制产品的商业模式等。②为制造企业带来全新的商业模式，包括应用物联网技术提升企业售后服务品质、为企业带来新的增值服务收入、帮助企业打造产品使用生态体系。③降低综合成本，包括提高制造和产品供给效率、降低服务成本、降低配件库存、延长工业装备使用寿命和节能减排等。

（2）以服务为核心构建工业互联网平台　工业互联网是基于新一代信息技术与工业技术深度融合的产物，是融合了机器、数据、知识和人等因素，能产生直接的客户价值的工业企业经营管理系统解决方案。树根互联综合利用物联网、大数据和人工智能等技术，为企业提供工业装备的全生命周期管理系统平台，聚焦高价值运营装备，主要提供六方面的服务：①便利可靠的连接技术，为多个行业、多种类型设备提供快捷的接入服务。②混合云架构技术，打造公有云＋私有云架构，并具备多云迁徙能力。③工业大数据处理技术，包括宏观经济预测、配件需求预测、产品研发大数据分析、在外贷款风险管控模型、设备故障预测模型和服务模式创新等。④可复制的应用能力，利用互联网轻量级架构，打造组件化、微服务化功能模块，便于应用系统的自由配置和功能的个性化组合。⑤提高集成应用的整体效率：从接入到应用的端到端打通，提高了跨技术层级的整体效率和易用性，并能够对接各种外部应用系统。⑥多层次、端到端的安全防御体系，建立云、管、端全方位的安全防御体系。

（3）打造工业互联网生态体系　根云系统类似于工业中的安卓系统，所有接入的企业都可以根据自身的业务需求，通过根云平台开发定制化的物联网应用程序，由此使各种资源在根云平台上得到整合，为打造工业互联网生态体系打下坚实基础。

9.5　青岛红领：服装大规模个性化定制

"红领"品牌创建于 1995 年，1998 年正式成立青岛红领集团有限公司（以下简称青岛红领），是一家生产经营高档正装系列，包括西装、西裤、衬衣、大衣及配套系列产品为主的专业企业。

2003 年，青岛红领把经营战略目标转向高端男式正装的量身定制 M2M 业务上；2005 年，第一家推出市场终端个性化定制流水线生产模式；2006—2010 年，青岛红领在内部进行了大范围的设备自动化升级；2008—2012 年，全面实施信息化。从 2010 年开始，青岛红领基于先进的云计算、大数据、互联网和物联网等技术，采用具有自主知识产权的智能研发系统、三维人体信息数据采集系统和智能制造执行系统等技术，打通企业现有的各种流程，进行了集成信息化系统建设。企业在生产模式、制造方式和服务领域方面都取得了很大进展，实现了大规模个性化定制、网络协同开发、以电子商务为代表的智能制造新业态、以数字化车间/智能工厂为方向的离散型制造、以云服务为代表的智能服务。青岛红领通过转变经营方式——采用 M2M 业务战略，对企业进行技术升级和管理变革，按照用户需求迅速调整产品结构，转变盈利模式，成为传统产业智能制造转型升级的典范企业。2014 年，青岛红领成为两化融合管理体系贯标试点企业。2015 年首批公布的 46 个智能制造试点示范项目中，青岛红领的“服装个性化定制试点示范”作为大规模个性化定制的新业态、新模式被列入其中。

1. 智能制造发展情况

（1）实施大规模个性化定制　青岛红领的个性化体现：基于服装款式个性化和人体尺寸个性化，可完全实现一人一款、一人一版，并可设计赋予个人灵魂的专属版型。

1）个性化定制品类。定制产品的品类：青岛红领经过 12 年的定制订单大数据累积，有近千个可定制的类别，上万个可设计的选项，上百个成衣可定制部位，可满足上百类特殊体型定制，面料有上万种可供选择。

2）协同开发、云制造与三大集成。青岛红领通过纵向集成解决了企业内部的信息孤岛问题，实现了企业内部从 ERP、MES、PLM 到生产最前端的设备、人机交互系统等所有环节的互联互通。

青岛红领的个性化定制体验全流程示意图如图 9-7 所示。

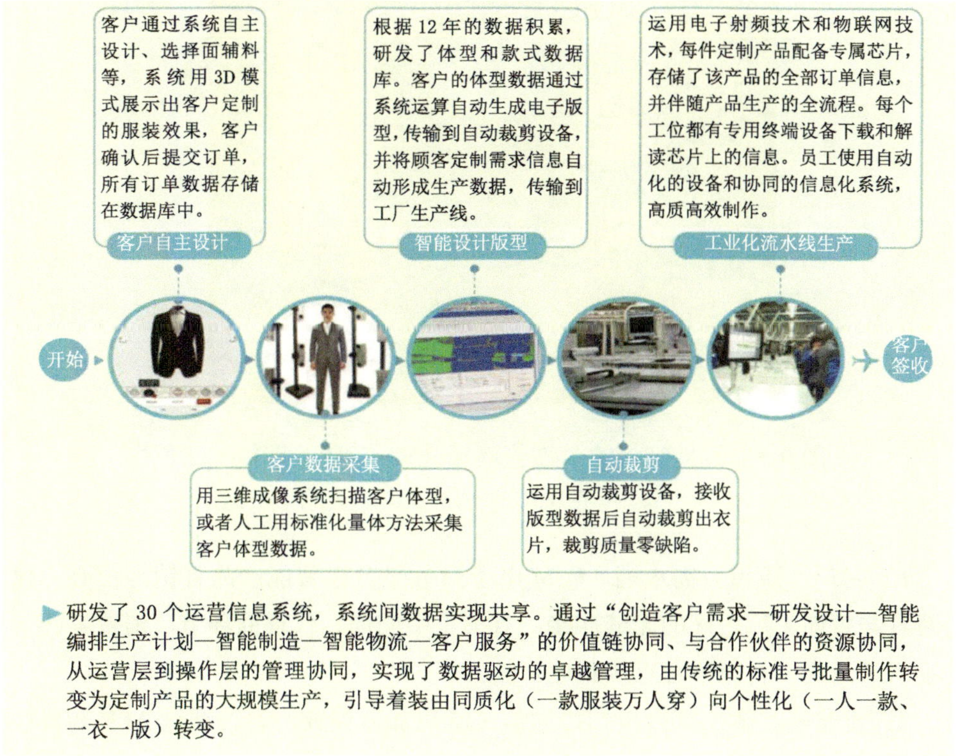

图 9-7　青岛红领的个性化定制体验全流程示意图

图片来源：青岛红领。

3）电子商务。目前，青岛红领建立了C2M电商平台及线下服务体验平台——cotte服装定制创业平台。C2M电商平台和线下cotte服装定制创业平台共同为终端用户提供以客户为中心的业务模式，涵盖量体、下单、制造和服务的全过程体验。

（2）构建智能制造生态体系　通过从决策层到运营层、设备操作层的纵向集成，从客户（源点）需求—研发—数据采集—设计—物料采购—生产—物流配送—客户服务（源点满足协同及经营）全价值链的横向集成，青岛红领形成了服装业内具有良好商业发展前景的独特个性化定制模式。

青岛红领的个性化数据驱动“3D打印模式工厂”如图9-8所示。

图9-8　青岛红领的个性化数据驱动“3D打印模式工厂”

图片来源：青岛红领。

1）客户（源点）需求端。C2M电子商务平台以智能产品直销为核心，建立消费者与智能工厂之间的无缝连接，省掉了中间商、代理商环节，消费者的个性化需求通过这一智慧平台直接到达智能工厂。

2）研发端。客户可直接扫描微信二维码加入创业平台，通过APP端直接将需求传递给线上设计师，设计师快速做出反应推送给客户需求的款式，满足客户的个性化需求。

3）人体数据采集。研发了3D智能数据采集系统，是唯一一家实现了人体数据在7s内自动完成采集，并与生产系统自动智能化对接、转化的厂家；线上线下互联的实时交互系统实现了现实世界消费者的需求与互联网即时共享与互通。

4）大数据中心。青岛红领的智能研发系统能快速、高效和高质量地为个性化消费生成独有的专属版型及一系列后端物料数据、生产数据。客户在下完订单后即刻就完成了产品设计，实现了研发、设计、生产一体化，满足了大规模个性化的快速交付需求。

5）物料采购系统。解决了个性化定制面料不可预测、多样化需求情况下缺料的难题，提供了通过面料超市，提供丰富面料的渠道；在仓储配送环节，实现了线扣、面料、辅料一件一配，准时正确配送；在成品发货环节，实现了一人一配套、一单一发货、一单一报关，效率与批量处理的效率一样。

6）客户服务（源点满足协同及经营）。客服中心是青岛红领全球高级定制、全生命周期解决方案供应平台的指挥中枢。客服中心通过建立庞大的客户数据库，清洗和筛选数据，分析和评估客户需求，从而更加精准地与客户互动，为其提供增值服务，并为二次营销、产品系列营销、关系客户营销和客户终生营销提供支持。

2. 经验和启示

（1）开启个性化定制的全新时代　创新了C2M商业生态全新模式，打造了区别于亚马逊、天猫和京东等传统电子商务模式的C2M直销平台，以“定制”模式为核心，为C（客户）和M（制造端）提供数字化工业工程解决方案，专注M到平台的一站式直销解决方案。

（2）为传统制造业转型和升级提供了一种新的方法和途径　青岛红领为我国传统制造业的转型和升级提供了一种C2M商业模式、新的生产模式和保姆式的全价值链服务，为我国经济发展提供一种简洁、有效和清晰的方法和途径。

数据驱动智慧工厂升级路线如图9-9所示，可复制解决方案示意图如图9-10所示。

（3）提供人人创业平台　创业者可自行挖掘市场需求，也可接受市场需求的驱动，满足市场需求，云服务平台上的创业者给需求方提供面对面的支持，并将最终需求对接到企业平台，企业平台快速、高效地运转以使需求方得到满足。云端服务平台现在是用数据驱动的，任何问题只要发生一次，就会立即完善数据库，云端服务平台实行的是人机互动、人机满足机制，从运行效果看，这种机制完全符合云服务平台发展需要。

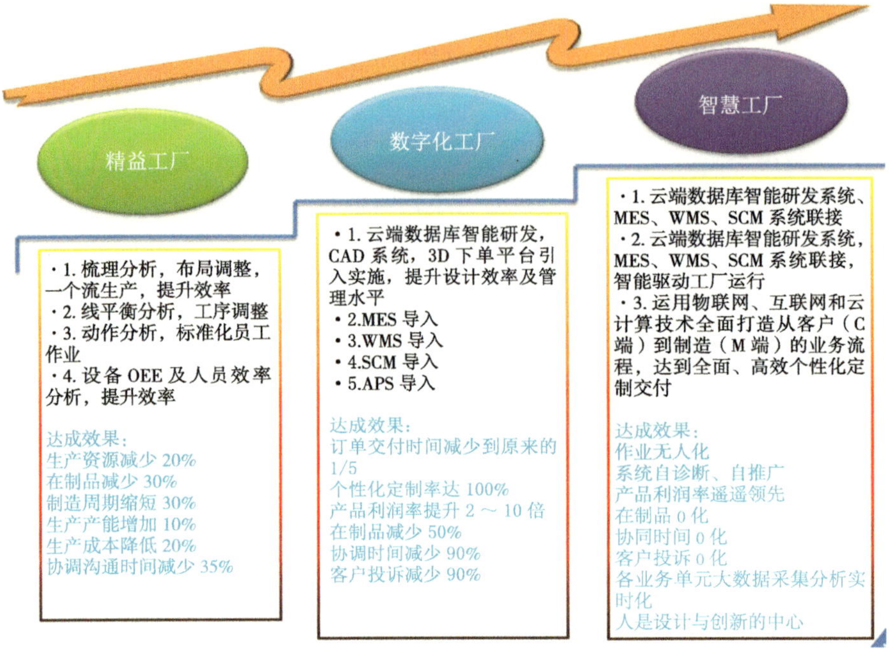

图9-9　数据驱动智慧工厂升级路线

图片来源：青岛红领。

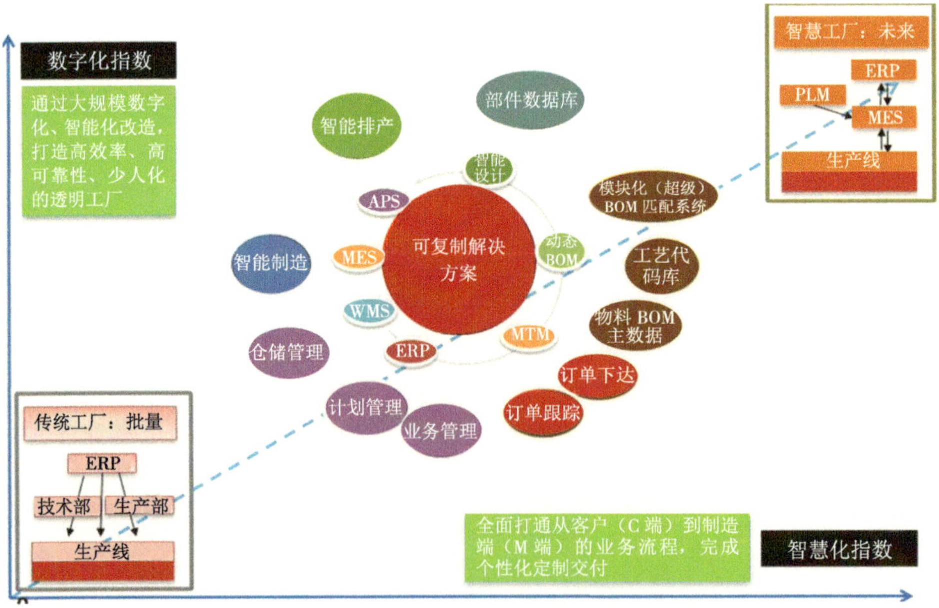

图9-10　可复制解决方案示意图

图片来源：青岛红领。

9.6 宁夏共享：数字化铸造工厂

共享集团有限责任公司（简称宁夏共享）始建于1966年，经过55年的发展，已经成为跨行业、跨地区和多元化发展的企业集团。该公司的主导产业为铸造（铸铁、铸钢等）、化工（糠醛、糠醇、树脂、固化剂和涂料等）、机械制造（模具、精密加工和机床附件等）等，提供铸造材料、模具、铸铁件、铸钢件、机械零件和机床附件等产品及全套解决方案。2015年成为两化融合管理体系贯标企业。

1. 智能制造发展情况

（1）数字化铸造工厂概述　基于三维环境建立全数字化工厂三维信息模型及规划布局结构，并对工厂生产工艺流程、光线、粉尘、噪声、能耗和物流等进行全面仿真分析。基于全流程虚拟制造理论，应用TC、UG、MAGMA-SOFT等工具实现全过程仿真模拟，并与ERP管理系统等集成，实现了设计、铸造、质量信息的有效传递；基于三维组态技术和智能体技术，与MES集成，建立了工厂设备信息、生产信息、绩效评价等的全流程集成采集、反馈、分析和执行系统；基于ERP管理系统、LIMS等系统及双向集成平台，实现了主生产计划系统、车间作业计划系统、质量检验系统的集成和闭环控制；基于物联网技术和智能装备，在关键工序建立了通信管理系统和人机交互系统，并实现了与MES等系统的集成。开发电商平台进行大宗原辅物资采购和销售，将传统技术融入3D打印系统，研制3D智能化设备；推进跨法人企业的协同研发平台建设。

（2）数字化铸造工厂运行效果

1）设计效率显著提高。应用虚拟制造理论，建立了数字化制造平台，实现了工艺设计、模样成型、铸造过程、精整过程、生产计划和生产流程等的全流程虚拟设计和关键过程仿真分析，实现了关键铸件生产过程的计算机仿真，提高了管理和决策的科学性、有效性，提高了工作效率。

2）多品种、小批量柔性生产显著增强。针对多品种、小批量的铸造产品生产特点，建立铸造数字化柔性生产线，综合应用虚拟制造技术、柔性生产装备、数字化手段及相关柔性智能体，实现铸件产品的柔性化生产。

3）实施绿色铸造，劳动强度大幅下降。通过虚拟设计，将工艺设计进行多层次优化后，材料消耗达到最少；通过采用新型生产工艺和优质铸造材料，放弃树脂和固化剂辅助材料，大大降低了铸造过程对环境和人的影响，如无模铸造、无粘结剂砂型铸造等，铸件无飞边和毛刺、铸造精度高、加工余量少、达到了近净成型，并且生产周期短，生产效率高。

4）数字化生产模式大幅提升了制造精度。在设计阶段，通过模板化、标准化和参数化的设计，以及虚拟制造中的仿真分析，提升了设计效率和准确性，使生产成本下降了 10% 以上；通过针对造型、熔炼、热处理线和抛丸室等建立智能体，使其能够直接接受来自 ERP、MES 或 TC 中的工艺信息和生产计划；通过对设备关键参数实施监控、统计分析和预警，确保质量和能耗得到有效控制，实现可视化生产；通过智能体的监控系统，能够实时了解设备状态，大幅提高设备的利用效率和安全性；通过建立基于 ERP 管理系统的物流配送系统，实现高效生产服务。

5）实现全面数字化管理，显著提高管理效率。以企业流程制度为依据，以 ERP、PLM 为主要平台，以自主研发系统为补充，融合企业（宁夏共享）经营管理思想，建立了覆盖企业战略管理、创新管理、人力资源管理、物流管理、质量管理、环境安全管理、财务管理及企业其他特色管理等的全方位、多纬度立体式数字化管理系统，构建了全面数字化管理体系。通过数字化管理，降低了 20% 以上的管理时间。

2. 实施经验和启示

（1）打破传统铸造工艺设计、生产模式　结合多品种、小批量生产特点，选择 3D 打印设备的产业化应用生产工艺，取消模具制作工序，大幅降低了成型难度，有效减少了披缝等后续问题的发生，让 50% 以上的员工能够工作在有空调的环境下，重体力劳动人数下降 80% 以上。厂房设计采用轻型钢结构，厂房无一台起重机，能够有效地降低事故发生概率。

（2）实现铸造全三维工艺设计、全流程虚拟制造　从车间规划、设计、建造到安装调试生产，全面坚持数字化理念。采用三维模型技术与模拟仿真技术，实现车间生产的全面数字化。采用虚拟制造技术、仿真分析技术，实现设计、铸造关键工序的最优化分析，目标是将 70% 铸造过程中发生的问题在“计算机 + 人脑”环境下解决，以有效降低成本，缩短生产周期和降低劳动强度。

（3）实现 3D 打印在铸造行业的产业化应用　该项目的成功实施，实现了 3D 打印技术在铸造领域的产业化应用，对工艺设计、3D 打印用原辅材料和运行控制等进行了规范，对改变行业发展模式具有极强的示范意义。

（4）形成铸造关键工序“智能体”应用模式　该项目针对成型系统、熔炼浇注系统、模样加工中心、热处理、砂处理系统等实施单工序的智能化集成研究，实现了检测系统、专家分析系统、软件控制系统和智能部件对硬件设备的集成控制，并提供多种接口，既可以连接上下工序集成系统，也可以连接上层的 MES、ERP 管理系统，形成了铸造关键工序“智能体”应用模式。

（5）带动了热加工行业的数字化建设　该项目实现了离散型制造的数字化，依托此项目开展了 3D 打印设备研制、跨法人企业的协同设计平台开发及应用、智慧能源管理示范应用、电子商务实践等工作，带动了热加工行业的数字化建设。

9.7 江南化工：工业炸药数字化车间

安徽江南化工股份有限公司（简称江南化工）是中国企业 500 强盾安控股集团有限公司的成员企业，是一家集民用爆炸物品科研、生产、销售和工程爆破服务于一体的大型民爆上市公司，主要为矿山开采、基础工程建设等提供民用爆破器材和工程爆破服务，目前已形成民爆器材生产、爆破服务以及爆炸深加工三大业务板块。江南化工所研发的“无固定操作人员智能化粉状乳化炸药生产线”，经工业和信息化部组织专家鉴定，达到了国际领先水平。

1. 智能制造发展情况

（1）制造智能化　江南化工完成了“大产能、自动化、智能化粉状乳化炸药生产线”项目的研发，在民爆行业率先建设了第一条智能化工业炸药生产线。该项目对现有乳化炸药生产线进行了集成创新，开展了“无固定操作人员智能化粉状乳化炸药生产线”研发工作，实现了生产线自动智能控制及无固定人员操作，大幅度提升了粉状乳化炸药生产线的本质安全生产水平，整条生产线危险工房内（含配料、制药、装药和包装等工序）的巡视人员不多于 3 人。该条生产线的工艺先进、流程顺畅、自动化程度高、人员少和本质安全性好，具有国际领先水平。

（2）管理信息化　江南化工定位于集团化管控和安全发展，按行业内领先的标准建成了 ERP 管理系统，该 ERP 管理统一部署了供应链（民爆生产）管理和项目（爆破服务）管理两大核心业务系统，设置有线上销售分销（SD）模块、采购库存（MM）模块、生产质量（PPQM）模块、安全设备（PM）模块和财务成本（FICO）模块，实现了财务与业务的一体化，实现了民爆产业链的数字化。该 ERP 管理系统可以整合信息资源，按行业特点扩展外围应用，部署企业信息化门户（Portal、BI 等），打通各级管理者的信息通道。通过 ERP 与 MES 的联动，实现了对生产、库存、采购和成本等的全制造过程的信息化管理。得到了工业和信息化部、相关行业协会、安徽省经济和信息化委员会的高度肯定，在民爆行业及安徽省均树立了标杆。

（3）安全数字化　按照国务院《工业转型升级规划（2011—2015年）》的相关要求，工业炸药生产线的工艺流程数控化率应达到70%以上。数控化率反映数控技术的应用程度，工业炸药生产线的工艺流程数控化率是指采用数字化自动控制技术的设备和装置在生产线所有设备中所占的比率。该项目的控制系统采用DCS系统结构，实现了从原材料准备至自动装药包装入库的全过程监控，以及对生产工艺中主要设备（包括自动装药系统、自动包装系统和机器人码垛系统）的集中控制、人机界面控制、故障自诊断、产能智能匹配等，达到了全模块的数字化安全管理，生产线的工艺流程数控化率达到90%以上。

（4）控制智能化　江南化工的“无固定操作人员智能化粉状乳化炸药生产线”智能化控制系统，实现了粉状乳化炸药生产线全工序的自动化、智能化和连续化运行，全流程的状态监视及全线的安全联锁，各工艺环节的自动匹配和智能控制；配比、乳化、制粉、添加、装药包装、机器人码垛和装车等工序实现了一键启动，产能等工艺参数的自动优化调节和故障自诊断；实现了关键点信息的自动采集和自动检测，参数的多级显示和报警、信息上传监控平台；实现了控制智能化和管理信息化的高度统一。智能化控制系统自动采集的设备运行状态及主要工艺参数，用动画方式实时、直观、形象地表示出来，即工艺设备的起停状态和各工艺检测参数如温度、压力、流量和液位等均可在工艺流量图的相应位置显示出来，当关键参数异常时，给予报警提示、甚至实现联锁停机。

2. 经验与启示

（1）创新原材料制备方式，实现智能化供给　该公司在粉状乳化炸药生产线上率先采用液态硝酸铵和液态油相材料替代原有的传统材料，通过建立原材料供应智能化控制系统平台，实现原材料在储存和连续自动供给方面的温度、流量等参数的智能控制以及水油配比的自动计量，降低了生产能耗，改善了现场作业环境，实现了原材料制备的智能化，现场无须固定操作人员。

（2）通过自主创新，解决了装备瓶颈问题　成功研发了粉状乳化炸药全自动装药包装机，攻克了生产线装药和包装工序自动化程度低、产能小、人员多和安全匹配性差的问题，实现了该工序无固定人员操作。研发的机器人自动码垛装车系统，提高了安全运行水平和工作效率，解决了人工装车劳动强度大的问题。自主研发的多孔粒状硝酸铵自动配比风送系统、制粉过程热压空气造粒冷风定型、冷风输送方式及双旋风除尘、尾风增湿系统等技术，使生产效率和生产线本质安全水平大幅提升。

（3）通过智能化改造，提升了本质安全水平　该项目通过对生产运行状态和安全防护状况进行监控，实现了生产工艺及设备的全流程监控。该项目充分运用智能监测及控制、高清晰视频监视、声光报警等技术，增强了生产安全监控系统的功能和安全保障功效，当生产线任一工序出现设备故障、超温、超压、断料和断流等情况时，能自动报警并自动匹配其他工序的运行状态，直至全线联锁停机，实现了原材料制备、乳化、制粉、装药包装和装车等的全线各工序状态监测。

（4）运用信息化手段，保证安全生产　江南化工定位于集团化管控和安全发展，运用信息化手段加强企业生产管理和安全管理，通过对工艺、设备进行运行参数监控、视频监控及全线安全联锁等，实现集团公司、生产点、生产线多级监管，全模块安全数字化管理。

9.8 长安汽车：汽车智能工厂与智能汽车

重庆长安汽车股份有限公司（简称长安汽车）隶属于中国兵器装备集团公司，1984年通过“军转民”正式进入汽车领域，现已发展成为总资产超过1 200亿元，总员工近8万人的大型国有上市企业。长安汽车拥有分布于六国九地1万余人的研发团队，其中，高级专家近600人，先后有12人入选国家“千人计划”；拥有8大国内生产基地、3大海外生产基地和27个整车及发动机工厂。

1. 智能制造发展情况

经过20多年的持续信息化建设，长安汽车已初步成为数字化企业，“汽车智能制造综合试点示范”项目成功入选2015年国家智能制造试点示范项目。长安汽车八大生产基地之一的鱼嘴乘用车基地，综合应用数字化、网络化和智能化技术手段，提升产品研发、设计、生产和服务等全生命周期的智能化水平，实现资源弹性配置、动态重组、柔性制造和敏捷响应，打造国家级智能制造示范工厂，对大型离散制造企业具有重要的示范意义。

（1）建立长安汽车智能工厂　长安汽车通过应用先进的数字化技术和建设信息系统建成了智能工厂，在生产基地建设、车间自动化、虚拟制造和生产经营等方面，全方位打造行业领先的乘用车智能工厂。长安汽车智能工厂架构如图9-11所示。

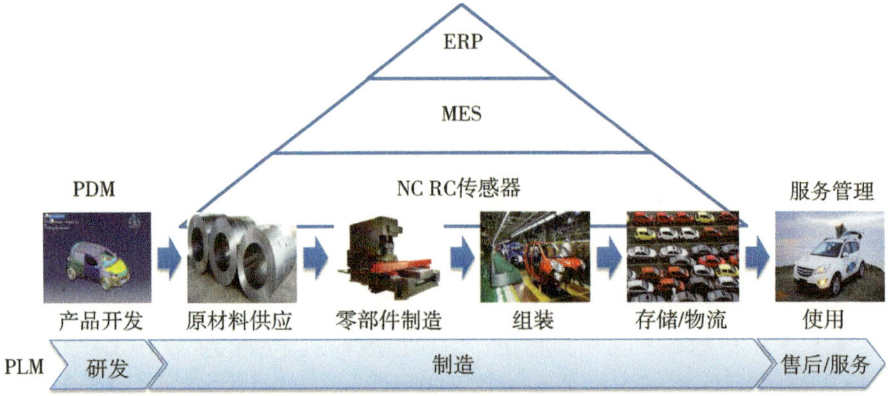

a）

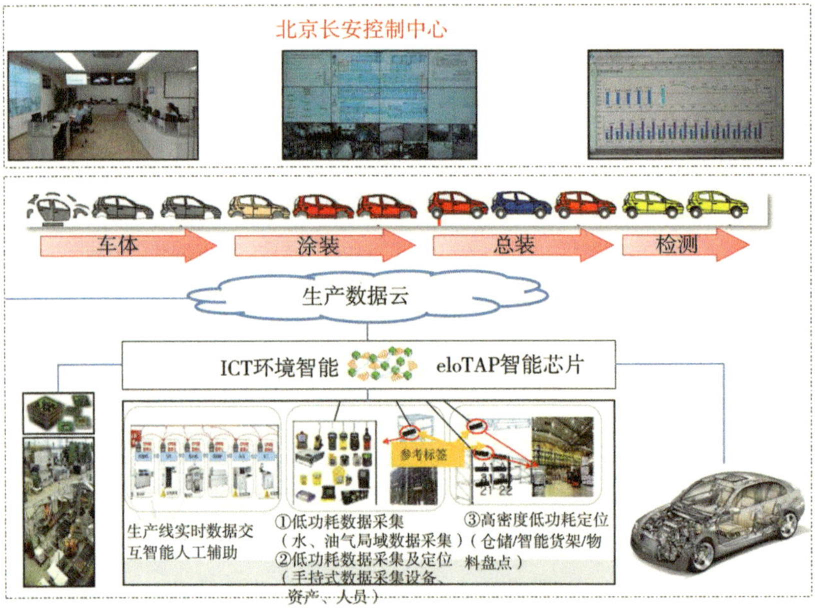

b）

图 9-11　长安汽车智能工厂架构

图片来源：长安汽车。

（2）构建汽车全生命周期管理平台　长安汽车以企业级物料清单（BOM）平台为基础，构建产品全生命周期管理（PLM）平台，实现产品数据管理（PDM）系统、企业资源计划（ERP）管理系统、供应链管理（SCM）系统等系统的互联互通和高效集成，实现研发、制造、销售/售后的数据在从 EBOM—PBOM—MBOM—SBOM 的转换中传递。

（3）推动智能网联汽车研发　长安汽车积极推进智能网联汽车研发，长安 in Call 智能行车系统是智能互联行业功能较完善的智能互联系统。长安汽车 2014 年上市的 CS75 车型就配备了 in Call 智能行车系统。

（4）推进汽车网络化协同制造　长安汽车拥有分布于六国九地 1 万余人的研发团队，建立了长安汽车产品开发流程体系（CA-PDS）和试验验证体系（CA-TVS）。为支撑全球跨地区、跨专业协同开发，长安汽车分别在我国的重庆、北京、河北和合肥，以及意大利都灵、日本横滨、英国伯明翰、美国底特律和德国慕尼黑建立起各有侧重的全球协同研发平台。全球协同研发平台的建立，为 1 000 多家供应商以及合资公司的协同研发、基地转产、产品配套、供应商协作提供了有效的管理手段。

（5）发展智能化增值服务　通过车联网应用服务平台可提供多种可扩展的增值服务。

1）车联网数据分析平台。通过车联网数据分析平台对用户与产品数据的实时采集与分析，实现了对故障状态、零部件（灯光、雨刮、车门窗、车锁、天窗、引擎盖和行李箱）使用次数、驾驶行为、空调系统工作状态与频次四方面的监测，对产品设计与产品质量提升等均具有重要意义。基于“端管云”三层体系的智能化服务系统如图 9-12 所示。

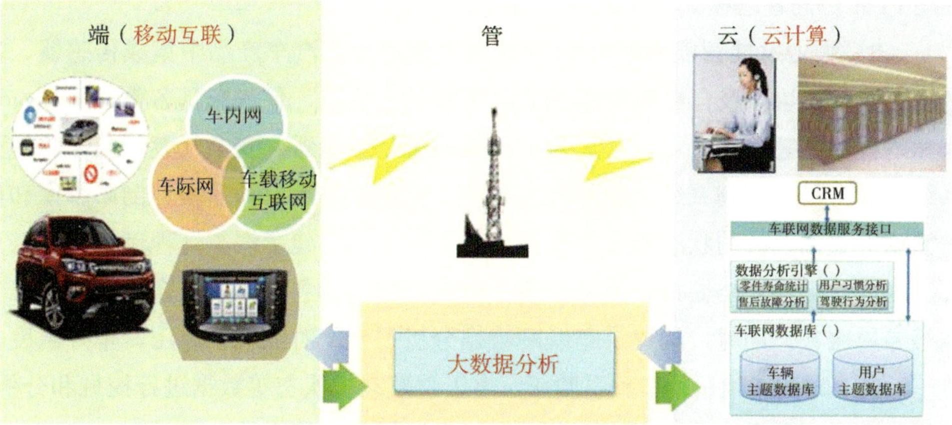

图 9-12　基于“端管云”三层体系的智能化服务系统

图片来源：长安汽车。

2）车联网应用服务云平台。长安汽车通过 in Call TSP 云平台提供核心服务，为用户提供行车辅助、娱乐、生活服务、车互联和安防等服务，为车主打造良好的用车体验，in Call TSP 平台已应用于悦翔 V3、悦翔 V5、CX20、逸动、CS35、CS75、睿骋等车型。

3）远程故障诊断云平台。基于终端 TBOX 设备，将车辆实时状态数据与 in Call TSP 云平台打通，实现对车辆的实时状态监测与服务，远程故障诊断云平台已于 2014 年应用于睿骋和 CS75 车型。

2. 经验与启示

（1）加快推进产品数字化研发设计　长安汽车利用数字化工具设计零部件和产品，在数字化工具的支撑下，每年开发 60 多个车型，提升了设计效率和质量；利用虚拟验证技术降低了验证成本 5 000 多万元。构建了以三维数字化研发设计为核心的汽车产品研发平台，包含计算机辅助产品设计、工艺设计与仿真、辅助制造和逆向工程等功能，使整车研发周期由最初的 42 个月缩减到 34 个月，有效地支撑了企业的全价值链数字化管理，对离散型制造企业推动工艺的数字化转型具有重要的示范意义。

（2）构建产品全生命周期管理平台　长安汽车通过构建高效的产品全生命周期管理（PLM）系统，可实现设计、工艺、制造和服务等环节业务的协同管理；创建了汽车产品全生命周期管理模式，将虚拟世界和现实世界融合在一起，有效地支撑了产品设计、生产及服务的智能化，将对制造企业打通企业“信息孤岛”、推动 PLM 协同管理模式的实施等具有示范作用。

（3）大力发展智能网联汽车　长安汽车通过在汽车产品中集成传感器、控制器、通信模块以及自主研发的 in Call 智能行车系统，使汽车具备数据采集、通信和远程控制等功能。可以采集并上传发动机、变速器、安全气囊、ABS 防抱死系统、车身稳定控制系统、助力转向系统、无钥匙进入启动系统、倒车影像和倒车雷达等关键系统的状态和作业数据。长安汽车还构建了汽车远程运维服务云平台，为客户提供安防警报、故障诊断、远程控制、紧急救助、防盗追踪和人工导航等专属服务。同时，构建了车联网数据分析平台，对油耗、电压、车外温度、单车油耗、车门车锁、单车胎温胎压、电压与发动机状态等数据进行挖掘和分析，为优化产品研发设计、生产制造、运维服务等提供决策支持。

第 10 章

我国企业发展智能制造的典型模式

10.1 大规模个性化定制模式

在服装、纺织、家居和家电等消费品领域，探索形成了以满足用户个性化需求为引领的大规模个性化定制模式。主要做法：产品采用模块化设计，构建产品个性化定制服务平台和个性化产品数据库，实现个性化定制服务平台与企业研发设计、计划排程、供应链管理、售后服务等数字化制造系统的协同与集成。如青岛红领以 200 多万名顾客的版型数据为基础，利用专用的数据模型，形成了由 540 个大类、3 144 个类型和 1 万多个设计要素组成的工艺数据库，可满足 99.9% 的个性化设计需求。通过服装个性化定制服务平台可实现与终端消费者的直接互动。

10.2 产品全生命周期管理模式

在航空装备、汽车、船舶和工程机械等装备制造领域，探索形成了以缩短产品研制周期为核心的产品全生命周期数字一体化模式，主要做法：应用基于模型定义（MBD）技术进行产品研发，建设产品全生命周期管理（PLM）系统等。如商飞公司围绕 C919 飞机的研制，建立了基于模型的数字化产品研发平台和智能制造平台，实现了数字化、网络化和智能化产品研发，支持三维制造数据向生产车间发布，确保设计、工艺和制造技术状态的一致性，最终实现产品研制周期缩短 20%、产品不良品率降低 25% 和运营成本降低 20%。

10.3 网络协同制造模式

在航空航天、汽车和家电等领域，探索形成了以供应链优化为核心的网络协同制造模式，主要做法：建设跨企业制造资源协同平台，实现企业间研发、管理和服务系统的集成和对接，为接入企业提供研发设计、运营管理、数据分析、知识管理和信息安全等服务，开展制造服务和资源的动态分析和柔性配置等。如西安飞机工业（集团）有限责任公司，构建了飞机协同开发与制造云平台（DCEaaS），实现了 10 家参研厂所和 60 多家供应商的协同开发、制造服务和资源动态分析与弹性配置，新一代涡桨支线飞机研制周期缩短了 20%、生产效率提高了 20%。

10.4 数字化车间/智能工厂模式

在铸造和服装等领域，探索形成了快速响应多样化市场需求的柔性制造模式，主要做法：实现生产线可同时加工多种产品/零部件，车间物流系统实现自动配料，构建高级排产系统（APS），并实现工控系统、制造执行系统（MES）、企业资源计划（ERP）管理系统之间的高效协同与集成等。如宁夏共享应用数字化技术实现了生产全过程的仿真模拟，并与ERP管理系统等集成，实现了设计、铸造、质量信息的有效传递；基于三维组态技术和智能体技术，与MES集成，建立了工厂设备信息、生产信息、绩效评价等的全流程采集、反馈、分析和执行系统；基于ERP管理系统、LIMS等系统及双向集成平台，实现了主生产计划系统、车间作业计划系统、质量检验系统的集成和闭环控制；基于物联网技术和智能装备，在关键工序建立了通信管理系统和人机交互系统，并实现了与MES等系统集成。通过该项目的实施，每年增加利润3 000万元左右，生产效率较之前提高3倍以上，产品合格率达98%，现场从业人员数量减少了2/3以上。

10.5 全过程能源优化管理模式

在石化化工、非铁金属、钢铁等行业，探索形成了以提高能源资源利用率为核心的全过程能源优化管理模式，主要做法：通过MES采集关键装备、生产过程和能源供给等环节的能效数据，构建EMS或在MES中构建能源管理模块，基于实时采集的能源数据对生产过程、设备和能源供给环节及人员等进行优化。如九江石化构建了能源综合监测系统，覆盖能源供、产、转、输和耗全流程，建立了生产与能耗预测模型、产能优化模型，实现了能源生产和消耗的协同管理，提高了能源生产效率；针对高附加值用能，建立氢气和瓦斯产耗平衡模型和优化系统，实现了节能降耗；建立了一体化的能源管控中心平台，实现了能源计划、能源生产、能源优化、能源评价的闭环管控。通过近3年的努力，生产效率提高了20%、能源利用率提高了4%。

10.6 远程运维服务模式

在动力装备、电力装备、工程机械、汽车和家电等领域，探索形成了基于工业互联网的远程运维服务模式，主要做法：让智能装备/产品具备数据采集和通信等功能，建立智能装备/产品远程运维服务平台、专家库和专家系统，实现智能装备/产品远程运维服务平台与产品全生命周期管理（PLM）系统、客户关系管理（CRM）系统和产品研发管理系统的协同与集成等。如金风科技建立了风机远程运维服务平台，实现了风机和风电场的智能监控、故障诊断、预测性维护和远程专家支持，目前该平台管理了 15 000 多台风机，累计形成 1 600 多份作业指导书、1 700 多份故障案例和 1 500 多个故障树，故障预警准确率达 91% 以上，发电效益提高 10% ～ 15%，与传统方法相比，维护成本降低 20% ～ 25%。

10.7 产品全生命周期追溯

在食品和制药等领域，探索形成了以质量管控为核心的产品全生命周期可追溯模式，主要做法：让产品在全生命周期具有唯一标识，应用传感器、智能仪器仪表和工控系统等自动采集质量管理所需的数据，通过 MES 开展质量判异和过程判稳等在线质量检测和预警等。如蒙牛乳业，利用信息系统与数据采集技术，通过产品赋码、读码和信息关联技术，形成从原料、半成品、成品到销售终端的全链条“端到端”互联互通，随时可以查询物料走向和状态，质量报告可自动生成，产品质量可一键追溯。通过近 1 年的努力，生产效率提升了 19.6%，产品不良品率降低了 11.4%，运营成本降低了 20%，能源利用率提升了 16.7%。

第 11 章

我国的智能制造主要支撑产业发展情况

11.1 高档数控机床产业

11.1.1 发展概况

1. 营业收入

根据国家统计局规模以上企业统计数据，我国机床工具行业 2020 年 1—12 月累计完成营业收入 7 082.2 亿元，同比下降 0.5%，实现利润总额 475.6 亿元，同比增长 20.6%。2020 年 1—12 月金属加工机床累计产量为 64.8 万台，产量同比明显高于上年。

2. 进出口情况

由于新冠肺炎疫情在我国得到了迅速有效控制，稳外贸系列政策措施的效果逐步显现，2020 年我国机床工具行业进出口呈现出持续恢复状态。根据中国海关数据，2020 年我国机床工具进出口总额为 256.8 亿美元，同比下降 6.7%。其中，进口额为 116.2 亿美元，同比下降 12.7%；出口额为 140.6 亿美元，同比下降 1.2%。

2020 年 1—12 月我国机床工具产品进口和出口额（累计值）及同比情况分别见图 11-1、图 11-2。由图 11-1、图 11-2 可见，自 2020 年 3 月之后，进口和出口均呈逐月恢复态势，同比降幅逐月缩小，但出口降幅的恢复速度明显快于进口。

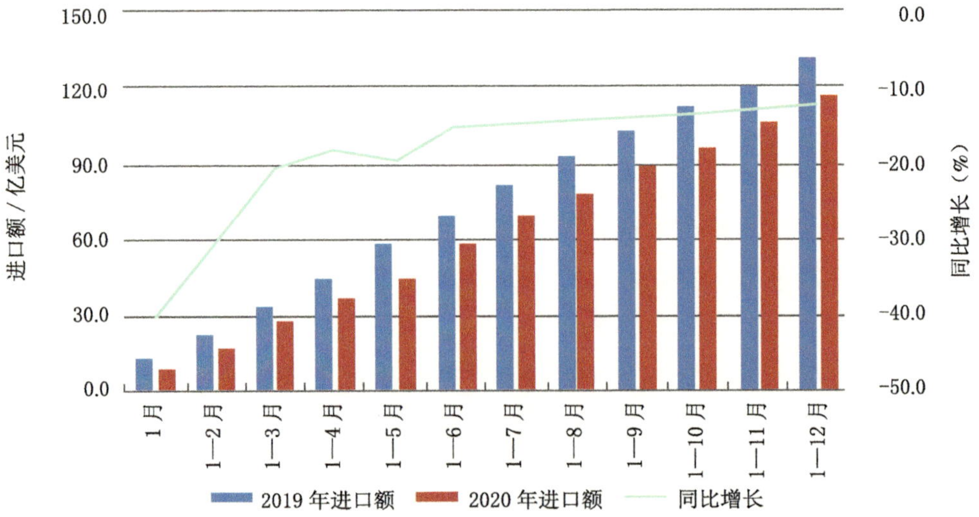

图 11-1 机床工具产品进口额（累计值）及同比情况

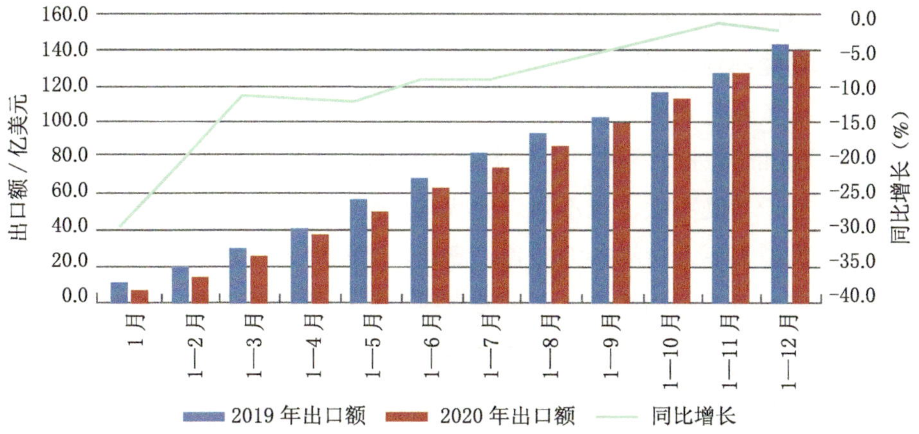

图 11-2　机床工具产品出口额（累计值）及同比情况

2020 年我国机床工具进出口保持了自 2019 年 6 月以来的顺差态势，贸易顺差为 24.5 亿美元。

2020 年 1—12 月主要产品类别进出口情况。在进口方面，金属成形机床下降幅度最大，同比下降达 30.3%；其次是金属切削机床，同比下降 14.9%。在出口方面，金属成形机床下降幅度也最大，同比下降 16.4%；其次是量具量仪，同比下降 12.3%；再次是金属切削机床，同比下降 4.5%。2020 年第四季度金属切削机床和金属成形机床的进口金额、出口金额同比下降幅度均较前三季度显著缩小。

11.1.2　存在的问题

1. 高端产品依赖进口

国内大多数高档数控机床依赖进口。2016 年，由数控机床专项支持研发的高档数控系统已累计销售 1 000 余套，国内市场占有率由专项启动前的不足 1% 提高到 5% 左右。2017 年我国高档数控机床的国产化率大约为 6%，自主化水平依然较低。

2. 产品质量可靠性不高

主机在核心研发能力和产品设计水平、精度、质量和性能等方面都与国外先进水平存在较大差距。表现为：市场急需的中高档数控机床，如加工中心、数控车床、精密磨床和特种加工机床等主要依赖进口；缺乏提供全套解决方案的能力或承担更为复杂的总承包工程项目的能力；产品质量的稳定性和可靠性较差，机床早期故障率、工程能力系数（CPK 值）、精度稳定性周期、平均无故障工作时间（MTBF）等指标与国际先进水平相比尚有一定差距。

3. 关键功能部件发展滞后

中国机床工具行业的配套功能部件、高端数控系统发展滞后。高档配套功能部件 90% 以上依靠进口，国产中档配套功能部件市场占有率不到 50%，配套功能部件产业处于“既不大、也不强”的状态。全数字高档数控装置，双摆角数控万能铣头，大型刀库及自动换刀装置，高速、高刚度大功率电主轴及驱动装置，大转矩力矩电动机及驱动装置，大推力直线电动机及驱动装置，高速、精密数控回转工作台，大型、精密轴承，全功能数控动力刀架，高速、重载、精密滚珠丝杠及直线导轨等大多依靠从国外进口。高端数控系统受制于人，75% 的数控系统需要从国外进口。目前高端数控技术主要被日本的发那科、德国的西门子、日本的三菱这三家世界最大的厂商所掌握。

11.2 工业机器人产业

11.2.1 发展概况

1. 产业继续保持较高速增长

当前，我国制造行业的智能化改造升级需求日益凸显，工业机器人需求依然旺盛，市场保持向好态势。我国工业机器人的需求量约占全球市场份额的 1/3，是全球第一大工业机器人应用市场。据国际机器人联合会（IFR）统计，我国工业机器人密度在 2017 年已达到 97台/万人，已经超过全球平均水平，预计我国工业机器人密度将在 2021 年突破 130台/万人，达到发达国家平均水平，市场规模将进一步扩大，预计将突破 70 亿美元。

2. 产品结构不断优化

随着我国工业机器人产业的健康发展，附加值高的国产多关节机器人销量逐年提升，坐标机器人、并联机器人占比逐年下降，产品结构延续了近几年不断优化的态势。2017 年，国产多关节机器人销量首次超越坐标型机器人，成为首要机型，全年累计销售 1.6 万台，同比增长 35.5%；其中：SCARA 机器人在各类机型中增速最高，销量成倍增长，坐标机器人销售总量超过 2.12 万台，销量同比增长 15.4%，增速较上年加快；并联机器人销量自 2013 年来首次同比下降，降幅为 3%。

3. 应用领域不断拓展

继汽车和电子领域后，金属制品、电力装备成为国内工业机器人的主要应用领域。同时，随着近年来国家对环保和民生问题的高度重视，作为实现自动化、绿色化生产重要工具的工业机器人，在塑料、橡胶、皮革等工作环境较差的行业，以及与民生相关的环保、食品、饮料和制药等行业的应用范围不断扩大，应用规模显著提升。例如，沈阳新松机器人自动化股份有限公司将 VR/AR 技术应用于国内首台 7 自由度协作机器人，实现了快速配置、牵引示教、视觉引导和碰撞检测等功能，显著降低了应用门槛；中国运载火箭技术研究院以能自动清除太空垃圾的空间机械臂为原型，推出了国内首个面向环卫垃圾分拣的机器人，分拣率达 93%，工作效率是传统人工分拣垃圾的 8 倍。

11.2.2 存在的问题

1. 自主创新能力不强

尽管我国基本掌握了本体设计制造、控制系统软硬件等工业机器人相关技术，但工业机器人的高可靠性基础功能部件、产品设计、材料与工艺、主机批量生产等方面技术都与发达国家存在较大差距。服务机器人的精确控制、多传感器信息融合及智能控制、加工装配工艺等方面技术与国外先进产品相比存在较大差距。精密减速器、伺服驱动器、伺服电动机、控制器等核心部件的质量稳定性和批量生产能力有待全面提升，核心零部件长期依赖进口的局面还亟待突破。

2. 企业经营压力大

关键零部件大量依赖进口，导致我国企业生产成本压力大，与外企相比，我国企业要以高出近 4 倍的价格购买减速器，以近 2 倍的价格购买伺服驱动器。同时，国外产品抢滩中国，竞争更加激烈。外资企业积极扩产，并且从整机组装深入到关键部件生产。核心部件长期依赖进口的局面依然难以改变，加上来自国外产品的激烈竞争，企业经营压力加大。

3. 自主品牌认可度不高

由于用户企业已经习惯使用国外品牌产品，特别是汽车制造、电气电子设备三菱公司和器材制造行业，对设备品质要求特别高，对国外品牌产品使用量特别大，因此导致自主品牌的本体和零部件产品不能尽快投入市场，甚至有成功应用经验的产品也难以实现推广应用。

11.3 智能物流装备产业

11.3.1 发展概况

自 2011 年起，以自动导引车（AGV）、自动化立体仓库等为代表的物流装备使物流系统进入自动化阶段。2013 年以后的市场驱动主体逐步转变为智能穿梭车、输送分拣系统、自动感知与识别系统等智能物流装备。近年来，我国物流系统有了明显的进步，紧跟国际物流系统技术发展趋势，智能物流技术逐步应用在众多行业，已建成的自动仓储物流系统主要应用于电子、烟草、医药、化工、机电和印刷等行业。

1. 智能物流装备市场规模超过千亿元

叉车、托盘等传统物流装备市场接近饱和，自动化立体库、物流机器人系统、智能分拣系统、自动识别与感知系统等先进的物流技术与装备快速增长，成为市场新引擎。自 2009 年起，智能物流装备行业进入快速发展期，目前几乎覆盖工业制造业全部领域，行业整体增速在 20% 左右。2019 年，我国智能物流装备市场规模约为 1 440 亿元，年增长率为 24.1%。

2. 商业模式由设备软件供应商向系统集成商转变

目前，我国许多物流装备生产厂家，如大福、德马泰克和昆船集团等，以及以 Swisslog 为代表的物流系统信息化服务商纷纷向物流系统集成商转变。在我国的物流装备上市公司中，新松机器人、东杰智能和天奇股份已经完成了向系统集成商的转变，其他与智能物流装备相关的上市公司也纷纷以兼并或自主扩大业务领域等方式，加快向集成商转变的步伐。

11.3.2 存在的问题

1. 产业格局小而散，产业分布不合理

我国虽然有数千家物流装备企业，但是产业格局小且散，目前主要致力于发展仓储、分拣和搬运等产业，且大多还仍停留在制造叉车和单元化产品层面，对于物流装备产业中的计算机系统、传感技术、包装自动化和商品跟踪管理系统等涉及较少。另外，由于各企业业务无明显差别，致使行业存在产能过剩的现象，且产品同质化严重。

2. 关键部件对外依存度高

与国外一流企业相比，我国物流装备企业的自主研发能力较弱，没有可以在国际市场上立足的核心技术，只能通过引进国外技术并进行消化吸收来提高自身技术水平。我国的物流装备产业链不够完善，因此，很多物流企业需要的高端装备都依赖进口，AGV 机器人的关键零部件如导航定位器、电动机驱动器等大量依赖进口。

3. 相关标准建设较为滞后

与托盘相衔接的设施设备和服务流程相关标准、物流链数据单元的信息化标准等还不完善，致使物流设施设备之间、以及与物流信息的配套衔接较差，物流运作效率还有较大的提升空间，物流成本在生产总成本中所占的比重比发达国家高很多。部分物流装备的安全使用规范与标准还不完善，如货架市场的规范性不足，目前还未建立市场准入制度，恶性竞争、货架倒塌安全事故等还经常发生。

11.4 工业控制系统产业

11.4.1 发展概况

1. 数控系统

目前，德国、美国和日本等几个国家基本掌控了中高档数控系统的国际市场。国际上最大的数控系统生产厂是日本的发那科公司，每年生产 5 万套以上的数控系统，占世界市场的约 40%，其次是德国的西门子公司，占世界市场的 15% 以上，再次是日本的三菱公司，之后是德国德汉尔、西班牙发格、意大利菲地亚、法国的 NUM 和安川等公司。我国的低档数控系统在世界数控系统市场上具有绝对优势，中高档数控系统方面的研发和应用也取得了一定成绩。我国数控系统的主要厂家有华中数控、北京航天机床、北京凯恩帝、北京凯奇、沈阳艺天、广州数控、南京新方达、成都广泰和大连光洋等，我国的数控系统生产厂家规模都较小，能够进行五轴联动的数控系统研制，其分别应用于数控加工中心、数控龙门铣床和数控铣床。

2. 可编程序控制器（PLC）

全球 PLC 的主要厂商有西门子、三菱、欧姆龙、罗克韦尔、施耐德和发那科等国际大公司。欧美公司在大、中型 PLC 领域占有绝对优势。其中，在中型 PLC 领域，西门子一枝独秀，在全球市场中占主导地位，在中国的市场份额占 60% 以上，主导地位明显。在大型 PLC 领域，西门子、罗克韦尔和施耐德基本上平分秋色。罗克韦尔在大型 PLC 业务方面的市场占有率在 30% 以上，施耐德和西门子的市场占有率均在 20% 以上。在小型 PLC 领域，日本公司占据着十分重要的市场地位，但西门子在推出与日本产品价格相当的小型 PLC 产品后，最近几年其小型 PLC 的市场占有率增长迅速，已经在小型 PLC 领域取得了与日本三菱和欧姆龙等公司相近的市场份额。我国台湾的 PLC 产品具有明显的价格优势，部分 PLC 厂商在小型 PLC 领域已经抢占了日本产品的一部分市场。我国的和利时、南大傲拓、矩形科技和台达等公司已经有中大型 PLC 产品投放市场，与国外同类产品相比，在数字量输入/输出点数、模拟量输入/输出点数方面具有一定的优势，在通信方式和编程语言支持方面（易用性）基本与国外同类产品处于同一水平。

3. 分布式控制系统（DCS）

DCS 的主要生产厂家集中在美国、日本和德国等国家。如美国霍尼韦尔的 TDC3000\MICRO TDC3000、TDC3000X 等，在钢铁、化工、航空航天和能源等领域有广泛应用；Foxboro 的 I/AS，Westing House 的 WDPF，Wailey 的 NETWORK90、INFI90，日本横河的 CENTUM CS 系列产品，在石油、天然气、化工、能源和钢铁等行业具有领先优势；YEWPACK 的 MARK II，德国西门子的 TELEPERM，ABB 公司的 MOD300、SIPAOS200 等，在电力行业占居领导地位，在石油、天然气、化学、制药、造纸、矿产、船舶和钢铁等行业具有领先优势。20 世纪 90 年代初，我国相继成立了以自主研制为主的几家 DCS 专业化公司，如北京的和利时公司、航天测控公司，杭州的浙大中控公司和威盛公司、上海的新华公司等。这些公司不仅占据了一定的 DCS 市场份额，积累了发展资本和技术，同时使得国外引进的 DCS 系统价格大幅度下降，为我国自动化推广事业做出了重要贡献。例如，上海新华公司和北京和利时公司的 DCS 产品在大型火电机组控制系统方面基本取代了进口产品，在推广多套 20 万 kW 火电机组控制系统的基础上，正在努力进入 30 万 kW 和 60 万 kW 火电机组控制系统。

11.4.2 存在的问题

1. 数控系统

一是市场对我国生产的中高档数控系统的认知度不高，表现为我国生产的中高档数控系统市场占有率低；二是我国在数控软硬件研究开发方面基础薄弱，技术积累较少，研发实力较弱，研发投入少，我国生产的中高档数控系统功能少，在最大给进速度、精度、可控通道数量、双轴同步控制水平和通信方式等方面与国外产品仍有差距，同时，相关产品的市场验证不足；三是生产工艺管理技术、生产检测手段、可靠性管理手段、质量控制等规模化生产技术比国外落后，影响产品的可靠性、质量的稳定性，造成产品投放市场的前期故障率高，产品适配定型周期长。

2. 可编程序控制器（PLC）

一是产品体系不完善。我国企业开发 PLC 的时间较短，产品类别少，产品线不完善，无法全面开拓市场，已有产品的性能和稳定性与国际品牌产品相比仍有差距。二是研发实力弱。我国企业研发PLC的时间短，技术积累少，研发基础较弱，同时，研发投入有限，也造成了研发实力提升较慢。三是应用业绩相对较少，品牌认知度低。我国生产的PLC产品应用业绩少，用户对产品性能、质量和技术支持能力仍有较多顾虑，较少的应用业绩也造成了市场对我国生产的PLC产品品牌的认知度低。

3. 分布式控制系统（DCS）

一是我国生产的DCS系统市场占有率低，我国的DCS系统市场基本被国外企业如ABB、霍尼韦尔、艾默生、横河和西门子等占据，用户对我国生产的DCS产品性能、质量和技术支持能力仍有较多顾虑。二是我国生产的DCS产品的技术水平与发达国家的产品技术水平相比仍有差距，目前，以国电智深、和利时、南京科远和浙江中控等为代表的中国企业虽然打破了国外产品在我国自动化控制高端领域的垄断，并成功实现主机、辅机的DCS一体化控制，但仍与世界上处于领先水平的少数品牌存在一些差距。例如在控制技术方面，反映火电机组总体水平的机组自启停系统的技术水平与处于世界领先地位的日本和德国品牌相比仍有不少差距，用于燃烧和热力系统优化控制等的高级应用软件工程化水平与世界先进品牌相比也有不少差距。三是国产DCS系统在电力、轨道交通和石化行业已经逐渐得到了认可和应用，但在制造业自动化领域仍缺乏竞争力。

4. 安全问题亟待解决

工业控制系统多运用于涉及国计民生的工业、能源和交通等重要领域，并且管理着大量的国家基础设施，其网络安全的重要性不言而喻。随着技术的不断发展，工业控制系统的安全问题变得越来越复杂，其面临的风险及威胁类型也越来越多。在全球范围内，黑暗力量（BlackEnergy，即恶意软件）针对电网网络的入侵、针对工业控制行业采取的“食尸鬼”式网络攻击等层出不穷，致使工业控制系统发生严重的安全事故，造成了严重的后果。然而，目前我国的工业控制系统的安全防护能力还处在初级阶段，绝大多数企业特别是中小型企业的安全防范意识还比较淡薄，并且我国目前使用的工业控制系统仍以国外品牌为主导，致使应用中的大量关键信息面临着泄露的风险。如工业防火墙尚存在以下问题：一是缺乏完备的安全技术标准规范及评测认证体系；二是由于大量使用国外的工业控制系统，我国生产的工业防火墙无法与国外供应商达成OEM配套使用战略合作；三是由于国外的工业控制系统不公开自有协议，造成匹配协议的过程十分复杂；

四是我国的应用需求尚未激活，国家尚未出台产业扶持政策，尚未开展信息安全的试点示范区应用推广工作。

11.4.3 行业展望

1. 数控系统

从全球视角看，数控系统技术发展可以归纳为以下几个方面，一是纳米插补与控制技术已走向实用阶段。将纳米插补产生的以纳米为单位的指令提供给数字伺服控制器，使数字伺服控制器的位置指令频率更高，从而提高了加工表面的平滑性。将纳米插补技术应用于所有插补环节之后，可实现纳米级别的高质量加工。二是智能化加工范围不断扩展，数控系统的智能化程度不断提高。应用了自适应控制技术的数控系统能够检测到加工过程中的一些重要信息，并自动调整系统中的相关参数，改进系统的运行状态；车间内的加工监测与管理系统可实时获取数控机床本身的状态信息，分析相关数据，预测机床状态，使相关维护提前，避免事故发生，保证其在不稳定工况下的安全生产，减少机床故障率，提高机床利用率。三是 CAD/CAM 技术的应用。国际数控系统制造商将图形化、集成化的编程系统应用于数控系统，以扩展数控系统功能、提高数控系统人机互动性。CAD/CAM 技术为多轴多任务数控机床加工提供了有力的支撑，可以大幅度提高加工效率。

2. 可编程序控制器（PLC）

PLC 技术，具有以下发展趋势：一是向高速度、大容量方向发展。随着 PLC 运算能力的不断提高，PLC 在数据交换方面的能力需求在不断增强；而随着对复杂系统的控制要求越来越高，以及微处理器与计算机技术的不断发展，人们对 PLC 的信息处理速度要求也越来越高，高速存储设备的容量越来越大，价格越来越低，并且可靠性越来越有保障，PLC 控制系统已经使用了 64MB、128MB 甚至更大容量的 Flash 存储设备。二是编程语言向多样化、标准化发展。多种编程语言的并存与互补发展是 PLC 软件的一种发展趋势。PLC 厂家在频繁使硬件及编程工具更新换代的同时，日益向 MAP（制造自动化协议）靠拢，使 PLC 的基本部件，包括输入输出模块、通信协议、编程语言和编程工具等方面的技术向规范化和标准化方向发展。三是向模块化、智能化方向发展。近年来，PLC 厂家先后开发了不少新器件和模块，如智能 I/O 模块、温度控制模块和专门用于检测 PLC 外部故障的专用智能模块等，这些模块的开发和应用不仅增强了功能，扩展了 PLC 的应用范围，还提高了系统的可靠性。

就市场而言，虽然工业计算机（IPC）技术和现场总线控制系统（FCS）等新工业控制技术的发展对 PLC 的市场产生了一定冲击，但是 PLC 市场前景依旧广阔，纺织和包装机械等仍是 PLC 的主要下游应用行业，新兴产业是未来的主要增长点。纺织机械、机床工具、包装机械、食品机械和电子制造设备等是小型可编程序控制器的主要应用行业。随着近几年工业机器人、电子制造设备等产业的迅速扩张，伺服系统在新兴产业的应用增长迅速，未来的 3 ～ 5 年，PLC 市场将会有一个较长的稳步发展期。

3. 分布式控制系统（DCS）

小型化、多样化、计算机化和开放性是未来 DCS 的主要发展方向。小型 DCS 所面临的市场正在与 PLC、工业计算机、现场总线控制系统（FCS）共享，基于 PC 的控制将更加广泛地应用于中小规模的过程控制中，各 DCS 厂商也将推出基于工业计算机的小型 DCS 系统。开放性的 DCS 系统将使来自生产过程的现场数据在整个企业内部自由流动，实现信息技术与控制技术的无缝连接，而随着 3C 技术（通信技术、计算机技术和控制技术）的发展和仪表智能化水平的快速提高，过程控制系统将由 DCS 发展到 FCS，但受标准不统一等问题的影响，FCS 完全取代 DCS 还需要一个较长的过程。

未来一段时期，电力、石化、化工、冶金、建材和市政等行业仍是 DCS 的主要市场，但随着制造业智能化的加快推进，DCS 的市场规模将更大，应用范围将更为广阔。此外，值得注意的是，DCS 服务市场具有较大的发展空间，众多 DCS 供应商已开始投向服务增值业务领域。与国外 DCS 厂家相比，国产 DCS 厂家在备品、备件供货周期、现场服务等待时间以及年均设备更换费用、质保服务费用方面都具有明显的地域优势和价格优势，国产 DCS 厂家有望在服务市场进一步发力。

11.4.4　措施和建议

1. 瞄准技术前沿，加强技术攻关

一是持续跟踪计算机网络技术、无线技术、纳米技术以及智能传感器技术的最新进展，加快推动相关技术在工业控制系统中的应用，不断提高工业控制系统的智能化水平及各类工业控制系统的协同能力；二是做好工业控制系统的深度安全技术研究，建立工业控制系统主动防御技术体系，研发主动防御安全网关、安全管理系统、未知威胁主动发现系统、控制运行系统与编程编译系统等相关组件、工具与控制装备，建立覆盖全生命周期的自主可控深度安全的主动防护体系。

2. 强化政策落实，做好安全防护

一是落实好《工业控制系统信息安全防护指南》，做好安全软件选择与管理、配置和补丁管理、边界安全防护、物理和环境安全防护、身份认证、远程访问安全、安全监测和应急预案演练、资产安全、数据安全、供应链管理及责任落实 11 个方面的工业控制安全防护工作。二是做好电力、化工、汽车、非铁金属、石化和烟草 6 个重点行业的工业控制系统信息安全防护能力评估工作，完善体系化管理，强化管理实效，加强全生命周期评估，切实提高工业企业的工业控制系统信息安全防护能力。

11.5 工业软件产业

11.5.1 发展概况

1. 市场保持快速增长态势

随着制造业规模的不断扩大以及智能转型的快速推进，我国工业软件市场快速增长，据统计 2019 年我国工业软件行业市场规模已达到 1 720 亿元，同比增长 5.5%。随着制造强国战略的深入实施，制造业企业加速推进智能转型，工业软件及信息化服务需求仍将保持较快增长态势，预计到 2025 年我国工业软件市场规模将突破 3 000 亿元。

2. 产品门类比较齐全，部分领域具备较强竞争力

在国家科技重大专项及相关产业政策的支持下，我国工业软件实现了从无到有，软件产品种类已比较齐全，覆盖了研发设计、工业控制、业务管理等领域，以及汽车及零部件、工程机械、航空航天、电子信息、家用电器、国防军工、石化化工和食品饮料等主要下游应用领域，已形成较为完整的国产工业软件产品体系，具备了一定的产业技术研发能力和服务支持能力。同时，我国生产的 ERP、CRM、EAM 等业务管理类软件具有较强的市场竞争力。

3. 嵌入式软件增速明显加快

受益于制造业企业对工业智能终端、工业传感器和工业自动化装备等需求的快速增长，我国工业软件在细分结构方面的市场情况如下：嵌入式软件增速明显加快，研发设计类、生产控制类软件保持平稳增长，业务管理类软件增速则有所回落。2019 年，我国嵌入式软件的市场规模达到 987 亿元。

4. 云计算、物联网、人工智能等技术驱动工业软件变革

随着云计算等技术的不断突破和应用，工业软件也将逐步被“云”化。目前来看，SaaS 已经成为管理类软件的重要发展方向，但考虑到工业软件的特殊性，不适合以公有云的方式落地，但可以将企业敏感数据和业务环节剥离，通过混合云的方式，实现企业整体的数字化改造。同时，将工业软件部署到云端搭建工业云平台，为小企业提供购买或者租赁服务，企业按照实际使用的资源付费，大大降低了企业应用工业软件的成本，促进工业软件在小型企业的推广应用。

11.5.2 存在的问题

1. 工业软件产品的技术水平与国外有较大差距

由于我国的工业软件产业起步较晚，我国的航空航天、船舶制造、冶金、化工、生物医药和电子信息等制造业长期以来习惯使用国外的工业软件，对软件背后的设计原理了解不深，并且我国的工业软件开发企业对研发、工艺和关键技术数据的积累不够，导致我国开发的 CAD、CAE、CAM 和 CAPP 等研发设计类，PLC、DCS 等生产控制类软件的技术水平与国外存在较大差距。

2. 自主品牌工业软件的国内市场占有率不高

由于工业软件开发企业对制造业研发和生产环节的核心技术了解得不够深入，所以在自主品牌的工业软件中，只有业务管理类软件具有较强的市场竞争力，研发设计类和工业控制类软件严重依赖国外产品，很多大型制造业企业使用的产品设计、工艺仿真和过程控制等软件几乎是清一色的国外软件。此外，工业操作系统、工业软件开发平台等重要工业基础软件缺失，工业软件产业生态体系不健全，严重制约了我国工业软件企业研发能力的发挥。

3. 软件业与制造业融合的深度不够

由于存在专业技术屏障，纯软件开发企业很难单独进入工业软件领域。与普通的网络应用软件不同，工业软件是将工业流程和技术进行程序化封装后的产物，背后需要工业流程和庞大的技术数据作支撑，纯软件企业缺乏相关的技术和数据积累。另外，我国的大型制造企业习惯于购买和应用国外的工业软件，很少有制造企业主动布局工业软件领域。

第 12 章

我国发展智能制造的战略及对策建议

12.1 我国发展智能制造的相关思考

12.1.1 须处理好几个方面的关系

综合近几年推进智能制造发展的经验，我国智能制造发展尽管取得了长足进步，但仍须处理好以下几个方面关系。

1. 推动制造业智能转型和提升供给能力的关系

当前，我国制造企业对智能转型的需求较为旺盛，但关键核心技术大多来源于国外，关键装备、核心软件受制于人，许多高档数控机床、高端专用生产设备、控制器用 CPU、机器人减速器等还大部分依赖进口，70% 以上的 CAX（计算机辅助软件）、50% 以上的 MES（制造执行系统）由国外企业提供，致使我国制造企业推动智能制造的成本较高，并存在产业安全隐患，这种供需的严重不匹配已成为制约智能制造发展的关键因素。

2. 新兴技术快速发展与融合应用的关系

随着新一轮科技和产业革命的深入推进，人工智能、5G 通信、数字孪生等新兴技术迭代升级较快，与制造业融合发展大多处于探索阶段，没有成熟的经验和模式可循。比如，5G 现在已成为业内关注的通用使能技术，但如何在制造工厂应用，尚没有成熟的解决方案，所能带来的效果也不明显。制造企业尽管对采用新兴技术持积极态度，但大多处于观望状态，需要加快推进新兴技术与智能制造的深度融合，加强技术成熟度评估，既不可盲目冒进，又不可裹足不前。

3. 点上深入应用和线面复制推广的关系

近年来，国家和地方政府通过实施试点示范等方式，支持了一批制造业智能制造项目，起到了一定的示范引领作用，但这些项目的承担者大多为行业龙头和骨干企业，一方面随着新兴技术的加速融入，这些企业的项目需要持续深入开展；另一方面，整个行业产业链的系统提升尚未大规模开展，智能制造区域发展大多处于起步阶段，下一步应将试点企业的成功经验推广至整个产业链或某个区域，推动制造业整体转型，提升产业链现代化水平。

4. 市场需求多样化和服务专业性不足的关系

制造业行业门类众多，工艺技术、工厂布局差别较大，制造企业对智能转型的需求千差万别，目前大多数智能制造系统集成商能提供一些普适性信息化管理方案，但贯通生产线、车间和工厂的专业化、定制化解决方案明显不足。部分细分行业的解决方案与行业需求结合得不够紧密，解决方案“不好用”，尤其适合中小企业的、低成本、易维护的解决方案更是十分缺乏。

12.1.2 我国智能制造发展思路和目标

以习近平新时代中国特色社会主义思想为指导，全面贯彻党的十九大和十九届二中、三中、四中全会精神，坚持创新、协调、绿色、开放和共享的发展理念，坚持以供给侧结构性改革为主线，持续深入推动智能制造发展，同步推广数字化制造和探索智能制造实践经验，以构建智能制造生态体系为目标，着力补齐供给短板，着力深化应用推广，着力提升服务能力，着力营造良好环境，加快提升产业基础能力和产业链水平，为推动制造业高质量发展、加快制造强国建设提供强有力的支撑。

到 2025 年，智能制造生态体系基本建立，供给能力、服务能力和发展基础进一步增强，制造业智能转型成效明显。到 2030 年，智能制造生态体系基本完善，制造业初步实现智能转型。

其中，2025 年的具体目标是：

—— 供给能力显著提升。突破一批智能制造关键核心技术、短板装备、工业软件和系统解决方案，重点产品就绪度达到 50% 以上，具备较强的市场竞争力。

—— 服务队伍基本建立。培育形成 100 个以上主营业务收入 10 亿元以上、具有较强集成服务能力的智能制造系统解决方案供应商，建成 50 个以上智能制造公共服务平台。

—— 发展基础进一步夯实。建立起与国际基本同步的智能制造标准体系，制修订智能制造标准 1 000 项以上，形成一批面向细分行业的智能制造标准体系，面向制造业的工业互联网及信息安全保障体系基本建立。

—— 制造业智能转型成效明显。制造业重点领域的数字化车间/智能工厂普及率达到 40% 以上。与 2010 年比，制造业全员劳动生产率增长 30% 以上，规模以上单位工业增加值能耗下降 15% 以上。

12.2 我国发展智能制造的对策建议

我国智能制造发展整体处于初级阶段，随着应用的持续深化和快速推广，智能制造对制造业转型升级的整体带动作用将更加明显。下一步，我国将坚持智能制造主攻方向不动摇，持续强化顶层设计，加快构建智能制造生态体系，以细分行业和区域为着力点，引导聚集各类社会资源协同推动智能制造发展，为推动制造业高质量发展、加快制造强国建设提供强有力的支撑。

1. 提高智能制造创新能力

完善智能制造创新体系，建设一批制造业创新中心、重点实验室、技术中心以及重大科学研究和实验设施。攻克一批关键共性技术，鼓励企业加大研发投入力度，完善市场化的创新方向选择机制和建立鼓励创新的风险分担、利益共享机制，突破感知与测量、优化与控制、建模与仿真等关键共性技术。促进创新成果转移转化，研究建立智能制造科技成果信息发布和对接平台，支持企业和社会资本投资建设智能制造关键共性技术试验验证平台。

2. 加快发展智能制造装备和软件

研究发布《智能制造关键技术装备和软件创新发展指导目录》，组织研发高档数控机床、工业机器人等智能制造装备，突破新型传感器、智能测量仪表和工业控制系统等核心装置，开发产品和工艺设计、仿真软件、制造执行系统等核心工业软件，推动其实现工程应用和产业化。以装备企业、软件企业、系统集成商和用户等联合的方式，研发一批面向细分行业的智能成套装备和生产线。

3. 推动新兴技术融合应用

围绕感知、控制、决策和执行等智能功能的实现，支持互联网、信息通信等信息通信技术企业与制造业企业开展协同创新，推动人工智能、5G、云计算、区块链、边缘计算、VR/AR 等新兴技术在研发、生产、销售、运营和服务等关键环节的创新应用，不断探索，形成有效的经验和模式。编制发布《5G、AI 等新兴技术在智能制造中的典型应用场景和案例集》，推动示范应用。

4. 在细分行业推广应用

围绕原材料、装备、消费品、电子和民爆等行业，培育一批智能制造标杆企业，形成细分行业实施智能制造的典型案例，总结经验和做法并将其推广应用。研究制定细分行业智能制造推进计划，指导各细分行业分步骤、分阶段有序推动智能制造发展。实施产业链智能化提升行动，建设一批面向产业链的协同服务平台，鼓励龙头企业向上下游企业推广有效的经验和成熟的智能化升级模式，推动产业链智能化水平的整体提升。

5. 加强中小企业的智能化改造

支持开展面向中小企业的智能制造咨询诊断服务，以指导中小企业发展智能制造。结合中小企业需求特点，开发一批低成本、简便易行的智能制造装备、软件和解决方案，并开展示范应用。建立一批面向中小企业的智能制造云平台，在线提供关键工业软件及各类模型库和制造能力对接服务，降低中小企业智能化改造的成本。

6. 推进区域智能制造发展

探索区域智能制造发展生态体系建设路径，打造一批智能制造先导区，形成区域典型经验和成熟实施模式并将其推广应用。面向主要制造业集群，加快智能制造关键技术装备、成套装备、工业软件、系统解决方案等的推广应用，搭建基于互联网的制造资源协同平台，加快集群内外创新资源、设计能力、生产能力和服务能力的集成和对接，加快推动制造业集群整体实现智能转型。

7. 提升智能制造服务水平

支持行业骨干企业、软件开发商和装备供应商等向智能制造系统解决方案供应商转型，持续推进供应商的规范管理等工作，打造一支专业化程度高、服务能力强和推广经验丰富的智能制造系统解决方案服务队伍。支持建设一批覆盖范围广、服务能力强的第三方智能制造公共服务平台，为企业提供与智能制造相关的试验验证、咨询诊断、系统集成、复制推广、供需对接、信贷金融和人才培训等服务，降低企业发展智能制造的门槛和成本。

8. 健全智能制造标准体系

持续更新《国家智能制造标准体系建设指南》，支持智能制造基础共性标准和关键技术标准的研制和试验验证，进一步完善国家智能制造标准体系。加快开展细分行业智能制造标准体系建设，支持搭建一批细分行业智能制造标准试验验证平台，开展智能制造行业应用标准和技术规范的制（修）订和示范应用。

9. 完善工业信息基础设施

支持制造业企业开展工厂内网络升级改造，鼓励电信运营商建设低延迟、高带宽、广覆盖和可定制的企业外网络。开展工业互联网平台建设，加快制造业企业上云步伐，推动工业 APP 的开发与培育，鼓励制造业企业基于云平台开展研发设计、生产制造和运营管理等业务。面向企业信息安全需求，加快研发推广安全可靠的信息安全软硬件产品。

10. 深化国际交流合作

在技术攻关、标准研制、示范应用、检测认证和人才培养等方面，开展多层次的国际交流与合作，不断拓展合作领域。支持跨国企业、国外机构等在华设立智能制造研发中心、人才培训中心等，鼓励具有核心知识产权的中国装备、软件、标准和解决方案“走出去”。